U0720741

麦克斯韦妖与金苹果

新千年的全球失序

Maxwell's Demon and the Golden Apple

Global Discord in the New Millennium

Randall L. Schweller

[美] 兰德尔·施韦勒——著

高婉妮 邓好雨——译

上海人民出版社

献给朱莉(Julie)

名 家 推 荐

这是近年来发表的对未来世界政治最新颖、最发人深省的预测。

——约翰·伊肯伯里（G. John Ikenberry），《外交事务》

兰德尔·施韦勒是美国最具创新精神的国际关系理论家之一，他的新书不会让人失望。他巧妙地运用熵的概念来论证世界政治面临着大麻烦，美国注定会失去影响力和权力。我们希望他是错的。

——约翰·米尔斯海默（John J. Mearsheimer），
芝加哥大学教授

施韦勒以他特有的神韵解释了熵的概念为何以及如何阐释当前和未来的世界政治。这不是祖父一代对全球化和信息革命的看法，而是一种极为新颖的论述，每一页都有令人振奋的观点。

——罗伯特·杰维斯（Robert Jervis），哥伦比亚大学教授

1

"万物分崩离析，中心难以维系。"但是，兰德尔·施韦勒在这本对国际政治现在和未来的精彩反思的著作中指出，我们并没有无精打采地走向一场新的大战或任何其他决定性事件。更确切地说，未来的代名词是失序、不治、解体和损耗。《麦克斯韦妖与金苹果》一书是既有政治科学与创造性发散思维的独特融合。即使施韦勒无法说服你相信他关于熵的观点，他也会让你以新的方式思考我们这个时代最重要的问题之一。

——威廉·沃尔福思（William C. Wohlforth），
达特茅斯学院教授

施韦勒是他们那一代最聪明的国际关系学者之一，他的见解确实会引起争论。《麦克斯韦妖与金苹果》是一本必读的书。

——丹尼尔·德雷兹纳（Daniel Drezner），塔夫茨大学教授

……它不仅读起来很刺激，它还需要引起人们的关注。

——乔纳森·科什纳（Jonathan Kirshner），康奈尔大学教授

兰德尔·施韦勒在他的新书中再次推进了国际关系理论化的边界。在其他人满足于修订和微调自己与他人作品中的旧观点时，相反，施韦勒不断发布广阔的新方向，无论是为他自己，抑或是为这个领域。我赞赏这种大胆而又冒着风险的做法。它是学术事业的核心。

——布赖恩·拉思本（Brian Rathbun），南加州大学助理教授

目 录

中文版前言 /1

前言 /1

致谢 /1

引　论　探寻混沌的当代世界政治

　　　　——网路还是无路？ /1

第一章　理解熵的语言

　　　　——为何熵不兆末日？ /44

第二章　熵作为一种隐喻

　　　　——模式识别、"时间之矢"

　　　　　以及大冷寂 /55

第三章　多维度的失序

　　　　——热力学与世界政治 /69

第四章　熵时代新兴大国的角色

　　　　——或:警长出而陌客入,

　　　　　则何如？ /95

第五章　权力扩散如何为国家谋优势

　　　　——这可不再是曾祖那一代的

　　　　多极世界 /125

第六章　宏观层面的熵增

　　　　——炼狱中的世界并不平 /144

第七章　微观层面的熵增

　　　　——信息超载与真相来临 /184

第八章　麦克斯韦妖和"愤怒的小鸟"

　　　　——大数据是救星吗？ /205

译后记 /245

中 文 版 前 言

对世界政治而言，以变革来调节秩序是个恒久的挑战。国际秩序不断地受到各种不同类型变化的影响——军事、经济、技术、人口、意识形态、制度和规范等各方面变化的影响。比如，我们可以试想一个建立在特定权力均衡基础上的国际秩序。它很容易受到一些影响，包括军事技术的重大革新、国家经济能力分布的改变、人口结构和人口技能的变化、国内与国际政治体制的重大变化，以及国家内部和国家之间许多其他物质、社会和政治上的变化。人们不禁要问，国际秩序究竟是如何得以维持的。

在冷战后美国占据主导地位的那段相当短暂的时期，许多西方人士曾预言，我们将迎来一个民主和平与自由世界秩序的永恒时代。他们声称，国际政治已经发生了转变。但这只是一个幻觉。在地缘政治领域，就像在生物学领域一样，人类仍然容易受到旧疾病新毒株的影响。因此，一个已经习惯于认为进步是必然且不可逆的世界，现在正受到曾以为被前进步伐所粉碎的旧的有毒模式的冲击——全球流行病的暴发，民粹主义、民族主义的全球兴起，以及大国竞争的回归。这些旧体系动乱因子

1

的重新出现给国际体系带来了风险和复杂性,有可能压倒国内和全球治理体系。事实上,在其特性与熵增相关的日益混乱和无序的当今政治中,任何形式的秩序都变得越来越稀缺。历史在加速推进,而并非终结。

在这种全球无条理以及返祖性政治形式与竞争重新浮现的过程中,国际结构发挥了不小的作用。关于无条理性,1991年以后,世界从两极过渡到单极,前者具有可预测的固定结构、稳定的国家间关系及权利均衡,后者则拥有可以而且必然会任意行使的不受约束的权力。事实上,单极的动力相当随意,因为国际结构无法抑制独行超级大国一些鲁莽的冲动。看看华盛顿在过去30年做出的愚蠢选择吧——把北大西洋公约组织扩张到俄罗斯的后院;发动了一场依靠预防性战争而非威慑的全球反恐战争;开始了一项利用军事力量将中东转变为自由民主国家的计划,最引人注目的是伊朗、伊拉克和叙利亚的政权更迭。

然而,体系结构的微弱影响不单没有对单极国家产生什么阻碍。单极体系中的所有参与者都相对不受结构性的约束,因为与其他国际结构相比,维系单极体系的黏合剂较少。逻辑很简单:在单极体系下,能力集中而威胁分散。世界政治只对单极大国至关重要,它是唯一拥有全球影响力和全球利益的国家。对其他国家来说,所有的政治都是地方性的。

然而,这些观察并不能解释为什么在世界退出单极时,失序会继续加剧。它们也不能解释为什么旧的行为模式又回来了;为什么全球秩序正在让位于民族主义、保护主义、势力范围和区域性大国项目的各种混杂物。某些不同于极性或除极性之外的东西正在起作用。《麦克斯韦妖与金苹果》用熵增的隐喻来解释新千年以来国际政治的性质所发生的变化。具体地说,我认为霸权战争和体系变革的长周期已经结束——或者更准确地说，即将结束。目前，世界正处于"权威丧失"（delegitimation）的长周期阶段，新兴大国表达了对现有秩序的不满。如果未来与过去类似，那么这个体系将在下一个十年左右的时间里进入它的"危机"阶段，它将一直停留在这个阶段，直到大国之间爆发全面战争以外的其他事情迫使它进入另一种全球秩序状态——这种全面战争已经变得不可想象。国际政治将一直处于一种"最大熵"的状态——一种由失序主宰的"炼狱"。

读者可能会想，为什么霸权战争周期的结束会是一个问题。毕竟，导致数百万人死亡、摧毁世界大部分地区的霸权战争，相当于由体系核心长期积累的压力所引发的全球地震。一切霸权战争都会引起剧烈的震动、新的政治裂缝，以及一系列次级斗争的扩散。然而，矛盾的是，霸权战争也曾产生过积极影响，在国际体系崩溃后确实起到了重启的作用。问题是，没有什么已知的替代品可以替代霸权战争成为一种机制，从而（1）将全球制度基石一擦而净；（2）将权力集中在某一个大国手中；以及（3）清楚地揭示全球排序——这三个功能被普遍视为恢复世界和平和秩序的必需品。正如安东尼奥·葛兰西（Antonio Gramsci）所言："这场危机恰恰包含这样一个事实，即旧的正在消亡，新的无法诞生；在这一过渡期出现了各种各样的病态症状。"[1]我们无法回到过去那种舒适的假设。西方的后冷战必胜主义者关于政治自由化和趋同、全球化和国际相互依存、国际法和人权，以及社会优先于国家利益的预言已经破灭。自由国际秩序已经解体，且不可能再重新竖立起来。

乐观的一面是，正在形成的中美两极体系不会像许多观察家预测的那样是"冷战2.0"。新的两极体系不会受到紧张的意识形态竞争的驱动；两个超级大国不会争夺谁的世界秩序会占上风。相反，它将是一个多元化体系，在这个体系中，大国共存于一个相对多中心的世界。在这一体系的核心，中美之间的竞争不一定会变成零和的、冷战式的斗争。它们之间可以实现和维持一种"竞争性共存"（competitive coexistence），从而管理好双方的长期关系，避免直接冲突。

然而，正如所有政治一样，在哈罗德·拉斯韦尔（Harold Laswell）对政治的标准定义中，权势者将在政治舞台上竞争，以决定谁得到什么，以及何时、如何得到。而且一如往常，最强大的势力将通过增强自身权力和利益的方式塑造治理体系、势力范围，以及稀缺物质和社会产品的分配——以获取最大的利益。[2]

我非常幸运地请到了兰州大学高婉妮博士作为这本书的中文翻译。高博士本身就是一位杰出的学者，她承担了将《麦克斯韦妖与金苹果》一书中许多论证和逻辑的复杂推理翻译成中文的艰巨任务。我对她为这本书所做的工作感到欣慰和荣幸。最后，我要向尊敬的上海人民出版社和我的中国读者表示衷心的感谢。希望这本书值得大家细细品味。

兰德尔·施韦勒
于俄亥俄州哥伦布市
2021 年 1 月 16 日

注　释

1. Antonio Gramsci, *Selections from Prison Notebooks*（New York：International Publishers，1973），p.276.

2. Harold D. Lasswell, *Politics：Who Gets What，When，How*（New York：Whittelsey House，1936），p.1；John J. Mearsheimer, *The Great Delusion：Liberal Dreams and International Realities*（New Haven and London：Yale University Press，2018），pp.38—39.

前　言

　　这是一本关于世界政治转变的书：数百年来，世界政治遵从着一些恒久原则（enduring principles），使其相对恒常而可预测，怎么就变成了某种反复无常、躁动不安，行为毫无规律的状态？ 2009 年秋，时任《国家利益》杂志编辑的贾斯廷·罗森塔尔（Justine Rosenthal）向我约稿，为他们的"历史第一稿"（First Draft of History）系列作一篇命题作文：二十五年之后，我们如何解读当下的国际政治？ 我心一横，给它来个"平地惊雷"*——写出一篇理论上非比寻常的檄文，以便捕捉这新千年全球政治的根本所在与超前之处。在那篇文章中，我论说，当代国际政治正稳步迈向一种混沌和随机的状态；这种变迁，与熵增的普遍规律相一致。

　　此刻呈献的这份研究，便是那篇文章的展开。在某种意义上，它下了战书**，挑战国际政治那种"百花园般多

　　＊　原文"roll a grenade down the table"（往桌底喂只手雷）。——译者注
　＊＊　原文"throws down the gauntlet"（甩下手套）。骑士决斗前公开挑战对方的一种规矩。——译者注

样"*的理论立场。"美国世纪"（或用学术语言来说，"单极"）之后将会发生什么，公众对此有一种"室内游戏般"**的着迷，让这理论的园地花繁叶茂——因着它，又有多少书忝列拥挤的书林。这些著作中的大多数，都植根于那些深为拿破仑（Napoleon Bonaparte）和俾斯麦（Otto von Bismarck）所熟稔的概念、规则与前提；若此二公起于长眠，读罢那些书，他们便会错误地（但情有可原地）断定：盖棺已经年，世间无大变。

标题"麦克斯韦妖与金苹果"，是本书核心主题全球（失）秩序的一种奇思戏语（a whimsical play）。说它"奇"，是因为这主题奇幻不实，而且藏得不合直觉：妖精与金苹果，哪一个代表秩序，哪一个代表失序？凭常识去猜，八成要弄错。代表失序与混沌的，不是妖精，而是苹果——取自神话故事"金苹果之争"。

根据希腊神话，为庆祝珀琉斯（Peleus）与忒提斯（Thetis）喜结连理，宙斯（Zeus）设宴款待奥林匹斯诸神。由于担心厄里斯（Eris，纷争女神，对应着罗马神话中的狄斯科耳狄亚[Discordia]女神）那令人苦恼的本性会惹得全场不快，宙斯故意不邀请她。愤于冷遇，厄里斯现身盛宴，带着一只刻有"KALLISTI"（即古希腊语 THI ΚΑΛΛΙΣΤΗΙ***，意思是"唯最美者堪

----

* 原文"garden-variety"（园中百态），花草树木，皆可入园——对经验问题的解释，只要符合某种形式上的标准，便可跻身"理论"。虽"兼收并蓄"，却难分良莠，不免泥沙俱下。——译者注
** 原文"parlor game-like"（室内游戏般的），19世纪末的流行娱乐。为方便友朋聚而耍乐，游戏规则往往简单，容易上手，喻公众不甚严肃的国际政治关怀。——译者注
*** 古希腊语"καλλιστείων"（kallisteion）直接衍自"金苹果"，含义如下。I：①美好的奉献；②最好的奖赏、勇敢的奖赏。II：赛美的奖赏（金苹果）。词根为"καλός"（kalos）：美的；优良的、好使用的；优秀的、正直的、高贵的；高尚的精神；美德。参见罗念生、水建馥编：《古希腊语汉语词典》，北京：商务印书馆2004年版，第421页。——译者注

与佩")的金苹果。她将之抛入宴池,在渴慕虚荣的女神之间,挑起了那最终导致特洛伊战争的纷争。女神们希望由宙斯来裁判;但是,要从她们之中选出头魁,他自然是不情愿的。于是,宙斯决定,命三位竞争者——阿佛洛狄忒(Aphrodite)、雅典娜(Athena)与赫拉(Hera)——去找讲求公平的凡人,即特洛伊的牧人王子帕里斯(Paris),由他来做决定。赫尔墨斯(Hermes)引路,三位女神来到伊达山(Ida),裸身出现在帕里斯面前。趁王子还在观察比对,每一位女神都试图收买他,以便把金苹果搞到手。赫拉提出,要冠他为欧罗巴与亚细亚(Europe and Asia)之王;雅典娜承诺给予他智慧与战争的技艺;阿佛洛狄忒则说,他将拥有世上最美的女子。然后有了众所周知的"帕里斯的选择":王子这个健康的嫩小伙儿,把金苹果颁给阿佛洛狄忒,因而与雅典娜和赫拉结下梁子。在阿佛洛狄忒眼中,世上最美的女子,是斯巴达王墨涅拉俄斯(Menelaus)之妻,斯巴达的海伦(Hellen,现以特洛伊的海伦名世)。趁着斯巴达王在外,帕里斯将海伦劫出特洛伊,招致特洛伊战争——希腊人组成联军,为讨回美人而不惜一战。在战争中,特洛伊文明尽毁。

在本书的稍后部分,妖精也将与你见面。它来自寓言,是物理学家詹姆斯·克拉克·麦克斯韦(James Clerk Maxwell)为反转一切封闭系统的内在熵增进程而进行的思想实验的中心。熵可以被视为对宇宙中的失序(或在纯粹热力学意义上,一个封闭系统中可用于做功的有用能)的一种度量:熵越高,失序亦增加。在一个孤立系统中,熵从不减少,因为孤立系统会自发地向热力学均衡演化——直至最大熵状态(the state of maximum entropy)。麦克斯韦妖,通过一种超人的手段,根据分子所具备的动能差别,对之进行排序,从而挑战热力学第二定律。在两个充满气体的房间之间，有一座由这妖精把守的大门，大门开合毫无摩擦。妖精为那些运动得特别快的分子开门，使之能够进入那个愈发变热的房间。与此相似，妖精也允许那些运动得特别慢的分子，从更暖的房间，进入更冷的房间。通过使高速粒子和低速粒子相分隔，妖精在系统内部创造出一种持续增加的温度差，从而违反了热力学第二定律，使那些可用于做功、进而能在宇宙中增进有序的势能，得到恢复。

本书的核心理念之一，对大多数读者来说，也是反直觉的。毁灭性的大型战争，并不总是坏事——或者说，不完全是坏事；它们发挥着提供世界秩序的作用。确实，对于全球愈加失序（还有那愈演愈烈的国家间纷争，或政治科学家所谓"系统失衡"），有一种经受过时间考验的解决方案，即全体列强共打一场浩大的全面战争。这些所谓的霸权争夺战，每隔百十年便要来一次。然而，现代武器的毁灭性，把再来一场霸权争夺战这个选项排除在理性思考之外；而假若理性不能阻止它爆发，那么，一场21世纪的霸权争夺战，将不仅会消除全球失序，还会消灭整颗星球上的一切。在主要国家之间爆发战争的不可想象，当然是好事。然而，它也有不利的一面：对于国际政治的熵增，没有人知道还有什么别的补救方法。还有，今日的愈发失序，不限于那只由民族国家组成的国际政治，还涉及一个由许多不同类型的、各自施展不同类型权力的玩家所构成的全球系统。加之技术变迁的步伐加快，我们这个世界复杂得可怕——驱动它的，确然是那些不可预测的变化。在我们的将来，会不会有麦克斯韦妖？寓言可否成真？候选方案有好几种；然而，哪一种更有戏，只有时间知晓。就算没有答案，也没关系。国际政治空前混乱，而生命仍会一如既往地延续下去。

致　　谢

我要向丹尼尔·德雷兹纳（Daniel Drezner）和安德鲁·莫劳夫奇克（Andrew Moravcsik）致以最深的感谢，他们对本书的最初计划及后续草稿所提出的建议与批评，助益无法估量。我也感激贾斯廷·罗森塔尔，她富有洞见的建议和问询，已融入那篇载于《国家利益》论文中，并催生出这本书。

我就本书内容做过若干讲座，从听众那里得到了一些探索性的问题（probing questions）和有用的建议。在这里，要鸣谢我的讲座主持人，他们是：芝加哥大学国际政治、经济与安全项目（PIPES）的迈克尔·里斯（Michael Reese）和查尔斯·利普森（Charles Lipson）；乔治·华盛顿大学艾利奥特国际事务学院安全与冲突研究院的院长查尔斯·格拉泽（Charles Glaser）；以及麻省理工大学安全研究项目研讨会的主任巴里·波森（Barry Posen）。伯卡·贝拉姆（A. Burcu Bayram）、贝尔·布劳莫勒（Bear Braumoeller）、朱莉·克莱门丝（Julie Clemens）、埃里克·格里纳维斯基（Eric Grynaviski）、特德·霍普夫（Ted Hopf）、罗伯特·杰维斯（Robert Jervis）、詹妮弗·米岑

1

(Jennifer Mitzen)、蒲晓宇、吉迪思·罗斯(Gideon Rose)、戴维·施韦勒(David Schweller)、杰克·斯奈德(Jack Snyder)、亚历克斯·汤普森(Alex Thompson)、亚历山大·温特(Alexander Wendt)、俄亥俄州立大学国际政治研究研讨会的听众们、约翰·伊肯伯里(John Ikenberry),以及华盛顿特区国家情报委员会工作坊(National Intelligence Council Workshops)的其他出席者,还有三位匿名审稿人,他们对本书的前身:"Entropy and the Trajectory of World Politics:Why Polarity Has Become Less Meaningful," *Cambridge Review of International Affairs*, vol.23, no.1(March 2010), pp.145—63)作过评论,在此一并谢过。

在我的学术家园——俄亥俄州立大学政治科学系——有一群一流国际关系理论家。有幸与之"同事"相称,我受益匪浅,今后还要多多向他们学习。感谢俄亥俄州立大学默尚国际安全研究中心(Mershon Center for International Security Studies)提供的支持,感谢中心的两位主任理查德·赫尔曼(Richard Herrmann)和克雷格·詹金斯(J. Craig Jenkins)。感激俄亥俄州立大学人文与科学学院,授予本人2012年琼·N.胡伯奖金(Joan N. Huber Faculty Fellowship),为本书的写作提供了重要的研究上的支持。

这是我头一回委托苏珊·弗林克鲍(Suzanne Flinchbaugh)做书。她确是一个称职的编辑。对于经手之书,她不仅深怀关切,更以无微不至的分析、慷慨奉献的热情以及学识兼备的建议为之添彩。她认真负责地选择专家评审人,而后者富于挑战的建设性批评,使本书的论断在逻辑上更加精审紧凑。最后,我要感谢格伦·珀金斯(Glenn Perkins)对本书手稿的精湛编辑。

　　我把此书献给爱妻朱莉·克莱门丝。无论就实质或风格而论,草稿皆因她而更上一层楼。关于这一研究项目的价值,以及将之付诸实现的能力,我都因她的信任而深受鼓励。末了,同样重要的是,我想感谢那只街头小猫,它可爱地温暖着那些思考与写作的漫长黑夜,点亮文思。有了它,世界也变得更美好。

引论 探寻混沌的当代世界政治

——网路还是无路？

世界正在转型。我们正步入熵的时代。在这个混沌的时期，凡事皆可发生，而又不可预测；昨日还在接受规则的玩家，明日便要制定新规，而规则却无人遵守。竞争中的世界图景，彼此攻讦；过往遗迹，连同当下与未来，共存无间。在这个世界里，全球相互依赖愈演愈烈，权力正在扩散，而多边合作却在衰减；封锁、禁用、破坏和毁弃的能力，压倒了接纳、启用、修复和营建的能力；敌友不复以地理条件区分，无人可信。领土国家那一度密不透风的"硬壳"，在削弱主权与独立的渗透性面前，败下阵来。[1]未来牵引着当下的期许，指导着既有强国与新兴强国去描画那即将到来的世界，教它们依照时下的理解去行动。

近六十年来，一度为全球稳定、发展与繁荣提供支持的，由美国在第二次世界大战后构造的旧秩序，已经承受了巨大的压力，现状（status quo）料难久支。[2]尽管美国仍是独家超级大国，却无法再睥睨群雄。美国以外的世界正在追赶。与十年前相比，美国的力量与影响明显有所缩减。自新世纪始，美利坚合众

1

国的相对经济权力减少了三成，年增长率大约只有 1993 年至 2000 年期间数值的半数。[3]

诸如此类的统计数据激起了新一波的"鸡仔衰落论者"（Chicken Little declinists），这些在野党人经过二十年的销声匿迹后，又一次拉响警报："救命！美国的衰落，前所未见！中国正在崛起！印度也是！我觉得巴西也跟在后头！救命！"我称之为"鸡仔衰落论者"，因为按照学者约瑟夫·乔夫（Josef Joffe）的说法，这已是过去六十年里第五波衰落论的浪潮。[4]二十年前，"衰落论 4.0"宣称：日本正把它因偷袭珍珠港之所输，从商业上赢回来，并且预言"日本治下的和平"（Pax Nipponica）将在 21 世纪取代"美国治下的和平"。但"衰落论 5.0"与之不同：这一回，天可能真的要"塌"。[5]我们不能因为曾经涌现过的悲观主义浪潮最后被证明是毫无根据的，就自动忽视了"衰落论 5.0"。正如华尔街时常提醒大家的："过往的表现，可不能保证未来的结果。"[6]

且不论这一回美国衰退的程度和速率是否历史罕见，未来美国权力的（几乎不可逆转的）下降趋势，并不是美国独自面对的麻烦；它还波及华盛顿的传统伙伴与盟国——它们集体的衰退，比美国更深入也更迅速。欧元区危机，一波未平，一波又起；大西洋两岸很可能会经历一场双谷经济衰退（Double Dip Recession）。负债累累的"欧洲五国"（葡萄牙、爱尔兰、意大利、希腊和西班牙）——它们面临着政府岁入下跌与债券收益率攀升的双料毒害——噩梦连连，持有大量债权的全世界银行家们挣扎欲醒而不得。在减债的驱动下，大量失业（西班牙的失业率为 24%，希腊的失业率为 22%，两国的年轻人失业率超过 50%）；增长缩水（2012 年，希腊缩水 4.7%，葡萄牙缩水 3.3%，意大利缩水 1.9%，西班牙缩水 1.8%）；欧元风暴；黑云压城。往好里说,专家们预计会有一场至少要持续十数年的全球经济衰退(涵盖了8个世纪的经济数据足以表明,金融危机导致的衰退比其他经济衰退时间更持久,更深入)。[7]往坏里说,金融危机的恶化,足以撕裂许多西方国家社会与政治的有机联系。[8]

对欧洲和日本来说,长期的挑战是缩减债务,并在人口结构快速老龄化的压力下,为经济的可持续发展扫清道路。[9]在这些地方,劳动力锐减的同时,公民社会福利的支出却与日俱增,这使减债变得难上加难。如果说它们还能理性地指望什么,那些杯水车薪的增长,也只能来自劳动生产率的提高;而这又意味着提高自动化,研发或采用创新型产品与服务,淘汰低技术工人。然而,问题来了:发达国家的适龄工作人口规模预期会在接下来的二十年内缩减100万;而发展中国家却会往全球劳动力市场注入9亿3 200万新鲜血液。[10]在这种外部竞争下,即便规模有所缩减,欧洲和日本的劳动力也很可能无法充分就业。

非西方国家的兴起

鸟瞰世界,巨大的权势正从发达国家转向发展中国家,大致自西向东、向南。[11]根据美国国家情报委员会(U.S. National Intelligence Council)对全球长期发展趋势所做的最新报告:"到2030年,在国内生产总值(GDP)、人口规模、军费开支和技术投资方面,亚洲的全球实力将超过北美洲与欧洲的总和。"[12]世界银行也做了类似的预言,声称到2025年:(1)中印两国对全球增长的推动加起来,将是美国和欧元区的两倍;(2)六大新兴经济体的增长，将大于全球增长的一半；（3）单一货币主宰国际货币体系，将成往事。[13] 此外，英国的国际战略研究所（International Institute for Strategic Studies）预言：2012 年，亚洲的防务开支将超过欧洲——这在现代历史上是头一遭。[14]

继"金砖国家"（巴西、俄罗斯、印度、中国，以及 2011 年加入的南非）之后，所谓"新钻十一国"（Next Eleven countries，N-11：孟加拉、埃及、印度尼西亚、伊朗、韩国、墨西哥、尼日利亚、巴基斯坦、菲律宾、土耳其和越南）也正在兴起，以致非西方新兴市场和发展中国家加起来的总实力，不用到 2030 年，便有压倒发达国家之势。[15] 我们已经见识到了支持这一巨大权势转移的证据。至 2010 年，新兴国家与发展中国家持有全部官方外汇储备的四分之三（回到十年前，三分之二还掌握在发达国家手里），它们所占国际贸易流量从 1995 年的 26% 升至 2010 年的 42%；而这些贸易增量大多数并非源自发达国家和发展中国家之间，而是发展中国家内部之间。[16] 这种"南南贸易"增长的前途一片光明。[17] 只要保持稳定的增长条件，"新钻十一国"都有能力在未来二十年保持 4% 以上的年增长率。甚至，根据高盛集团（Goldman Sachs）的预测，到 2050 年，单是"新钻十一国"的国内生产总值，就能达到七国集团的三分之二。[18]

这些新兴市场国家在未来十五至二十年的增长，将引发全球食品需求增长 50%、全球能源需求增长 45%。更重要的是，它将使全球经济与地缘政治格局变得无比复杂。权力更均匀地散布全球，世界正趋于平稳。这将使合力成事更加艰难。在一个"因全球增长和经济力量扩散而迫切需要通过集体管理……来应对多极世界经济挑战"[19] 的时代，正是这些新的权力中心的存在，令任何形式的合作都变得难以企及。简言之，国际合作，求之若渴，却寸步难行。

全球权力结构变动的速率，亦前所未有。自工业革命伊始，英国将其人均国内生产总值翻番（以购买力平价计算，从1 300美元增至2 600美元）用了154年（1700—1854年）。一百二十年后，人口规模（数以千万计）与英国几近相同的美国，只花了英国三分之一的时间（53年，1822—1875年）就将其人均国内生产总值翻了一番。而印中两国，人口规模百倍于巅峰时期的英国，只花了后者所用时间的十分之一便取得了同等成就——中国用了十二年；印度花了十六年。展望未来，根据国际货币基金组织对2011—2016年平均增长的预测，中国和印度的人均国内生产总值将在2010年代末于2011年数量基础上翻一番。相较之下，发达经济体的人们要看到自己收入翻倍，须再等上四分之一个世纪。[20]

若与预测相符，中国和印度的并肩崛起将会在未来几十年里持续下去，那么美国将不得不竭尽全力维护其降级为"同侪之首"的地位，坐稳头把交椅。如2012年《人民日报》所言，中国度过了一个"辉煌的十年"。[21]中国从一个中等国家，跃升为众人眼中有能力影响全球事务的、仅次于美国的二号玩家。从气候变化到金融危机，从向中国供应矿产的非洲国家，到依赖中国购买力与充盈外汇来抵御自身经济崩溃的欧洲国家，北京的影响较之十年前已是街知巷闻。

此外，过去几年见证了人们对全球权力平衡认知的惊人变化。根据皮尤研究中心（the Pew Research Center）2011年在23个国家开展的"全球态度调查"："总体上的意见是中国要么会取代美国，要么已经取代了美国成为世界头号超级大国。这种观点在西欧尤其普遍，超过六成的受访者——法国人（72%）、西班牙人(67%)、英国人(65%)和德国人(61%)认为,中国正在赶超美国。巴基斯坦、巴勒斯坦地区、墨西哥,以及中国自己的大多数受访者,也预言中国将取代美国成为主导世界的国家。"[22]值得注意的是,在将中国视为第一经济大国的人群中,西欧人士的比例自2009年以来保持了两位数的增长,如西班牙(49%)、德国(48%)、英国(47%)和法国(47%)。[23]

当然,中国也有自己的问题。即便是官方媒体也称未来十年无论在经济上,还是政治上,都将是异常艰难的十年。执政的中国共产党面临着日益增长的难题——在林林总总的原因之中,贫富差距、官场腐败和底层失稳,为难题釜底添薪。

令人陶醉的两位数增长率已成过去,未来十年将是中国共产党实施经济改革的关键时机,诸如放松国家对关键产业特别是金融部门的严密控制——这些改革措施或可使中国避免滑入尾随快速增长而来的长期滞涨,即所谓的"中等收入陷阱"。此外,三十年前施行的"独生子女"政策,意味着中国将面对严峻的老龄化进程。接下来,中国将面临劳动力的减少和抚养比率的骤升问题,因为领取养老金的人数会在未来二十年内增加到3亿。中国的劳动供养率将从当前的八个养一个,暴跌至2040年的两个养一个。这一供养率大震荡所造成的财政成本,或将超过中国国内生产总值的八成乃至一倍。[24]乔纳森·安德森(Jonathan Anderson)为"瑞银投资研究"(UBS Investment Research)撰写的一份报告指出:"这将使中国成为东欧以外新兴市场的独一类。中国的老龄化进程,与诸如日本、韩国或欧洲的发达经济体极为相似,只是收入水平较后者低得多。与此同时,中国那些冉冉升起的亚非拉邻国,人口仍在飞速增长。"[25]

这种人口发展趋势固然是中国要面对的一个问题,但它并非不可解决。同一份瑞银报告总结道,"令人惊讶的事实是,政府握有一系列可行的融资工具(包括养老金体系的调整本身,广开税源,增发新债和出售国有资产),多种并用,便能轻松填补养老金净负债问题。"[26]与此同时,大多数分析人士预期,中国经济以强劲个位数比率的增长将贯穿整个 21 世纪初——而对于发达经济体,这种增长率只能可望而不可即。

然而,江河日下的,可不仅仅是西方在物质能力上的主导。美国承担领导世界之代价的动机也在消退。领导是一种选择。一个卓然超群的国家,无论它的实力与最接近的竞争对手差距有多大,除非它证明自己有决心肩负起全球管理的重担,否则便不能被称为世界霸主。[27]不然,就像在两次世界大战之间那样,美国不过是个袖手旁观的大块头,有潜力去领导世界,却扭扭捏捏,抗拒称霸。[28]值得回顾的是,美国当年对全球领袖一角以及与之相随的义务有多不热心。在第二次世界大战的恐怖破坏和尾随而至的混乱*,以及在苏联红军会趁机将毫无防备的西欧据为己有的确凿威胁之下,美国才最终接受了欧洲的"称霸邀请"。杜鲁门(Truman)一度计划将欧洲变成能够独立扛住苏联压力的"第三力量";当这种使美国免于为欧洲安全承担更多责

---

* 原文"chaos"。"它[混沌]是由确定性系统内部的非线性性质所引起的非周期形态。混沌和噪声(noise)不同,后者是由外部随机驱动力所引起的非周期状态。许多科学家相信,自然界许多复杂现象如天气、气候、湍流等均可以用确定的系统来描述,而混沌是它们的特征。混沌有敏感初始条件的特性,即初始条件的微小差别,相空间的轨道将迅速分离,所以在混沌系统中短期的时间变化是可以预测的,但长期轨道上的确切位置是不能预测的,可以确定其系统特征。"(引自许国志主编:《系统科学大辞典》,昆明:云南科技出版社 1994 年,第 245—246页。)尽管本书处处借用热力学概念,行文却未能始终区别"chaos"(混沌)和"messed up"(混乱)两词的使用。——译者注

任的设计被证明无望时，它才勉强接受了邀请。

由于大衰退（Great Recession）和国债飞涨，美国必须决定，未来十年要不要放弃霸权战略，并代之以更加自制的新战略，将对外政策缩小到几个重大且至关重要的目标上。[29]或者，说得狠一点，要不要退回孤立主义？曾经活跃的资深警长是否会最终决定放弃警徽，永远地离开小镇？

一个更有选择性的超级大国

与冷战时期不同，当今世界已不再是一个我们所得即他们所失（反之亦然）的零和竞赛。事情已不再那般简单。"我们"与"他们"难以区分，危及美国安全而迫使其推高国防预算的威胁已不再有，华盛顿若继续推行不加节制的对外政策（如推广民主、捍卫人权、构建国家、摆脱恐怖活动、防止核扩散，等等），几乎无利可图（却可能大有所失）。美国所面对的安全环境中严峻威胁阙如，这足以让其停止支付管理世界的大部分费用。然而，就算山姆大叔还想做国际秩序的金主，它开出的支票也会被标明"余额不足"而退还。麻烦在于，这个国家正陷在财政危机里，数十年都未必缓得过劲儿来。有一家总部设在华盛顿的智库最近提出了一份游说社会福利改革的报告，预测至2029年，社会保障、医疗保险、公共医疗补助，以及债务利息总和将占国内生产总值的18%——正好相当于政府在过去四十年里的平均税收收入。这意味着，只看"社会福利"一项（目前占整个联邦政府预算的三分之二）的增加，便会很快"将其他政府开支挤占殆尽——包括国防开支和刺激下一轮经济增长的必要投资"[30]。

事态已然如此糟糕,足以迫使民主与共和两党放弃第二次世界大战后美国的国际主义思维定式,举全国之力而内顾了吧?至少,逻辑告诉我们,美国的对外政策将会发生更内向的、反对干预主义的转变。然而,在熵的时代,以逻辑为路标极不靠谱。如理查德·伯特(Richard Burt)与迪米特里·塞姆斯(Dimitri K. Simes)所指出的,美国对外政策的转变似乎奔着相反的方向而去:

> 奇怪的是,恰是在(美国的干涉主义对外政策领域)里,对外政策的两大前沿学派——自由干涉主义和新保守单边主义——居然合流了。比如说,普林斯顿大学教授安尼-玛丽·斯劳特(Anne-Marie Slaughter)和《华盛顿邮报》专栏作家查尔斯·克劳萨默(Charles Krauthammer)经常同声认定美国需要搞海外干涉。……尽管也有一些声音挑战美国精英的对外政策小集团思维(groupthink)……却未能对美国的政治话语产生多么大的影响。于是,对外政策的现实派被边缘化,在政策过程和学术讨论之间,出现了一种危险的脱节。[31]

痼思如积习,难改难去。尽管如此,美国的手段与目的之间不断扩大的鸿沟,将迟早会修复现实与美国外交政策之间的脱节。用不了太久,背负着巨额联邦政府债务(于 2012 年将高达国内生产总值的 70%、债务对岁入比率接近 262%)的美国人民,便会要求他们的政府自遍及四海的全球承诺中大幅收缩。[32]

应对世界,美国疲态昭然。根据皮尤研究中心在 2011 年 5

月做的一份调查,受访美国人中,赞成"减少美国海外军事承诺"的人数占比从 2001 年 9 月的 26% 升至 2011 年 5 月的 46%;支持"在海外推广民主"的人数占比只有 13%;近半数受访者称,美国"应该在国际上只顾好自己"[33]。与此相似的是,2012 年芝加哥对外关系委员会(Chicago Council)关于"美国公众舆论与对外政策"的调查总结道:"美国人亟欲从这战事不断的十年中走出来,把开支降下去,并避免卷入新的重大军事纠葛。"最富戏剧性的是,这项调查发现,在独立受访者中,支持积极对外政策的人数比率在过去十年中下滑了 15%。[34]看起来,美国选民在伊拉克和阿富汗饱尝遗憾,又看够了朱墨透纸的国家资产负债表后,已对海外冒险主义失去了热情。在不再有喷火巨龙等待宰杀的情形下,疲态百出而囊中羞涩的美国大概想要一个猛子钻回西半球娘胎里去吧。

然而,整个儿退回 19 世纪式的孤立主义根本就不可能。美国太大、太强,过于举足轻重而不能重返孤立。美国将转而变为一个在行动上更具选择性的超级大国——不再充当全球公共物品的老庄家,而是更加精细地盘算它自己的国家利益。[35]因此,在 2012 年的四年一度的报告中,美国国家情报委员会断言:"现今这个世界,战后现存秩序的缓慢瓦解让位于大国竞争的回归,尽管这种竞争很可能是由拼凑起来的多边主义构成的。"[36]

美国优势权力缺失,国际政治将从有序转向失序。新兴的国际体系,既不会由哪个设计师一手包办,也不会有一种贯穿全局的设计。国际体系的安排,毋宁说是许多不同的制规集团和机构,各自为其狭隘利益与私见图景而展开竞逐的产物。这种原子化的全球治理结构,会引入许多互相竞争、彼此矛盾的国际组织原则、规则和决策过程。随着这些去组织化进程的发展,政治关系的惯有模式将会崩坏；旧有的思想学派变得不合时宜，经受过时间考验的解决方案亦将失效。过往经验不再牢靠，无法指导将来。新的规范便是愈演愈烈的规范缺失。

遍及全球系统的严重错位，致使世界政治的叙事，变成一个愈发支离破碎的故事。如同一部后现代小说，情节像在八竿子打不着的场景之间提笼带兽地跳过来、跳过去；连同不太可能是主角的人物一起，仿佛被通神一般的力量提溜出来，放在了一个设定为第三个千年的时光机里。随着历史迈入熵的时代，混沌与随机（randomness）数不胜数。界定世界的，将是曾覆盖广泛社会与政治关系的秩序的大崩解。

何 谓 熵？

熵（entropy），是热力学领域发明的术语，用以衡量某一系统在未来做功或开展活动的能力。系统无熵，潜能可观；系统高熵，则无甚潜能。热力学第二定律指出，做功的同时，熵会增加——也就是说，能用于做功的能量越来越少，进一步做功的潜能便下降了。活动能力一经用尽，系统便最终达致某种均衡点；到那会儿，一切活动都不复可能。因此，水从山顶飞流直下做功，转动磨坊和涡轮；而一旦流至山脚，水继续做功的能力，便被耗尽。与此相类，生物系统的老化，也可以看作用尽潜能的熵增过程：与垂暮之人相比，受精卵拥有巨大的生物潜能。社会系统和制度也是如此，透出一种变化趋向：初潜能迸发，而与时共逝。所以说，企业、宗教组织乃至帝国，因天赋异禀的创业家、先知和

11

征服者精力旺盛的活动而勃兴；它们昌盛一时，待最初创生的能量耗尽，也不能免于衰落甚至解体的结局。[37] 简言之，做功会削弱系统进一步做功的能力。系统将运作下去，直至最大熵；届时，任何行动都无以为继。

熵也被用于衡量混沌。说来也怪，混沌是任何系统的最可几状态（the most probable state）*。系统通往失序、混乱、混沌或不可预测的大路有许多条；而使之呈现秩序（特别是那些为完成任务而设计的复杂的安排、结构和模式）的途径，则少之又少。相应地，负熵（熵的反面）衡量的是系统的秩序，亦即系统的组织、架构或不可能性。熵增不可避免，意味着某种单一状态终将遍及全局：寰宇的"终结状态"（end state），是一锅均匀的稠汤，毫无区别，也缺乏主导，以至无事可成。在这种超稳定的均衡中，能量耗尽，物质以其最可几模式均匀散布。系统之内，再无新事。

何　谓　秩　序？

无论是房屋的布局、正式晚宴的得体摆桌、商品的陈列、故事的叙述，还是绘画的构图或音乐作品的谱曲，人类的一切活动以及人类对事物的理解，都以秩序为必要条件。秩序使我们能够聚焦于事物的异同与类属。推说开去，秩序是生存的前提，将事物有序编排，是一种演化赋予的冲动。失序愈增，则熵加增，

---

　　* 也可译为"最可能达致的状态"。——译者注

这种情况下,人们愈发迷失而与彼此和周遭世界失联。[38]他们压抑郁结,难以集中注意力,其中一种表现是人称的高度"持续熵流"(flow duration entropy)——说的是他们在诸如电子邮件、聊天室、音乐播放器、浏览器和游戏等网络应用程序之间来回切换。[39]话说回来,秩序,到底是什么呢?

几个彼此分离的物体,一体看去,即呈现出某种秩序——我们这么说的意思是,它们之间的关联并非肆意杂陈,而是有模式可依的,是与某些可辨识的原理相一致的。事物规整,逻辑连贯可推,而呈现出高度的可预测性时,便是秩序在占主导。失序,则是一种随机状态——缺乏规律而所从原理或逻辑不明,事物进展令人无从预测。

然而,说到社会生活中的秩序与失序,我们想说的,不仅是井井有条的安排,或反复出现的模式。在我们的日常生活中,秩序有着某种功能上或目的上的作用;秩序是"指向特定结果的某种模式,倡导具体目标或价值的某种社会生活安排"[40]。当观察者能够把握事物的整体结构,以及这些结构的意义与目标时,事物便堪称有序。架上书籍,依作者或内容分列(而不是根据规格、颜色,或干脆胡乱堆积在地)以便挑选。奥古斯丁(Augustine)因而将秩序界定为"不同的组成部分处于自己最恰当的位置上,共同构成一个很好的布局"[41]。

我们每天都要跟各种失序因素打交道。我们大包小包地购回杂物,用不了几分钟,便将之分门别类,置入橱柜。每周六次开箱取信,按照自己所喜好的"最佳位置"分置:账单存入文件柜,明信片贴上冰箱门,垃圾邮件弃至垃圾桶。为求效率和心理舒适,人人都是拨"乱"求"序"的专家。[42]

社会和政治系统所呈现出的有序程度,部分地随着稳定性

13

(stability)而变化。稳定是系统的属性，这种属性让系统均衡在受到干扰后恢复原始状态。稳定的系统，通过"负反馈"的方式回应扰动，抵消或降低其失衡效应。举一个工程学的例子，便可说明这一术语的含义。

一个房间温度的恒定，是借由加热器与恒温器的共同作用实现的。室温上升会让恒温器的双金属条变形，使其切断电路，因而关闭了加热器，致使室温下降。反过来，室温下跌将重新接通电路，启动加热器，提高室温。因此，说室温维持不变的意思是，温度在恒温器"设定值"的一定范围内波动。负反馈确保系统内部的变化不会超出这些限度——我们称此区间为稳态台阶（homeostatic plateau）。[43]

倘若在某一系统中，微小的扰动引起巨大的紊乱，不仅阻碍原始状态的恢复，而且会进一步放大扰动，该系统便被视为不稳定的。这一过程被称为"正反馈"，因为它促使系统愈发远离其初始稳态。复利放债和任何一种生物种群的无限繁殖，都是正反馈的例子：本金所生之利，累入本金，而复生利；后代升辈，再衍后代。所以，反馈这个术语说的是，系统的输出，反馈回来，又变成输入。[44]

正反馈的经典例子是，"自我实现预言"所导致的银行挤兑：传言银行有事，人们信之（而往银行跑）；一旦都跑银行（提取存款），则事已成真；旁人看见这一行为，便愈发信以为真，于是随波逐流（也从银行取出存款），这样就使预言变得愈发真实；如此往复。

有些系统以稳健和持续有序为特点。而有些系统，则极其不稳定——其中秩序，可以毫无预兆地迅速崩溃，陷于混乱。如雪崩或沙漏里的堆尖突然崩泻，或如蛛网，一丝崩断便可能呈现出全新的纹样,复杂而精巧平衡的系统是不可预测的:此一时它们看似平静有序,下一秒便可能狂荡失序。复杂而紧密耦合的系统所蕴含的这种不稳定性,流行语曰"蝴蝶效应"。这一说法出自麻省理工学院气象学家爱德华·洛伦茨(Edward Lorenz),用以解释远方一只小小的蝴蝶扇翅如何导致或阻止一场狂澜飓风。[45]蝴蝶效应的主要教益是,系统初始状态中不可推计的微小差异,事关重大;世界因而变得极其不可预测。确实,系统由关联复杂的多个部分组成,一旦往里边加入某种新元素,人们很少能猜出将会发生什么。在致使它与过往决然断裂的冲击下,这种系统经历着频繁的非连续演变。

历史向来如此书写,大风起于青蘋之末:"自由之子"尽倾茶叶于波士顿港;弗朗茨·费迪南大公(Archduke Franz Ferdinand)遇刺身死;罗莎·帕克斯(Rosa Parks)"忍无可忍";1988年波兰突发罢工潮。然而今天,欠规制的互联网空间加剧并放大了病毒传播媒介(viral media)的后果,无论这后果是否在意料之中。我们已经明白(有时还很强烈地感觉到),"虚拟现实"对现实世界确有影响。最近,上传到视频网站的影片《天真的穆斯林》(*Innocence of Muslims*)的14分钟预告片——"该片之滑稽外行,简直可以当作《周六夜现场》小品"[46]——引发宗教激进主义者袭击美国使领馆,并在20多个国家挑起暴力抗议。在发布预告片时,影片的制作方或许完全没有料到会招致如此激烈的反应。但这真的重要吗?[47]

当然,"蝴蝶效应"的类比,一旦使用过头,便会使因果推断沦为"挖苦戏仿"。试想以下这条因果链:大英帝国之荣祚,系于老女佣之存废。为什么?老女佣养猫,猫捕田鼠,田鼠毁土蜂窝,土蜂替红花苜蓿授粉,红花苜蓿喂牛,烧牛肉喂饱英国兵,英国兵保卫英帝国。因此，大英帝国的延续，端赖于源源不绝的老女佣。瞧，这就是"挖苦戏仿"！[48]

为了仔细避免做出这种滑坡谬误式 * 的推断，我们必须认识到，社会与政治系统，是典型的有组织的复杂系统。因而，得自自然科学的原理，应当可以应用于国际系统。我们也得意识到，正如一切由大量互动部分组成的复杂系统（不管这系统是物理的、生物的、经济的、政治的或社会的），国际系统运作于有序与随机之间；用计算机科学家克里斯托弗·兰顿（Christopher Langton）的话说，它存在于"混沌的边缘"。[49]

熵 的 时 代

在即将到来的这个熵的时代，世界向与熵增有关的种种力量屈服，而失序将称霸天下。这一不可逆的去组织化进程，主宰着宇宙中所发生的一切物理变化的方向。在这个世界里，人们对于自己的行动有一种强迫性的又漫无目的的劲头。这世界的熵增，见于那使它迷混的各种力量——它们截然相反，却诡异纠缠。举个例子，试想一下一个重要的问题：人类究竟有没有变得更团结？

从望远镜的一端，我们看到数字化革命，前所未有的全球信息与资本流动，全球生产与营销、供应链、外包生产、开放源代码

---

* 原文"slippery slope"。一种逻辑谬论，在连串的因果推理中，将"可能性"转用为"必然性"。——译者注

技术、规模日隆也愈发复杂的跨国相互依赖（私人领域和公共领域皆是如此），以及在许多人眼中，还有民主和以市场为基础的经济增长道路所取得的胜利，即所谓"华盛顿共识"（Washington Consensus）。我们也看见了战争和政治暴力的下降——远远低于最近几十年或几百年的记录，达到有史以来的最低水平；世界更加富裕，其财富散布之广前所未有。地球正以曲速回缩，仿佛所有人都济济一局。寰宇经济一体，跨国组织几遍天下；跨国行为体（不论公共的还是私人的）在配给资源时都带着全球眼光。共产主义、法西斯主义和自由民主之间进行意识形态大战的日子一去不复返了。即便是看似甘受暴政的阿拉伯人，也不能坐视自由擦肩而过。自 2010 年 12 月始，以"阿拉伯之春"（或"阿拉伯觉醒"）名世的示威抗议革命浪潮在阿拉伯世界蔓延，推翻久踞权位的独裁者。那令人忧惧的"全球单一文化"——也就是"西方毒化"（Westoxification）＊一词所说的千篇一律的最终状态，离我们还远吗？或许是吧。但表象会骗人，乍眼所见，更是这样。

从望远镜的另一端看，世界又是另一个模样。我们看到强大专制资本主义国家的重现，新一轮中亚大博弈的重开，帝国主义逐鹿中东的重返，公海上的海盗，印度洋上的竞争，类似 1929 年的市场崩溃，1949 年式的极端民族主义和种族冲突，军阀和衰败的国家，印度的"毛派"暴动，波斯尼亚、卢旺达和达尔富尔的种族灭绝，以及宗教激进主义者发动的一场"新圣战"——他们要求重建哈里发政权（Caliphate），这些将大刀挥向人们头颈的行为教人回想起中世纪。过往遗迹，继续编织着当下。我们迈入了一个无定形世界，从许多方面看，它都处于时间之外。我

＊　系 westernization 和 toxification 的混合词。——译者注

们如今生活在一个"后时代"时代，其中一切时代并存，却没有一个居于主导地位。[50]

在这一非时间（atemporal）意义上的灵韵全无的宇宙中，万物流逝而无一铭刻于时间，历史确乎是终结了。然而，这与以自由民主的胜利为历史结局的最初观念相去甚远，这一预言现在看来似乎远不如1989年由弗朗西斯·福山（Francis Fukuyama）第一次大肆鼓吹幸福时光时那么头头是道了。现如今，对"华盛顿共识"的唯一共识，就是它已死透。过度的市场原教旨主义——一碗混杂了自由化、私有化和去监管化的"巫婆酿"（witches' brew）*——致使2008年金融崩溃，坏了自家招牌而难以修复。而后工业自由民主的未来，看起来则更黯淡。像过去一样，技术和全球化的进步将使少数高科技和金融人群受益匪浅，同时，却削弱了中产阶级——其真实收入的中位数自20世纪70年代以来便苦于停滞。诚然，世界上的发达民主国家所面对的毋宁说是一场治理危机——全球商品、服务和资本的空前流动导致生活水平下降与不平等加剧，对此，它们无力应对。[51]

渴求善治而其供给却日益紧缩，去工业化和生产外包，国际贸易和财政结构失衡，资本、信贷过度形成资产泡沫……正当西方由于以上种种原因而大遭其罪之时，在接下来的几十年里最可能与美国相竞争的对手中国和印度，奉行恰与"华盛顿共识"主要建议相反的政策，变成了经济巨人。整个20世纪90年代，中印两国都有着高度的保护主义、全面覆盖的国有化、无所不包的产业政策规划，以及宽松的金融和财政政策。在许多发展中国家的领导人看来，"北京共识"在提倡市场友好政策的"华盛顿共识"之

---

*　意指稀奇古怪的大杂烩。——译者注

外,提供了另一种颇具吸引力的经济发展模式。中国领导人经常提醒西方国家,"华盛顿共识"是全球金融危机的罪魁祸首。[52]然而,对美国竞争力的更大威胁,或许来自中国的"创新型重商主义"——这一词语出自信息技术与创新基金会创始人兼总裁罗布·阿特金森(Rob Atkinson)。七年前中国推出的推动"本土化"创新举措,已使大量政府补贴流入国有企业,发展技术创新。[53]

时下,欧洲、美国和日本萎靡不振,这将亚洲新兴经济体作为全球增长重要引擎的一面推向新高。从在国际货币基金组织(IMF)中的渐高呼声到在全球发展援助中汇率估值、能源价格、财政政策和投资决策方面的斑斑足迹,如今亚洲的大经济体与其他新兴大国(诸如巴西和土耳其等)一起,拥有了全球影响力。这为世界秩序带来了崭新而复杂的挑战。显而易见,发达国家和新兴大国就地区与全球秩序的某些核心方面存有根本性分歧,包括"国际制度和区域制度的构成及适用范围,国家主权与国际干预之间的规则竞争,以及全球市场的运作"[54]。如迈克尔·韦斯利(Michael Wesley)所见:"就其对经济的认知与偏好而言,在美国和亚洲主要的经济体之间,鸿沟之深,前所未有;与此前不同,这些分歧对于全球经济以及美国与亚洲关系的塑造来说,影响重大。"[55]

火上浇油的是,在美国的总统竞选中,常有针对中国的谤语,中国的领导人并未置之不理。"有些吃饱了没事干的外国人,对我们的事情指手画脚。中国一不输出革命,二不输出饥饿和贫困,三不去折腾你们,还有什么好说的。"[56]

至于"阿拉伯之春",预见它会发生的专家并不多;了解其走向的更是少之又少。能够有把握说的无非是中东正进入漫长而危机四伏的转型——美国前国务卿亨利·基辛格(Henry Kissinger)担心它可能会导致一种"人人为战"的局面。[57]

由望远镜的两端看去，新兴世界仿若精神分裂，在许多方面更是无从辨认。忘掉"西方对他方"（the West verses the Rest）这种老说法吧。我们正步入一个杂乱的世界，它既不受任何人操控，也不为任何人而运作；其间权力本身的性质也在变化。这个无法治理的空间在寻求某种堪用的意识形态以作指引。[58]

何 以 至 此？

后冷战时期短暂而不确定，给它起个"后看"（backward-looking）的绰号一点也不为过。正如康多莉扎·赖斯（Condo-leezza Rice）在《外交事务》（Forergn Affairs）上所发表的见解："我们更有把握的，是我们打哪儿来，而不是我们奔哪儿去。"[59]对美国而言，20 世纪 80 年代的十年虽以胜利告结，但却以彷徨开始。普遍认为，美国的经济竞争力（即美国在保证其公民生活水平持续上升的同时，有能力提供经得起国际市场考验的商品和服务），正缓慢而稳步地衰退。[60]经济生龙活虎的日本，已经注定要从美国口中夺食。它的经济规划机构通商产业省（MITI，现已不再使用），* 在当时可是众羡所归的"竞争力"神器，惊醒华盛顿的美梦，使之正视"国际经济新环境"的现实。这意味着要放弃放任自由贸易那一套过时的思想，转用一种讲究战略的（或管控的）贸易政策——说到底，就是那种赋予日本出口产业

---

* 职能分拆后大部分被重组为经济产业省（METI）。——译者注

巨大竞争优势的官方政策。[61]看起来,日企仿佛被打了兴奋剂,而美企由于缺乏类似的政府帮助,无法与之竞争;尤其是,日本还有传统上用来保护国内市场的种种非关税壁垒。

　　在竞争力方面的专家看来,美国的治病良方显而易见:要跟上"日出之国"的步伐,美国就得效仿日本,运用出口补贴、进口关税和科研开发投资补贴等政策工具,将利润从别的国家转移到面向全球竞争而在国内设厂的企业,并由此,以牺牲他国利益为代价增进本国的经济福祉。此外,美国人必须变得更像日本人:节俭、献身工作和勤勉治学。对美国人来说,保持繁荣与经济竞争力的关键就如蒸汽乐队(the Vapors)在 1980 年所唱的那样:"变成日本人。"

　　回望过去,我们看到日本的繁荣在 1990 年达到顶峰。之后便是经济衰退的"失去的二十年",在那期间,日本政府勉强维持经济水平,大规模的政治分肥支出使公共债务升至世界纪录水平。而前景看上去依然黯淡无光,令人沮丧。日本面对的最严峻的危机不是灾后恢复(2011 年 3 月 11 日发生的地震海啸及其所引发的福岛第一核电站六组反应堆之中三组的熔毁)——尽管这些的确都是重大挫折。然而,日本所面对的毋宁说是那看似无法克服的人口问题:有史以来,"两鬓斑白"的国家无出其右。日本的劳动力勉强超过其人口总数的 50%;这些劳动者不仅要供养自己和孩子,还要兼顾退休人员的生计——这些退休人员高达日本人口总数的 40%。对此,作家比尔·埃莫特(Bill Emmott)早在 1989 年便已了然,那时他很准确地指出,日本的经济实力虽然如日中天,但终有西落时。[62]

　　1990 年值得一记的大事,不仅有日本的勃兴,更重要的,它还是"后柏林墙"(After Wall,简写 A.W.)元年。柏林墙于 1989 年

11月9日倒塌(实际上是东德政府打开的,他们还在当周周末宣布新开了十处越境处),这是1991年冷战终结的预兆。尽管历史确实走到了某个拐点,这一点毫无疑问,但关于两极转变的性质,并没有什么事情是必然会发生的,其过程也未必是和平的。正如冷战史学家玛丽·萨罗特(Mary Sarotte)所回忆的,柏林墙的"开启带来的不仅有欢欣,还有一些极其吓人的问题。德国追求快速统一,是否会激扬大众民族主义,致使旧恨复燃? 驻扎在东德的苏军,会不会老实待在营地里? 坐视墙塌、空手而归的戈尔巴乔夫(Mikhail Gorbachev)是会保住权位,还是会被强硬派轰下台? 中欧其他共产主义国家是否会接连暴毙,只留下累累伤痕?"[63]

出乎大多数人的意料,苏联就这样完蛋了。强大的超级大国,在自己"主刀医生"米哈伊尔·戈尔巴乔夫的手中"死"在了手术台上。苏联解体之后不久,《独立报》(*Nezavisimaya Gazeta*)报道:"他选择的治疗方法可圈可点(公开化、民主化,以及别的一切),然而到最后,这小小剂量竟要了病人的命。"[64] 死人不会还价,冷战的终局便戏剧性地变成一边倒,苏联一次又一次地做出代价深重的退让,好处全都进了西方的斛囊。确实,在20世纪80年代早期,无论是研究苏俄政体的专家,还是研究苏维埃制度的专家,抑或只是个消息灵通神志正常的普通人,都不会预言:不到十年,这个帝国就会挣扎于国威沦丧(谁能料到?),会受困于内部问题而默许两德统一,并同意这个新的实体加入北约阵营——德国是它在欧洲最有力的竞争对手,而仅仅在一代人之前,俄德之间还殊死相争,这宣告了俄国的彻底去势。预言未来就是这么危险。因此,整个20世纪80年代,美国都在为其相对于日本的、迫在眉睫的衰落而忧心忡忡;而在这十年的尾声,它却猛然发觉,世上独大的只剩自己一家了。

虽然乍得和平（其规模与范围史上无匹）让人人出意料，但紧随而至的理想主义浮夸却太可预见了。苏联的突然崩溃、敌对意识形态的缺失，以及美国经济的成功重组，将美国推至无人能敌的地位。美国在军事、经济、政治、科技和文化能力上拥有令人畏惧的优势，为现代历史所未见；不仅如此，在 1990 年至 1998 年间，随着美国经济以 27% 的速率增长（两倍于欧盟、三倍于日本），联邦政府预算颇有盈余，美国与其他国家之间的权力差距一直在扩大。怀着对"美国治下的和平"以及当世一国独大的认信，美国的战略家们满怀信心地预言，自由民主的传播和资本主义的胜利，将会达到"历史的终结"；大国战争废退，而一个诸国餍足并学着幸福共处的世界，即将到来。全球福利和大国和平永续的时代，终于到来。

十年的功夫，竟改变了这许多。2001 年"9·11"事件后，世界看起来不会轻易转变，历史也没有那么容易逃脱。即便是美国主导的单极格局，搁几年前还看似出奇地耐耗，如今看来也不过是"匆匆一瞬"。美国的宏观数据图，无论怎么看，都黯淡无光。美国的个人存款率近乎为零。[65]美元滑跌直达新低；经常账户、贸易和预算严重赤字。[66]美国人收入的中位数多年不见起伏；占到联邦政府预算四成的"社会福利"承诺（医疗保险、医疗补助项目和社会保险）难以承续；曾经一度无可匹敌的资本市场，如今也要与香港和伦敦抢饭吃了。

短期也好，长期也罢，美国的麻烦主要来自债务。[67]20 世纪80 年代以来，美国的消费超过其所生产，靠举债补差。为给眼下消费筹资，美国每日举债 40 亿美元，其中近半数来自中国——后者是正在崛起的竞争对手，美国正与之存在巨大的贸易逆差；要是现在的预测靠谱，到 2040 年它将变成全球最大的经济体。一些专家预言，现今中国与中东的债权人将制定全球议程、为国际秩序订立规则，就如 19 世纪的英国和 20 世纪的美国所做的那样。[68]

倘若这些关于美国消亡和旧秩序即将垮台的预言最后是真的，我们也不应为之欢庆。自 1945 年以来，美国便是主导世界的自由主义霸权，它所提供的重要的全球公共物品是其他大国无能力提供的。美国有世界上最富有也最开放的市场；它提供了世界上最主要的通货；美国海军保障着世界上最重要的商贸航路，以确保石油从波斯湾自由流通。说实在的，美国认为自己不仅是在庇护欧洲，还有整个世界。[69]美国在海外的军事存在及其延覆欧洲和东亚的安全保护伞，宣示着山姆大叔会扮演好守夜人的角色：绝不容忍这些地区的国家间开打；一切威胁只要危及和平，它都会以压倒性的权势来处理。[70]怎么看，美国体系都无比成功，带来前所未有的全球繁荣。在 1950 年至 2000 年间，全世界国内生产总值的年增长率为 3.9%（其中，亚洲的增长率相当于、甚至超出欧洲和美国的增长率）；与此相比，1820 年至 1950 年的年增长率只有 1.6%。单是从 1980 年至 2002 年，全球贸易额就翻了三番。[71]

然而，这一切都要变了。2011 年 6 月，非党派的美国国会预算办公室（the nonpartisan Congressional Budget Office，CBO）预计，至 2021 年，美国政府债务将达到其国内生产总值的 76%；更吓人（也更可能发生）的情势表明，十年之内公共债务占国内生产总值的比重将会是 101%，这将会妥妥地步入债务占比超过 90% 的经济高危地带，然后在 2035 年飙升至整个经济的 187%。这一令人沮丧的财政前景意味着未来美国能在世界舞台上做的将比过去要少得多。可以肯定，缩减赤字，主要被削减的就是外交和安全政策的开销。而随着国防预算的缩水，美国的全球收缩将变得更显著，也更不可避免。

这种全球收缩的趋势明显地体现在一场充满争议的谈判中。其结果是出台了《2011 年预算控制法案》，它由贝拉克·奥巴马（Barack Obama）总统于 2011 年 8 月 2 日签署，意在削减联邦预算赤字的同时，抬高美国的债务限额——这是赤字控制大战里重拳连击的头一拳。该项立法要求在十年内削减 1 万亿美元的开支，其中大约有 3 500 亿美元可能出自国防预算的缩减。它还要求，下个十年的开支还要再削减 1.5 万亿美元。如果国会不能就这些削减的来源达成一致，便会自动触发一轮强制执行的通盘削减，大约会砍掉国防部 5 000 亿美元的预算。

不出所料，国会未能达成一致，于是自动减缩政策（seques-tration cuts）于 2013 年 3 月生效，将 2013 年的国防预算砍掉了 370 亿美元。民主党向众议院拨款委员会提交了一份报告。根据这份报告的计算，美国的国防开支于 2012 年第四季度裁减了 22.1% 之后，又将于 2013 年第一季度进一步裁减 11.5%。报告称："这是自 1954 年朝鲜战争战后裁减以来，最大一次国防开支的连续缩减。"[72] 这些发人深省的数字表明，对于两党的政客来说，为巩固国家的财政基础必须缩减赤字，但其缩减规模之巨大，以至于美国的全球权力投射也为之一降。

时 下 热 议

多数观察者都会同意，美国主导的国际秩序备受侵蚀，要让位于新来者。"向多极回归"就是对这一转变的一种描述。它告诉我们,将会出现几个大国来挑战美国的霸权地位。但也仅此而已。更重要的问题是,在这从单极向多极转变的另一面,将涌现出何种国际秩序?这一秩序是和平而丰美的,抑或是冲突而匮乏的?围绕这个问题,专家们被分成了两边,悲观主义者和乐观主义者。前者认为未来即是回到过去;而后者则相信,未来一路向前。

"回到过去"的现实派(即悲观主义者)认为,在这即将来临的多极世界中,充斥着不安全、对抗、军备竞赛、民族主义和对稀缺资源的激烈竞争等问题,酷似 1648 年至 1945 年间国际政治中占支配地位的世界。[73]带着这种论断,检视历史上诸如由拿破仑法国和 1871 年德国统一所引发的权力转移那样,他们预言,用不了多久,美国和中国便会展开激烈的安全竞争,甚至有可能引发战争。这种预言的基础是一种假定,即历史在毁灭国际旧秩序并代之以新秩序的全球战争的反复循环中展开。根据这种循环史观,时间并无发展方向;世界也不会去往任何它未曾到过的地方。因此,未来将是过去的重现。

与之相对,自由派(即乐观主义者)拒斥这种强调竞争的多极世界的观念。而在他们看来,只要新旧大国妥善经营,找到某种共同管理并保存既有国际体系的架构,那么,从单极到多极的转变,便可以是一种平顺的演变。[74]他们信奉一种康德式的"三角和平"(triangulating peace):民主、经济相互依存,以及强有力的国际组织体系,三者互为补充,促成一个和平、公正而繁荣的国际社会。大国在克制、和解、互惠以及合作等原则与实践的基础上,将齐心协力地建立起彼此承认的、以同意为基础的角色与责任,实现共同管控,从而使这一稳定而渐次演进的国际秩序服务于大众公益。多极的回归将把世界引入一个新时代,其中充满了自由主义的和平、繁荣,以及建立于法治规则上的进步。铸剑为犁,这世上的国与国、人与人之间都将利益和谐。简言之,多极是合作型多边主义之父。

这就是时任国务卿希拉里·克林顿(Hillary Clinton)眼中"多伙伴"(而非多极)世界的本质。"19 世纪的大国协调也好,20 世纪的权力均衡战略也罢,适应它们毫无意义。我们不能回到冷战的遏制战略或单边主义,"2009 年 7 月,希拉里在外交关系委员会上如是发言,"我们将通过引导更多的行为体进行更好地合作和减少竞争,从多极世界移除权力均衡,走向一个多伙伴世界。"[75]这一观点建立在历史向着进步方向前进的假定之上;而该假定,则与"时间之矢"的隐喻相一致。[76]

现实总是落在两个极端之间的某处:在现实主义者当中有着太多的阴暗厄运;而自由主义者则满眼都是荒唐的乐观。中国崛起会引致中美大战,现实派的这种恐惧实无根据。核武器的破坏性和经济全球化带来的好处已让大国之间的战争变得无法试想。大国战争的循环已为永久和平所代替,一如自由派的高论。讽刺的是,正因如此,自由派对于未来的乐观过了头。国际秩序,特别是合法、有效、充满活力的国际秩序,需要周期性的全球战争:时隔百年上下,扶正一个足够聪明强大的新王来组织世界。否则,惯性和衰退便会到来。

当然,以屠戮百姓和毁灭万物为业的战争(更不必说那些毁灭世界的大战),要说它有什么好处,显得有些荒唐。然而,人们不必像"疯帽子"*那样癫狂,也能意识到战争内蕴着一些不可

---

* 《蝙蝠侠》漫画中的一个反派。——译者注

或缺的东西。从亚历克斯·德·托克维尔（Alexis de Toc-
queville）到埃米尔·左拉（Emile Zola）、海因里希·冯·特赖奇
克（Heinrich von Treitschke），再到乔治·黑格尔（Georg
Hege）、托马斯·曼（Thomas Mann）和伊戈尔·斯特拉文斯基
（Igor Stravinsky），这些大思想家都为战争唱过赞歌。即便是那
些反战者，诸如康德（Kant）、拉尔夫·沃尔多·埃默森（Ralph
Waldo Emerson）、奥利弗·温德尔·霍姆斯（Oliver Wendell
Holmes）、韦尔斯（H.G. Wells）以及威廉·詹姆斯（William
James）等人，也承认战争的有益属性。[77] 因此，在第一次世界大
战前夜，阿瑟·柯南·道尔（Arthur Conan Doyle）写出了夏洛
克·福尔摩斯的揣摩："东风已起，只是还没吹到英国，它将寒冷
刺骨，华生，而我们之中的许多人在它施虐之前可能就已经凋谢
了。但这是上帝的意思，在暴风雨过后，一片更加干净、美好、丰
沃的土地将在阳光下展现。"[78] * 清扫之笤、振奋之风、涤荡之风
暴、净化之火炎，无论何种比喻，在军国主义的浪漫教义里，多多
少少留有一些真理的要核：不受战争侵扰的世界，无从净化而自
我更新；像沟渠死水，一池污秽。

换句话说，国际秩序的演化绝不是某种纯粹的线性进程。
"时间之矢"与"时间之环"，两种视角必须兼用。像沿着坡面往
上滚动的一只轮子，国际秩序的进展是通过上升移动的秩序循
环实现的；它在转动中进步：创生、侵蚀、毁灭以及更新。在新秩
序得以创立之前，旧秩序必须被毁灭，制度遗痕必须一笔勾销。
否则，不过是把新的治理结构，简单堆砌在死而不僵的旧结构

---

* 译文引自［英］阿瑟·柯南·道尔：《福尔摩斯退场记》，王知一译，上海：
上海文艺出版社 2007 年版，第 205 页。——译者注

上——这是为混沌而开的配方,不是为秩序而配的良药。大国之间的永久和平意味着未来不会有霸权争夺战——这是人们所知的唯一一种大规模国际变革和秩序创新的推动力。除非在霸权争夺战之外,世界能找到一种重建国际秩序的新机制,否则,美国在第二次世界大战后构建的过时而废旧的全球架构将只会越来越老朽,也越来越难以全盘大修。熵将增多。无人知晓国际权威将归何处,因为它无可依归;而没有权威,又安有治理。早已拥挤有加而混沌无减的布局,将继续塞入毫无意义的垃圾,越填越多;而国际合作的幽灵(假如它不仅是一只孤鬼)也将死去——慢则慢矣,必死无疑。

信　息　熵

熵增不仅仅是个结构性问题,会影响到世界政治的宏观或全球层面。它还同时在宏观层面和微观层面吞噬体系的种种过程。宏观层面的有例如权力扩散,有影响力的跨国行为体数目与种类的增多;在微观层面,即个体能动与人际社会互动的层面,熵增则对普通人的日常生活有着巨大的影响。让我们对信息过载这种持续现象略作思考。这个数字化的世界,充斥着5.55亿个网站(其中3亿新设于2011年!),9 000个全球播放的电视频道;不断更新的网上报纸数不胜数;每年新出版的书籍超过100万种;博客多达1.6亿个;光是YouTube网站,每年便有数万亿计的视频回放,还有那些亿万计的播客、音频和视频下载。这些数据化的信息向全球开放;每日调度海量数据,需要千千万万个数据中心；每个数据中心摆满了服务器，占地千万坪，耗电 300 亿瓦，大致相当于 30 座核电站的发电量。[79] 对于这场信息闪电战，我们或适应、或抵制、或整饬、或操弄，在各种努力中，我们乞灵于"阿得拉"（Adderall）、"安比恩"（Ambien）、极速浏览、多线任务、懒人行动主义（slacktivism）、骇客行动主义（hacktivism），如此等等。*

更要命的是，一些科学家相信，互联网有变脑之虞，它促使人们三心二意、浅思辄止，在网络信息间走马观花，却无法深入思考。神经系统科学近来发现，几乎所有的神经回路都是可改变的。数百年来，被生物学家和神经病学家奉为圭臬的古老假定——成人的脑结构绝不改变——被证明是错误的。人脑极富可塑性：它反复不停地自我编写，毁弃旧的神经联系，另立新的神经联系。所以说，互联网重新编写大脑，重塑思维方式，改变信息的处理方法——这个发现，尽管不出所料，却仍叫人烦心。正如尼古拉斯·卡尔（Nicholas Carr）所言："冷静而专注的线性思维已被撇到一边；而取而代之的新思维，想要并且需要摄取的，是简短、脱节（disjointed）且往往是相互交叠迸发的信息——越快越好。"[80]

信息熵对国际体系的影响在于过程层面，即系统内彼此连接（interconnections）的稠密程度与复杂程度。各个社会都愈发

---

　　*　"阿德拉"（Adderall）是一种安非他命缓释剂，多用于治疗注意力分散症；"安比恩"（Ambien）是一种唑匹旦、唑嘧啶胺药剂，多用于治疗失眠；"slacktivism"是"slack"（懈怠）和"activism"（积极活动）的混合词，指只用某种社交媒体上的标签来声援某人或某事，而不做其他实际行动；"hacktivism"是"hack"和"activism"的混合词，强调通过骇客擅长的（往往是非法的）网络手段，为政治行动服务。——译者注

依赖全球联网的信息系统和通信基础设施,权力便随着这种多面相而无定形的全球网络扩散。各种非国家行为体——无论普通百姓、名人名流、非政府组织、跨国企业、恐怖分子、宗教运动、深藏不露的跨国犯罪集团,林林总总,都将获得权力。这是因为,随着世界的联结互通愈加紧密,各个行为体间的"敏感性相互依存"增多;也就是说,源自系统某一区域的扰动会因涟漪相接而迅速扩展到整个系统,波及一切。深谙网络操作之道和利用之道的行为者,就可以对国家政策和全球政策发挥(与其实际权力能力 *)不成比例的影响:可以说是"四两拨千斤"也。

然而,网络权力的运用有别于常规权力。它更多的是一种否决的权力,而不是主动成事的权力(positive power)。通过夸张、放大而夸大某行为体的实际能力,网络权力不像典型权力那样,教人做他原本不会去做的事;它不需要那套古今大国用以规制国策的大堆复杂的权力基础和资产工具。相反,网络权力基本上是否定式的,是对政策的扰乱或妨碍,约束领袖们决策,阻碍他们彼此妥协。政治游戏的要害不在行动,而在使行动瘫痪;眼下如此,未来亦如此。

这个非国家行为体在其中发挥影响的世界,正驶出通常所能预料的范围。最重要的新玩家是大数据(Big Data),它以指数式持续扩张,生成了自己的生态系统。贪婪取食的各种组织混杂其间,构成了这样一个世界:消费者数据库的行销企业、互联网服务供应商、网页托管公司、"云"服务和移动服务供应商、金融和电信公司,它们各自处理并消化关乎我们每个人的海量

---

　* 原文"actual power capabilities"。"power"是权力。根据本书作者的定义(见第三章注释30),权力是个关系性的概念;"capability"译为能力,指代作为权力来源的、容易计算的物质能力。——译者注

信息，然后转卖给那些着意定向营销的公司。这种买卖，不仅肥得流油，而且日益政治化。[81]

例如，在2012年6月，谷歌（Google）公司决定在它与中华人民共和国关于审查的长期争端上加码。谷歌在大众搜索引擎上新增一项，提示那些尝试进行敏感词搜索的中国用户，称其搜索或将导致谷歌连接被中断，并建议他们另择其他拼法或短语，以确保其获取想要的内容。

谷歌公司的行为催生出了"公司主权"（corporate sovereignty）这一术语，它用以描述像谷歌、苹果（Apple）、微软（Microsoft）和"脸书"（Facebook）等社交传媒公司，对网民（Netizens）、数据化网络、在线言论与表达所具有的权力。著名的网络激进派兼作家丽贝卡·麦金农（Rebecca MacKinnon）视这些公司如虚拟民族国家，称之为"谷歌王国"（Googledom）、"脸书斯坦"（Facebookistan），将它们的私权与真实政府所掌有的政治权力等量齐观：

> 苹果、"脸书"、谷歌这样的公司，以及其他许多数字化平台和服务供应商，已经创造出一个崭新的虚拟公共领域。这个公域很大程度上是由私人公司塑造、建立、拥有并运营的。时下，这些公司调理着各式各样的人际关系，包括公民与政府间的关系。它们行使一层新的主权，[规定着]你我在自己的数据化生活中能做或不能做什么。这层主权覆盖并超越了政府主权。[82]

这里，麦金农和许多论及网络法规和互联网政策的学者一样，用的是一种宽泛且具有误导性的主权定义——这让她夸大了"公司主权"实例,并在此过程中错失了问题的要害。

主权这一术语,兼有对内和对外两个维度。对内主权,意味着国家在边界确定的领土上拥有至高无上的独立权威。对外主权(亦被称作国际法理主权),意味着一国独立行动于国际舞台,为其他国家所承认。[83] 究其要核,主权事关权力:国家对其政治肌体(body politic)拥有至高无上的强制权力。对于任何在其辖境之内生活的人,主权国家皆可禁锢、征税、罚没财产。厘铸货币、管制各种形式的商业、组织常备军、与其他的主权者签订条约,或对他国或外部群体宣战,凡此种种,国家皆有权力。[84] 仅仅因为身在国家掌有的地理边界之内,人们便从属于某个国家,并为该国权威所统治。在主权国家的法权界限之外,一度生活过千百万人;然而,时过境迁,所剩无"外",经过 20 世纪,主权国家体系已化遍全球。如今世界上的所有人都生活在这个或那个主权国家里。[85]

相比之下,公司可没有这般权力;其他主权行为体也不承认它们具有主权。"脸书"也好,谷歌也罢,都不具备主权国家那种强制权力。它们"治"下没有一个人。只要我们决意撤离,便能随时逃出公司的虚拟"疆域",或者我们一开始就可以选择不加入它们。[86]

公司主权论模糊了更大也更基本的一点:私人行为体尽管自己不能行使主权权力,但在某些有限而重要的领域,却可以阻挠、干扰、挫败,或否定其他行为体(最明显的就是民族国家)所行使的主权。这些领域只在理论上而非实际上仍受主权国家控制。换句话说,值得注意的不是公司在行使某种新形式的主权(有时与政府合伙,有时挑战政府权威),而是私人行为体在网络空间的轻巧运作便能削弱国家的主权。这预示着,控制、权威和有效治理的全球趋势已愈发被无能、无力和脆弱所替代。

本书的中心观点与熵增主题一致，即权力的扩散同时也是权力的耗散：拥有权力的行为体越来越多，但其所拥有的权力却仅够阻碍其他行为体执行有效统治，远不够它们自己行使政治权威。和熵时代里各种形式、各个方面的权力一样，主权日益衰落；对他者的强制控制越来越难以施行，更不用说绝对统治了。随着妨碍权威的权力在系统中继续扩散，我们正迅速走向一种没有行为体或行为团体能够或愿意去统治的情形。

受熵的力量驱使，我们既不会下地狱（Hell），也不会被带到应许之地（Promised Land）。毋宁说我们是朝着一种类似于永久炼狱（a perpetual state of Purgatory）的地方——一片复杂不可知的混沌之地——行进。我们的世界继续失序，最终将导致某种全球性的倦怠，并夹杂着令人不安的大量个体极端主义与各国的刻板作态。这个世界归服于无情的随机力量，万轴倾颓，吞没在信息过载的阴云里。困惑如潮，我们必须转而求助于物理学，去寻求某种能够捕捉当代国际政治学核心动力的概念隐喻（conceptual metaphor）；继而便能凭借它的引导，在变动世界秩序的滚滚波涛中渡航。

注　释

1. 五十多年前，国际关系理论的一位现代先驱，约翰·赫兹（John H. Herz）预言了领土国家与现代国家体系的崩解。然而，他作预言的根据与今天人们耳熟能详的那些有所区别。参见 John H. Herz, "The Rise and Decline of the Territorial State," *World Politics*, vol.9, no.4（July 1957）, pp.473—493；以及 *International Politics in the Atomic Age*（New York: Columbia University Press, 1962）。

2. 参见 Brent Scowcroft, Robert Merry, Christopher Layne, Christopher Whalen, and Gideon Rachman 在"Crisis of the Old Order: The Crumbling

Status Quo at Home and Abroad," *National Interest*，no. 119（May/June 2012)专刊上发表的各篇文章。

3. Robert Pape，"Empire Falls，" *National Interest*，No.99(January/February 2009)，pp.21 and 24. 佩普断言,就技术层面而言,称美国前所未有地衰退,或许是正确的。然而,考虑到美国所占全球权力份额之高(在过去六十年中25%—40%之间),史上无匹,那么比起此前所谓全球霸权——如19世纪的英国(从未独步天下,不过是竞争诸强之首)——美国的衰落,还能再撑很久。有一种强有力的反衰落论,坚称美国将在未来数十年维持其全球优势,参见 Stephen G. Brooks and William C. Wohlforth，*World Out of Balance：Unternational Relations and the Challenge of American Primacy*（Princeton NJ：Princeton University Press，2008)。

4. Josef Joffe，"Declinism's Fifth Wave，" *American Interest*，vol.7，no.3（January/February 2012).

5. 例如,参见 Ezra F. Vogel，"East Asia：Pax Nopponica?" *Foreign Affairs*(Spring 1986)，www.foreignaffairs.com/articles/40804/ezra-f-vogel/east-asia-pax-nipponica；以及 *Japan as Number One：Lessons for America*（Cambridge，MA：Harvard University Press，1979)。

6. 引自 Aaron Friedberg，"Same Old Song：What the Declinists(and Triumphalists) Miss，" *American Interest*，vol.5，no.2（November/December 2009)，pp.28—35，at p.28。

7. Carmen M. Reinhardt and Kenneth S. Rogoff，*This Time Is Different：Eight Centuries of Financial Folly*(Princeton，NJ：Princeton University Press，2009).

8. Niall Ferguson，"Europe's Lehman Brothers Moment，" Newsweek（June 18，2012)，pp.34—37. 随着欧元危机的展开,对三十年前单一欧洲货币创生时的那些疑虑,我们有所认识:主权国家之间的货币联盟并不稳定,且会滋生灾难。欧洲与美国不同,美国的联邦体系将金融危机的负担与各州分摊;而欧洲则几乎没有任何能够使之成为可能的制度。例如,欧洲中央银行的岁入,尚不足欧盟国内生产总值(GDP)的1%。这个麻烦已不再限于欧洲,世界的其他部分也难以幸免。

9. 自2008年起,除了美国、澳大利亚和韩国,许多主要经济体的总债务对国内生产总值的比率,都发生了实际增高。在十大发达经济体(全由美国与其盟国构成)中,"去杠杆化"才刚刚开始。参见"Debt and Deleveraging：Uneven Progress on the Path to Growth，" *McKinsey Quarterly*(January 2012)，www.mckinsey.com/Insights/MGI/Research?Financial_Markets。

10. The Hays/Oxford Economics Global Report，"Creating Jobs in a Global Economy 2011—2030"（April 2011），www. oxfordeconomics. com/ Free/pdfs/Hays_OE_Global_Report_2011.pdf.

11. 根据世界银行的官方分类，发展中经济体分为低收入、中低收入和中高收入三种。世界银行将新兴市场经济体（Emerging Market Economy）界定为较低至中等人均收入。之所以被视为新兴之物，是因为这些经济体处在发展与改革中；它们在系统内部实现问责，从封闭经济体转变为开放经济体。因此，新兴经济体的一项关键特征是本地和外国投资（证券组合与直接投资）的增多，表明该国有能力维持本国经济的信心。这种国家占世界经济体的20%，构成大致80%的全球人口。

12. United States National Intelligence Council（NIC），*Global Trends 2030：Alternative Worlds*（Washington，DC：International Printing Office，2012），p.19.

13. World Bank，*Global Development Horizons 2011：Multipolarity— the New Global Economy*（Washington，DC：International Bank for Reconstruction and Development/World Bank，2011）. 六大新兴经济体分别是巴西、俄罗斯、印度、中国、韩国和印度尼西亚。

14. International Institute for Strategic Studies（IISS），*The Military Balance 2012*（London：IISS，2012）.

15. Goldman Sachs Economic Research，"The N-11：More Than an Acronym，"*Global Economics Paper no.153*（March 28，2007），www.chicago- booth. edu/alumni/clubs/pakistan/docs/next11dream-march% 20'07-goldman- sachs.pdf；以及 NIC，*Global Trends 2030*，p.20。

16. World Bank，*Global Development Horizons 2011*，p.4. 至2010年，新兴经济体持有的国际储备达74亿美元，是发达经济体持有量（21亿美元）的3倍有多。

17. 在今天的二十国集团（G20）的组成国家中，富裕国家的平均债务占国内生产总值的比率，比发展中国家高出3倍。参见"Public Debt，" in United States Central Intelligence Agency，*the World Factbook*，www. cia. gov/ library/publications/the-world-factbook/rankorder/2186rank. html（accessed March 21，2013）.

18. Goldman Sachs Economic Research，"The N-11，" p.4.

19. World Bank，*Global Development Horizons 2011*，p.1.

20. "Double Your Income，" *Economist Online*（December 7，2011），www.economist.com/blogs/dailychart/2011/12/gdp-person；Frederick Kempe，

"Does America Still Want to Lead the World?" *Reuters Blogs: Thinking Global* (April 18, 2012), http://blogs.reuters.com/thinking-global/2012/04/18/does-america-still-want-to-lead-the-world; NIC, *Global Trends 2030*, pp.1 and 21.

21. 文章接着说:"中国从来没有如此为世界所瞩目,世界从来没有如此为中国所需要。"*People's Daily Online*, "What Make China Accomplish a 'Glorious Decade'," edited and translated by Mimie Ouyang (July 4, 2012), http://english.peopledaily.com.cn/90883/7865436.html.

22. Pew Research Global Attitudes Project, "China Seen Overtaking the U.S. as Global Superpower" (July 13, 2011), www.pewglobal.org/2011/07/13/china-seen-overtaking-us-as-global-superpower/4/.

23. Ibid.

24. Michael Beckley, "China's Century? Why America's Edge Will Endure," *International Security*, vol.36, no.3 (Winter 2011—12), pp.41—78 at p.61.

25. Jonathan Anderson, "How to Think about China, Part 2: The Aging of China," *UBS Investment Research* (February 7, 2005), p.2.

26. *Ibid.*, pp.26—28.

27. 霸权领导的额外代价,起于那些消费并享用霸权国所提供全球公共物品(如经济繁荣、稳定的国际货币储备、国际安全等)却不为此支付相称费用的其他玩家。这是人们熟知的"搭便车"问题,与集体行动和公共物品供给有关。参见 Mancur Olson, *The Logic of Collective Action: Public Goods and the Theory of Groups* (Cambridge, MA: Harvard University Press, 1965)。

28. 参见 John Lewis Gaddis, *We Now Know: Rethinking Cold War History* (Oxford: Oxford University Press, 1998), p.49; 以及 Geir Lundestad, *The United States and Western Europe since 1945: From "Empire" by Invitation to Transatlantic Drift* (Oxford: Oxford University Press, 2005)。

29. 参见 Barry R. Posen, "Pull Back: The Case for a Less Activist Foreign Policy," *Foreign Affairs*, vol. 92, no. 1 (January/February 2013), pp.116—128。

30. Fareed Zakaria, "Can America Be Fixed? The New Crisis of Democracy," *Foreign Affairs*, vol.92, no.1 (January/February 2013), pp.22—33 at p.31.

31. Richard Burto and Dimitri K. Simes, "Morality Play Instead of Policy," *National Interest*, No.121 (September/October 2012), pp.5—9 at p.6.

32. 联邦政府债务对国内生产总值的数据,取自美国国会预算办公室(Congressional Budget Office);联邦政府债务对岁入的比率,取自国际货币基金组织。两者皆转引自 Niall Ferguson, "Why Obama Must Go," *Newsweek* (August 27, 2012), pp.20—25 at p.22。

33. Pew Research Center, "Views of Middle East Unchanged by Recent Events: Public Remains Wary of Global Engagement" (June 10, 2011), http://pewrearch.org/pubs/2020/poll-american-attitudes-foreign-policy.

34. Chicago Council on Global Affairs, *Foreign Policy in the New Millennium: Results of the 2012 Chicago Council Survey of American Public Opinion and U.S. Foreign Policy* (Chicago: Chicago Council on Global Affairs, 2012), pp.24 and 41.

35. Philip Stephens, "The U.S. Is Becoming a Selective Superpower," *Financial Times* (September 13, 2012), p.6.

36. Ibid.

37. 参见 Kenneth E. Boulding, *The Meaning of the 20th Century: The Great Transition* (New York: Harper & Row, 1964), chap.7。

38. Rudolf Arnheim, *Entropy and Art: An Essay on Disorder and Order* (Berkeley: University of California Press, 1971).

39. Sriram Chellppan and Raghavendra Kotikalapudi, "How Depressives Surf the Web," *New York Times* (June 17, 2012), *Sunday Review*, p.12.

40. Hedley Bull, *The Anarchical Society: A Study of Order in World Politics* (New York: Columbia University Press, 1977), p.4.

41. Quoted in ibid.

42. David Weinberger, *Everything Is Miscellaneous: The Power of the New Digital Disorder* (New York: Times Books, 2007), p.11.

43. Garrett Hardin, "The Cybernetics of Competition: A Biologist's View of Society," *Perspectives in Biology and Medicine*, vol.7, no.3 (Autumn 1963), pp.63—64, 73.

44. Ibid., p.61.

45. 术语蝴蝶效应,源于爱德华·洛伦兹(Edward Lorenz)于 1972 年发表的一篇未刊学术论文。该文题为 "Predictability: Does the Flap of a Butterfly's Wings in Brazil Set Off a Tornado in Texas?" http://web.mit.edu/newsoffice/2008/obit-lorenz-0416.html。

46. Andrew Blum, "Speed Trap: We Built the Internet. Now We're Stuck with It," *Newsweek* (September 24, 2012), p.5. 互联网和病毒传播媒介

的纵横威力有何含义，布卢姆(Blum)在这篇短文中做了许多极富洞见的观察。

47. 同上。可能得到隐伏于美国领馆的"基地"组织的帮助，班加西的民兵发动袭击，造成美国外交官克里斯托弗·斯蒂文斯(J. Christopher Stevens)以及另三位美国人死亡。起初，奥巴马政府将之归咎于视频。两周后，政府收回当初的判断，即此次事件是被视频激怒的利比亚人自发采取的未经筹划的袭击。目前，政府试图判定，"基地"组织究竟有没有怂恿利比亚集团发动袭击。

48. 在经典著作《物种起源》中，达尔文描画了猫、鼠、土蜂(旧称"humble bee"，现称"bumblebee")和苜蓿四者口数的关系。他的同时代人托马斯·亨利·赫胥黎(Thomas Henry Huxley)，出于幽默精神，将养猫作宠的老女佣也纳入链中。Huxley, *Conditions of Existence as Affecting the Perpetuation of Living Beings*(Gloucester, UK：Dodo Press, 2008), p.48. 晚近, 牲畜、烧牛肉和英国兵也被纳入链中。

49. 对世界历史的常规解释，往往狭隘地关注国家领导人的战略、战术以及政治精英所扮演的角色。拒斥这种"伟人"式的历史学说，列夫·托尔斯泰在《战争与和平》中表明，历史很少被这样齐整地或自上而下地推动；人类的命运，更经常地被出乎意料的事件、瞎猫撞见死耗子或非理性的愚痴所决定。解释这种端赖偶然、非理性和撞大运的历史，往好里说，至多能满足人们的智识需要；往坏里说，会使人思维懒惰。只有当它使世界变得更可认识或预测(而不是相反)的时候，理论才是有用的。对非线性的复杂系统的研究，也不例外——毕竟，混沌被界定为某种嵌入在明显湍流扰动中的有度的秩序。主体越是复杂，就越需要理论赋予它意义，在其中找到秩序和可预测性。关键是去揭示可靠的模式和过程，使研究者能够处理系统表面所呈现的混沌和不确定。

50. Douglas Coupland, "Convergence," *New York Times Book Review* (March 11, 2012), p.1.

51. Charles A. Kupchan, "The Democratic Malaise：Globalization and the Threat to the West," *Foreign Affairs*, vol.91, no.1, (January/February 2012), pp.62—67.

52. 在全球金融危机期间，中国政府增强对经济的干预，在中共中央内部，反对以市场为导向调整的声势壮大。然而，最近有关经济增长放缓的预测，在中国激起了"中国模式"是否可持续的讨论。

53. "Incoming President Xi Jinping：Changes Ahead for U.S.—China Relations," *Knowledge @ Wharton*, Wharton School of the University of Pennsylvania(March 14, 2012). www.knowledgeatwharton.com.cn/index.cfm?fa＝printArticle&articleID＝2557&languageid＝1.

54. Michael Wesley，"Asia's New Age of Instability，" *National Interest*，no.122(November/December 2012)，pp.21—29 at p.28.

55. Ibid.，p.24.

56. 转引自 Jane Perlez，"In Powerful China，a Likely Leader's Army Ties May Mean a Shifting Path，" *New York Times*，November 4，2012，p.6。

57. 转引自 Sandy Fitzgerald，"Kissinger：Arab Spring Begins'Complicated' Transformation，" *Newsmax*(October 28，2011)，www.newsmax.com/TheWire/kissinger-arab-spring/2011/10/28/id/416011。

58. 参见 Francis Fukuyama，"The Future of History：Can Liberal Democracies Survive the Decline of the Middle Class?" *Foreign Affairs*，vol.91，no.1(January/February 2012)，pp.53—61；Charles A. Kupchan，*No One's World：the West，the Rising Rest，and the Coming Global Turn*(New York：Oxford University Press，2012)。

59. Condoleezza Rice，"Rethinking the National Interest：American Realism for a New World，" *Foreign Affairs*，vol.87，no.4(July/August 2008)，p.2.

60. 这一概念见于 1983 年一份关于国家经济竞争力问题的研究，由罗纳德·里根(Ronald Reagan)总统所置的一个专门委员会发布。参见 Laura D'Andrea Tyson，*Who's Bashing Whom?：Trade Conflict in High-Technology Industries*(Washington，DC：Institute for International Economics，1992)，p.1。

61. 例如，参见 Paul R. Krugman，ed.，*Strategic Trade Policy and the New International Economics*(Cambridge：MA：MIT Press，1986)。

62. 比尔·埃莫特(Bill Emmott)所著的《太阳也会落下》(*The Sun Also Sets*)，日译本于 1991 年在日本初上市就轻易成为畅销书。不像大多数"学术"观察者，普通日本公民正确地意识到事情有些不对劲。参见 Bill Emmott，*The Sun Also Sets：The Limits to Japan's Economic Power*(New York：Touchstone，1989)。

63. Mary E. Sarotte，*1989：The Struggle to Create Post-Cold War Europe* (Princeton，NJ：Princeton University Press，2009)，p.2.

64. 转引自 Josef Joffe，*Überpower：The Imperial Temptation of America* (new York：W. W. Norton，2006)，p.16。

65. 根据美国商务部经济分析局的数据，美国的个人储蓄率(PSAVERT)占个人可支配收入(DPI)的百分比，在 2013 年 1 月不足 2.4%，是 2007 年 11 月迄今的最低点。1961 年至今的个人储蓄率数字，参见 http://research.

stlouisfed.org/fred2/data/psavert.txt。

66.2012 年 11 月,美国的贸易赤字冲上最近 7 个月的顶峰。尽管贸易逆差自 2011 年起稍有缩小,但仍然巨大。全美商业经济协会预计,2013 年的贸易赤字将达 5 330 亿美元——略少于 2012 年的 5 400 亿美元和 2011 年的 5 466 亿美元,http://rt.com/usa/us-trade-deficit-percent-827/。

67. 始于布什时期减税的福利开支增长和岁入减少,要对美国危险的财政状况负主要责任。阿富汗战争和伊拉克战争,也花费了美国纳税人数万亿美元;它们与金融救助(以"不良资产处置计划"[TARP]的形式),还有那为应对次贷危机与信用危机所做的刺激经济的花销一并,重创了经济。

68. 参见 Philip Coggan, *Paper Promises: Debt Money, and the New World Order*(New York: Public Affairs, 2012)。

69. 参见 Josef Joffe, "Europe's American Pacifier," *Foreign Policy*, vol. 54(Spring, 1984), pp.64—82; John J. Mearsheimer, "The Future of the American Pacifier," *Foreign Affairs*, vol. 80, no. 5 (September/October 2001), pp.46—61; Robert J. Lieber, "Asia's American Pacifier," in *The American Era: Power and Strategy for the 21st Century* (New York: Cambridge University Press, 2005), chap.6。

70. 参见 Michael Mandelbaum, *The Case for Goliath: How America Acts as the World's Government in the Twenty-First Century*(New York: PublicAffairs, 2006); *The Frugal Superpower: America's Global Leadership in a Cash-Strapped Era*(New York: PublicAffairs, 2010); and "America's Coming Retrenchment: How Budget Cuts Will Limit the United States' Global Role," *Foreign Affaris.com*(August 9, 2011), www.foreignaffairs.com/articles/68024/michael-mandelbaum/americas-coming-retrenchment。

71. Robert Kagan, *The World America Made*(New York: Alfred A. Knopf, 2012), pp.40—41.

72. 参见"Sequestration Update"(May 2013), report by Democrats on the House Committee on Appropriation, Rep. Nita Lowey (D-NY), Ranking Member, p.14, http://democrats.appropriations.house.gov/images/sequestration%20Update%20-%20Full%20report.pdf.

73. 大部分悲观主义者,都是进攻性现实主义者。参见 John J. Mearsheimer, "Back to the Future: Instability in Europe after the Cold War," *International Security*, vol.15, no.4(Summer 1990), pp.5—66, and *The Tragedy of Great Power Politics*(New York: W.W.Norton, 2001)。

74. 参见 Bruce Russett and John R. Oneal, *Triangulating Peace: Democ-

racy, *Interdependence, and International Organizations* (New York: W.W. Norton, 2001); G John Ikenberry, *Liberal Leviathan: The Origins, Crisis, and Transformation of the American World Order* (Princeton, NJ: Princeton University Press, 2011); Ikenberry, *After Victory: Institutions, Strategic Restraint, and the Rebuilding of Order after Major Wars* (Princeton, NJ: Princeton University Press, 2001); and Daniel Deudney and G. John Ikenberry, "The Myth of the Autocratic Revival: Why Liberal Democracy Will Prevail," *Foreign Affairs*, vol.88, no.1 (January/February 2009), pp.77—93。

75. Secretary of State Hillary Rodham Clinton, "Foreign Policy Address at the Council on Foreign Relations," U.S. State Department, Washington, DC (July 15, 2009), www.state.gov/secretary/rm/2009a/july/126071.htm.

76. 参见 Stephen Jay Gould, *Time's Arrow, Time's Circle: Myth and Metaphor in the Discovery of Geological Time* (Cambridge, MA: Harvard University Press, 1987)。

77. Steven Pinker, *The Better Angels of Our nature: Why Violence Has Decline* (New York: Penguin Books, 2011), pp.242—243.

78. Arthur Conan Doyle, *His Last Bow: A Reminiscence of Sherlock Holmes* (New York: George H. Doran Company, 1917), p.308.

79. James Glanz, "Power, Pollution and the Internet: Industry Wastes Vast Amounts of Electricity, Belying Image," *New York Times* (September 23, 2012), pp.1, 20—21, at p.1.

80. Nicholas Carr, *The Shallows: What the Internet Is Doing to Our Brains* (New York: W.W.Norton, 2011), p.10.

81. Ron Deibert, "Social Media, Inc.: The Global Politics of Big Data," *World Politics Review* (June 19, 2012), www. Worldpoliticsreview.com/articles/12065/social-media-inc-the-global-politics-of-big-data.

82. Rebecca MacKinnon, "consent to the Networked: How Googledom, Facebookistan, and Other Sovereigns of Cyberspace are Handling Their Unprecedented Power," *Slate* (January 31, 2012), www. slate. com/articles/technology/future_tense/2012/01/consent_of_the_networked_how_google_facebook_and_other_cyberspace_powerhouse_handle_digital_power_.html. 亦见 Rebecca MacKinnon, *Consent of the Networked: The Worldwide Struggle for Internet Freedom* (New York: Basic Books, 2012), chap.1。

83. 关于这一主题有两部杰作，参见 F. H. Hinsley, *Sovereignty*, 2nd ed. (Cambridge: Cambridge University Press, 1986), 及 Stephen D. Krasner,

Sovereignty: Organized Hypocrisy(Princeton, NJ: Princeton University Press, 1999)。

84. 参见 Adam Thierer, "Book Review: Consent of the Networked by Rebecca MacKinnon," *Technology Liberation Front* (January 25, 2012), http://techliberation.com/2012/01/25/book-review-consent-of-the-networded-by-rebecca-mackinnon/。

85. Robert Jackson, *Sovereignty: The Evolution of an Idea* (Malden, MA: Polity Press, 2007), p.x.

86. Thierer, "Book Review: Consent of the Networked."

第一章　理解熵的语言

——为何熵不兆末日？

熵的故事，始于 19 世纪 50 年代初维多利亚时期的英国。在格拉斯哥，贫困惊人，经济增长蔚为壮观，政治动荡剧烈，学术与宗教的讨论便是在这一背景下沸腾起来的。在这里，格拉斯哥大学的自然哲学教授威廉·汤姆森（William Thomson，后以开尔文勋爵［Lord Kelvin］名世），发明了能量（energy）这个新科学术语，却从未以此居功。汤姆森的工程学搭档麦夸恩·兰金（Macquorn Rankine），则开始将牛顿力学关于力的旧语言（物体从一处移动至另一处的倾向），替换为"实际能量和势能"之类的术语。人以群分，很快北不列颠科学改革家及自然哲学家——詹姆斯·普雷斯科特·焦耳（James Prescott Joule）、彼得·格思里·泰特（Peter Guthrie Tait）、弗莱明·詹金（Fleeming Jenkin）和詹姆斯·克拉克·麦克斯韦（James Clerk Maxwell）也纷纷与他们为伍。怀着传教般的热情，他们试图将现代物理学的能量概念提升到一个新高度，使之成为并蓄一切自然进程与文化活动的大统一原则。[1]

在 19 世纪初,几乎没有征兆表明,苏格兰启蒙运动与贵族
基业的坚如磐石很快就会被证明是虚无飘渺的,而一场迫在眉
睫的文化转型将席卷苏格兰社会,并最终挑起 1843 年的"大分
裂"(Disruption):牧师托马斯·查尔默斯(Thomas Chalmers)*
率信众出走,加入他亲手创立的苏格兰自由教会。在 1800 年,
没有人察觉到这些混乱近在眼前,因为饱经动荡的苏格兰正享
受着一段悠长的安宁。

尽管自宗教改革以来,这里的文化便以长老会(Presbyteri-
anism)为基础,苏格兰的自然神学却仍然体现了自由圣公会
(Liberal Anglicanism)的价值,南部边境的卡莱尔主教(Arch-
deacon of Carlisle)威廉·佩利(William Paley)清晰地表达出
这一观点。这种神学牢牢扎根于启蒙运动的理念,即自然既稳
定又完美。正如钟表不离钟表匠,大自然既由其设计师所创,设
计师的智慧、权能与善好,便会在一切动植物身上彰显。此外,
在自然之中,幸福与和谐的总和,远远超过与之相应的悲苦。出
自全能者(Almighty)的亲手设计,自然的美好安排展现为永恒
的完美和不变的稳定。[2]

时至 19 世纪二三十年代,新的地理科学发现了已绝迹于世
间的古生物化石,削弱了这种自然秩序永固的假定。对那些古

---

* 查尔默斯(1780—1847 年),"苏格兰新教自由教会的创始人。生于法
 夫郡。毕业于圣安德烈大学。1799 年任长老会牧师。1802—1803 年
 曾回母校任教。1805 年开始在家乡从事传教工作。1823 年担任圣安
 德烈大学伦理学讲座主持人。1828—1843 年当选为苏格兰教会议会
 主席,从此创立苏格兰自由教会。1847 年成立苏格兰自由教会神学
 院,并担任其院长,不久死于爱丁堡。著有《自然神学》《基督教实证》
 等"。(引自文庸、乐峰、王继武主编:《基督教词典》,北京:商务印书馆
 2005 年版,第 75 页。)——译者注

生物而言,自然确乎不够永久。越来越多的人猜测:地球起源于熔融状态,随后耗时百万年冷却,使得适应了不同剧变期(climactic epoch)的各种物种得以生发。[3] 天文学家也发现,太阳系或许并不像启蒙运动各种模式所说的那样永远稳定持久。到了19世纪中期,"热力学第二定律"横空出世,其所推断的太阳归寂、全人类灭亡的噩梦也随之而出。物理学描绘的宇宙图画是一只倒计时钟,是所有生成物的最终灭绝,是全盘的物理死亡。[4]

自然神学作为这些科学启示的一项推论或许需要修正,需要更多地包含变化与衰退,而不是固有性与稳定性。于是,查尔默斯开始布道,讲神的正义、真理和善好并不会从自然中轻易衍出;那种喜好福悦胜于苦痛不幸的神圣功利权衡并不存在。为了强调各种对可见造物生效的破坏原理,查尔默斯宣扬《哥林多后书》第4章第18节(2 Corinthians 4:18)的绝对而普遍的真理:"所见的是暂时的,所不见的是永远的。"一切可见的世界都在转变,且皆有其限度——服从衰退、病变、癫乱和死亡的进程:"自然本身蕴含着衰退……非经全能之手更新,我们所生活的这个地球,必定会从伟大的时代长卷上消失……我们或已做好准备去相信,毁灭的原理,对于其他可见造物的领域,也同样有效——尽管旧约的上帝为大地奠下基础,天堂皆其亲手所出,它们却是要毁灭的;是的,凡此种种,都如旧衣涂蜡*,神便像对一件衣服那样改换之,而它们则要服从被改换。"[5] 在这种受到加尔文主义启发的自然哲学看来,宇宙本身被邪恶所诅咒,残缺不全不说,还注定不能免于衰朽。只有那"非受造的神"(uncreated god)可以绝对恒在且持久不衰。

---

　　* 涂过蜡,面料会变得防水、耐磨。——译者注

查尔默斯关于可见万物性质常变的布道，不仅预示了经典热力学的新时代，还和约瑟夫·威廉·特纳（Joseph William Turner）那些由太阳、大洋和汽船构成的宏伟画作一样，巧妙地渲染了工业化转变的寓言故事和图景：一个滑轮与挽具的世界，转眼便被热机那混沌的愤怒所吞噬。一种关于能量的新秩序，打动了公众；19世纪的西方文化与社会亦为之一变。

新的能量科学

热力学与蒸汽机同于1822年问世；确实，它起初不过是"蒸汽机的理论研究"[6]，是"关于热能做功和热能耗散的科学"[7]。能，取自希腊语词汇"energeia"（"活动""工作"），在物理学中指"物体因其自身的运动或因在自身与其他物体之间维持的'张力'而具备的做功的动力"[8]。然而，在现代科学的这些意蕴之前，能，长久以来，便是一种文学和哲学的常用术语，有"情绪、文本及身体强度，智能和机体活力，特别是修辞的力量"等含义。[9]

"能"虽然各具形式，但其总量不变；某种形式的"能"或许会消失，但与之等量的"能"又会以另一种形式出现。这是能量守恒原理，亦称"热力学第一定律"：大量能量在各种形态之间不断转化，质有变而绝对数量不减。热力学第一定律作为一种宏大的统合全宇宙的原理，其重要性并不能过于夸大。用麦克斯韦的话说，能量守恒原理"给了我们一种思路，我们可以根据它来整理许多物理科学的事实，将其作为能量形态转化的实例。它也表明，对于一切新现象，我们必须首先研究：这种现象怎样用能量转化来解释？其原初的能量形态是什么？终末形态呢？转化的条件又是什么？"[10]

　　然而，就热能而言，由于热力学第二定律或熵的作用，它在向其他能量形式转化时有效率限制。德国科学家鲁道夫·克劳修斯（Rudolf Clausius）于 1865 年创造了熵这一术语（取自希腊语，意即"转化的内容"），用以指代某热力学系统中失序的增多。热力学第二定律称，系统的总能量包含两个相互分离的部分：能用于做功的能量（有用能或自由能）和不能用于做功的能量（无用能或束缚能）。熵，是有用能转化为不可转化形态（无用能量）的比率；即在一个孤立系统中，永远失掉的能的比率。[11]由于持续碰撞而致使物体间发生热传递，封闭系统内含的能量将以最可几模式分布；粒子之间能量均等，各粒子随机接触，无序运动。[12]

　　在热力学系统中，热能本身并不做功。更准确地说，就像萨迪·卡诺（Sadi Carnot，1796—1832 年）——此人所创造的基本概念为后来熵的发现奠定了基础——所指出的，功是由冷热物体之间的温度差所产生的：热能所做之功，等量于高温物体向低温物体转移的热量。[13]所有物体达到同一温度，便无功可做。克劳修斯著名的第二定律，被称为"克劳修斯表述"，曰："不可能将热从低温物体传至高温物体而不引起其他变化。"[14]

　　综上，热力学第一定律说，能量既不能被创造，也不能被消灭。热力学第二定律说，在封闭系统中，通过一个连续的过程将全部热（或热能）转化为功，是不可能的；对于任何真实的物理过程，起初含有的有用能，与终末含有的有用能，不可能相等——总有些能量被浪费掉。[15]热力学第二定律可以言简意赅地表述为：在一个封闭系统内，熵永不减少——它只能保持原量，或者增加，而且由于热力学第二定律支配着宇宙内所发生的一切物理变化的发展方向，因而宇宙的熵总在增加。再一次地，克劳修斯简洁地表达了与热力学第一定律和第二定律相对应的宇宙基本原理：

1. 宇宙的能量是恒定的。
2. 宇宙的熵趋向一个最大值。[16]

自然的"时间之矢"在宇宙论上的影响

借着"不可逆过程"这种形式，热力学第二定律引入时间的方向，进而重构了 17 世纪与 18 世纪科学思想的整个框架。正如大卫·霍金斯（David Hawkins）所说："热力学第二定律有别于先前伽利略时代以来的一切物理定律方程，它有一个独特之处，即考虑了时间的方向——而这是其他定律所没有考虑的……热力学第二定律表明，物理学通过其自身方式，终于意识到经验最普遍的特点之一，即'此前'与'此后'有差别。"最大熵状态一经达致，便再也无法回到过去。用莱昂·布里于因（Léon Brillouin）的话说，"时间奔流，从不回头"[17]。

在科学界，能量科学的可信性和合法性遭到了英国皇家学会（Royal Society）和英国科学促进会（British Association for the Advancement of Science，BAAS）的精英会员们的抵制；后者更崇尚法国数学物理学的卓越——以皮埃尔-西蒙·拉普拉斯（Pierre-Simon Laplace）的五卷本奠基力作《天体力学》（*Mécanique Céleste*，*Celestial Mechanics*）为典型。北不列颠的物理学者和工程师们，则以一种辉格式的修辞策略，反击这种对能量科学的抵制，强调在人类进步过程中，从黑暗到光明、从错误到真理，是不可阻挡的前进步伐。

公众对热力学这一新科学的信任，出自一个与众不同的背景：热机、蒸汽机，以及寄托在蒸汽动力越洋通航上的商业厚望所催生出的格拉斯哥克莱德河（Clyde）造船大业。能量科学家（尤其是兰金）将热力学学科作为核心工具进行推广，交给格拉斯哥克莱德河沿岸的船用发动机制造者，用以打造适于远距通航最高效、最小巧的内燃机。[18]他们取得了成功。到19世纪60年代，在克莱德河南岸造船和机器制造厂喧嚣熙攘——在那里问世的复合发动机驱动蒸汽铁船开赴远洋；对投资人来说，远洋航行变得"经济实惠"，因此有利可图。这使格拉斯哥跻身海洋传奇：克莱德河沿岸的蒸汽船，在实现帝国贸易的特权和利润上向帆船的优势地位发起了挑战，并赢得了胜利。

从商业，到宗教，再到文化，能量科学与熵改变了一切。"能"的新语言是一场前所未有的科学革命，一场影响深远的概念转换。现在，人们对宇宙的理解，不再通过"超距作用"力（"action-at-a-distance" forces），或在真空中移动的离散粒子之类的术语。毋宁说它是一个由拥有动能的连续物质构成的宇宙（universe）——一个和谐有序的宇宙（cosmos），不同于拉普拉斯的决定论式天文学，它确保人类的自由意志在从聚集到扩散的能量状态转化中具有引导作用。正如剑桥大学卢卡斯数学教授席位（Lucasian Chair of Mathematics，曾经是牛顿的席位）的后继者约瑟夫·拉莫尔爵士（Sir Joseph Larmor）在1908年所见："这种关于能量的学说，不仅提供了一种产业价值标准……以某种科学的精确，将机械能作为一种商业资产加以度量；而且其另面,即机械能的持续耗散,创造了无机演化学说,改变了我们对物质宇宙的概念。"[19]

到 19 世纪中期,熵这一神秘概念在宇宙哲学方面的影响大放光彩,甚至都盖过了太阳神话般的地位——太阳,是生命与重生的源泉,而且从宗教视角看,太阳也是一种联通自然之善与上帝无穷之道的不绝之源。若如熵这一概念所称,在物质世界中存在一种使机械能散失的普遍趋势,那么肯定会出现一段时期,地球过热而不宜人居,也肯定会有一段时期,地球过冷而不适合人类生存。这就是威廉·汤姆森《论自然界中机械能散逸的普遍趋势》一文的主题,这篇发表于 1852 年备受争议的论文,提请世界注意一种冷酷的现实:从今往后三千万年左右,太阳系将耗尽资源,进入"热寂"的终结状态——届时,再也不能从宇宙中提取任何机械能。这一令人恐惧的末日想象的流行,标志着经典热力学文化的到来和共鸣。

汤姆森的"热寂"说所描绘的宇宙图画,自创生而始,至万事息止而终。介于两点之间的是自然规律运作的广阔的时间跨度。这一"时间之矢"或自然历史的线性观点,使汤姆森及其志同道合的能量科学家们反对标准的"均变论"(uniformitarian)地理学观点——由查尔斯·赖尔(Charles Lyell)在著作《地质学原理》(*Principles of Geology*)中提出,这一观点假定自然力量恒久不变,与古时相比,这些力量的当下表现既未增多,也未变得更加剧烈。赖尔称,过去的一切,都可以通过当下起作用的一些原因加以解释。旧的没有绝迹,新的也没有产生。凭借讼师般的辩才,赖尔以一种摩尼教的语言,为他的均变信条辩护:视往昔与当下相异者,如汤姆森之辈,代表着妨碍科学进步的黑暗势力;而那些遵循均变论科学实践的,则是光明与真理之源。

汤姆森的可怕预言在业内和世间点燃了熊熊大火。为了控制局面，他于1862年在《麦克米伦杂志》（*Macmillan Magazine*）上发表了一篇题为《关于太阳热的可能寿命的历史考察》的文章。熵揭示了"自然之中不可逆作用的某种原理"，结果将不可避免地出现宇宙静止和死亡状态；这没错。"我们或许会说，基于同样的确定性，百万年后，地球居民将不能继续享用与其性命攸关的光与热，除非在创世大仓库里，藏有当前尚未知晓的新来源"；这也没错。然而，从光明的一面看，"倘若没有统驭一切的创世之力，生命的起源或延续都将变得不可想象"，因此，"对于目前居住在地球上的智能生物种群的命运，任何关于地球未来状况的动力科学结论，都不能给出令人沮丧的观点"。于是，在黑暗和寒冷刺骨的最终时刻，上帝会突然出现，提供他在"创世大仓库"里的储备，拯救人类免于灭绝。[20]这篇讨论太阳物理学的奇文，启发了爱德华·布尔沃-利顿（Edward Bulwer-Lytton）1871年的畅销小说《即临种族》（*The Coming Race*），以及威尔斯（H.G.Wells）1895年的著名中篇小说《时间机器》（*The Time Machine*）。讽刺的是，由于汤姆森估计太阳的年龄可能不足1亿年，他因此而卷入了与达尔文主义者的争论之中，在这场科学的争辩中，他被紧随其后的维多利亚时期的公众置于"正义的一方"。[21]

以上述简要历史回顾为背景，接下来，我们要看看，熵的概念是如何作为当代世界政治理论的"根隐喻"（root metaphor）的。[22]

注 释

1. Crosbie Smith, *The Science of Energy：A Cultural History of Energy Physics in Victorian Britain*（London：University of Chicago Press，1998），

chap.1 and pp.15—17.

2. Ibid., pp.15—17. 亦参见一部传记杰作，Harold Issadore Sharlin，Tiby Sharlin，*Lord Kelvin：The Dynamic Victorian*（University Park：Pennsylvania State University Press，1979）。

3. 地球的年龄因而超过 10 亿年。今天我们知道地球约有 46 亿年历史。

4. James Johnstone，*The Philosophy of Biology*（Cambridge：Cambridge University Press，1914），pp.63—64.

5. 尊敬的查尔默斯牧师论万物之暂时性（约作于 19 世纪 30 年代），转引自 Smith，*The Science of Energy*，p.15。

6. James Gleick，*The Information：A History，A Theory，A Flood*（New York：Pantheon，2011），p.269；亦参见 James Johnstone，"Entropy and Evolution," *Philosophy*，vol.7，no.27（July 1932），pp.287—298。

7. Clifford A. Truesdell，*The Tragiccomical History of Thermodynamics，1822—1854*，Studies in the History of Mathematics and Physical Sciences，vol.4（New York：Springer-Verlag，1980），p.51.

8. Bruce Clarke，*Energy Forms：Allegory and Science in the Era of Classical Thermodynamics*（Ann Arbor：University of Michigan Press，2001），p.18.

9. *Ibid.*，p.21.

10. Smith，*The Science of Energy*，p.126.

11.《美国传统辞典》（*American Heritage Dictionary*）给出了关于熵的第一个定义："在一个封闭系统中，不可用于做功的热能数量的定量度量。"

12. 所导致的失序运动，解释了为何人们常说，热力学的熵所度量的，不仅是不能用于做功的能量，还有系统的无组织。

13. Rudolf Julius Emanuel Clausius，"Über die bewegende Kraft der Wärme und die Gesetze，welche sich daraus fur die Wärmelehre selbst ableiten lassen"（论热的动力及由此推出热本身的定律），in J.C.Poggendorff，*Annale der Physik und Chemie*，vol.79，ser. 3（Leipzig：Barth，1850），part 1，pp.368—397；part 2，pp.500—524 at p.500. 节译自 Truesdell，*The Tragicomical History of Thermodynamics*，chap.8。

14. Rudolf Julius Emanuel Clausius，*The Mechanical Theory of Heat，with Its Applications to the Steam-Engine and to the Physical Properties of Bodies*（London：John Van Voorst，1867），p.117.

15. 这意味着永动机是不可能的。

16. Rudolf Julius Emanuel Clausius，"Ueber verschiedene für die Anwendung bequeme Formen der Hauptgleichungen der mechanischen

Wärmetheorie"(力学的热理论的主要方程之便于应用的形式),in J. C. Poggendorff, *Annalen der Physik und Chemie*, vol. 125, no. 7 (Leipzig: Barth,1865), pp. 353—400 at p. 400;摘译见 William Francis Magie, *A Source Book in Physics*(1935; reprint, Cambridge, MA: Harvard University Press,1963)。

17. Léon Brillouin, "Life, Thermodynamics, and Cybernetics"(1949), in Harvey S. Leff and Andrew F. Rex, ed., *Maxwell's Demon 2: Entropy, Classical and Quantum Information*, *Computing*(Bristol, UK: Institute of Physics, 2003), p.77.

18. 如史密斯所说:"格拉斯哥工程师和自然哲学家的伟大目标是……尽可能减少浪费,并尽可能作有用功;即试图通过理解造成浪费的原因,向完美热动力发动机这一节约目标靠近。"*The Science of Energy*, p.154.

19. Sir Joseph Larmor, "William Thomson, Baron Kelvin of Largs, 1824—1907(Obituary)," *Proceedings of the Royal Society*, vol.81(Appendix, 1908), pp.ii—Lxvii at p.xxix.

20. 转引自 Sharlin, *Lord Kelvin*, p.171。

21. 参见 Smith, *The Science of Energy*, pp.172—174。

22. "根隐喻"的概念,始见于 Stephen Pepper, *World Hypotheses: A Study in Evidence*(Berkeley: University of California Press, 1948)。

第二章　熵作为一种隐喻

——模式识别、"时间之矢"以及大冷寂

以熵作喻，发人联想，但这也并非没有问题。熵，只适用于孤立（或封闭）系统，而封闭系统并不为人所见。地球本身是太阳系的一部分，从宇宙接收能量，又将之辐射回宇宙。只有宇宙整体，才能算作真正的封闭系统。对熵作概念化处理，也有问题。由熵引致的多种多样的、有时甚至相互矛盾的解释，超过其他任何自然科学概念。正如詹姆斯·约翰斯通（James Johnstone）在《生物学的哲学》(*Philosophy of Biology*，1914 年)中所说："熵是一种模糊型概念，难以把握。然而，那些想要延用机制来理解生命的读者，必须把握它。"[1]我怀疑，倘若约翰斯通今日重写，他将会补充说，那些试图理解现代性的读者，必须忍受它。

遍及人文与科学的各个领域，熵被公认为人类所造概念里最神秘、也最难以捉摸的一个。[2]物理学家兼哲学家珀西·威廉姆斯·布里奇曼（Percy Williams Bridgman）抱怨道："关于热力学第二定律，有多少讨论，便几乎有多少种公式。"[3]与此类似，约

翰·冯·诺伊曼(John von Neumann)这位才华横溢的数学家、计算机时代的先锋、博弈论之父，建议通信理论家克劳德·香农(Claude E. Shannon)在讨论信息时使用熵这个术语，因为"谁也不知道，熵究竟是什么；所以，在辩论中，你将稳占上风"[4]。熵那难以界定的性质(内在模糊性)，无论是其最大优势，或是其最大劣势，或兼而有之，大概都能解释，为何人们深受引诱而坚持不懈地用这一概念来作隐喻。(说隐喻，是因为熵仅适用于封闭或孤立系统。)

具体来说，与熵有关的情况各种各样：(1)无组织、失序，或19世纪美国理论物理学家约西亚·威拉德·吉布斯(Josiah Willard Gibbs)所谓"混合状态"(mixedupness)；(2)自然的"时间之矢"；(3)正信息(positive information)，就是使之有所区别的信息；(4)无知或缺乏信息；(5)不确定性、随机性和无定性(indefiniteness)；(6)信息过载与失真；(7)无限的自由，以及限制的缺失；(8)均质性与扁平化效应；(9)机械能的耗散、削弱和倦怠；以及(10)宇宙所不可避免的"大冷寂"(the Big Chill)。[5]

事情变得更加复杂。为了引导微小粒子聚集成有用的有序结构，密歇根大学的科学家和工程师最近进行了计算机模拟；他们发现，熵竟然是个"不太可能的盟友"。这令人难以置信，却又无法否定。在特定条件下，熵确实具有从无序中导出有序的属性：在计算机模拟中，在它的作用下，紧密排列的粒子挤在一起形成有组织的结构。然而，化学工程教授莎伦·格罗特泽(Sharon Glotzer)提醒，这并不是无序创造有序。更准确地说，熵的意象需要改进：它衡量的是可能性，而不是无序。"一切关乎选择。以此观之，有序的安排产生的可能性最多，选择也最多。这无疑与直觉相反，"格罗特泽解释说。[6]用可能性来构造熵的概念十分重要,它与熵时代的全球政治紧密相关。关于这一主题,第三章我将重新讨论。

作为概率统计规律的熵

如前文所论,在物理学领域内,熵的属性来自热力学第二定律。这一定律告诉我们:(1)存在着可用能,我们可以按照需要,将之导入许多不同的渠道;以及(2)存在着耗散能,我们无法把握,不能随心引导。它进一步捕捉了自然界可用能与秩序不断耗散的基本趋势。经由推断,由于机械运动以及用以创造该运动的能量持续走低的缘故,热力学第二定律暗示宇宙最终会走向"热寂"。[7]

在物理学领域以外,熵也是一种常识性的概率统计规律,它设想大概率事件比小概率事件更经常发生。基于这种老生常谈,熵告诉我们,封闭系统将从小概率(有序)的初始状态,向概率最高(无序)的终极状态发展。[8]在此,让我们思考威拉德·吉布斯和路德维希·爱德华·玻尔兹曼(Ludwig Edward Boltzmann)的著作,他们将统计力学的方法引入克劳修斯定理(即孤立系统中的熵总是持续增加)。吉布斯和玻尔兹曼解释说,孤立系统(星系、发动机、人类、文化,诸如此类),必定会自发地向更可几状态演化。如玻尔兹曼所言:"对宇宙整体而言,时间的'前进'与'后退'毫无差别。然而,对那些存有生命(因而处于相对不可几状态)的世界来说,时间的方向是由熵的发展方向决定的,即从较不可几的状态指向更可几的状态。"[9]因为仅靠无序自身(不借助其他地方的帮助)来排出有序，是不可能的；据此推断，在统计上，万物皆倾向于最大熵。一旦达致最大熵，系统便永远停留在那里，决不会返回它的初始状态。[10]系统已达致最终均衡。

为了说明熵增的过程，请试想洗一副排好顺序的纸牌。[11]为求简明，洗牌就是取面上的一张，将之随机置入牌叠。每洗一轮，牌叠便在52种可能性中变化一次，每种变化，都和初始顺序很相似。然而，经过多次重复，初始顺序将被完全破坏。[12]无论洗多久回，顺序都找不回来。木已成舟，覆水难收：安排之中导入了随机因素，事情变得不一样了。为解释一个随机数发生器的导入何以诱发无序，彼得·兰兹伯格(Peter Landsberg)举了一个儿童游戏间的例子："把你家小孩儿的玩具，全部放进玩具柜里整理好，那么在这个柜子的范围内，准确找出某个小件儿的概率很高。释放一个不整洁孩子的随机影响，系统的分布很快便会扩散。"[13]回到洗牌的例子，要使纸牌回到它们的初始顺序，物理上不是完全不可能的；它只是极不可儿。如麦克斯韦所言："热力学第二定律的真理程度，与一杯水倒入大海，就再也不能找回同一杯的真理程度差不多。"[14]

每洗一轮牌，牌叠中的无序就会增加，这一过程，是熵增的一种统计例证——随着系统走向其最终分布或平均分布，自由(有用)能的减少指向秩序的丧失或信息的丢失。[15]说最终分布是信息最小化的分布，有什么含义呢？为了回答这一问题，物理学家得从微观状态与宏观状态谈起。

比如说，宏观状态可以是一双骰子掷出"7"点来；而与之相应的微观状态，则是掷出"7"点的双骰组合的各种可能——(3,4)、(4,3)、(2,5)、(5,2)、(1,6)或(6,1)。从技术上说，一种特定宏观状态的熵,是其可能微观状态之数目的对数。被用于反映某种给定的宏观状态时,熵衡量了我们对其具体微观状态的不确定或无知的程度——在我们举的例子中反映为组成"7"点的双骰的具体点数组合。要明确具体组合,就要通过数点来获取必要的额外信息。有时候,也谈不上什么不确定。例如,一双骰子掷出的宏观状态是"12"点,我们便晓得微观状态是(6,6);与此相类,知道宏观状态是"2"点,便晓得具体的骰子安排(微观状态)肯定是(1,1)。这些掷双骰时"最不可几"的宏观状态,提供的信息最多,因而反映出的熵最少。"最可几"宏观状态"7",提供的信息最少,因为与它对应的微观状态,数目最多,因而反映出的熵也最多。熵衡量了缺失信息量的变化,熵的增加,意味着信息的失去。

熵往往与无序和混沌相联系,因为随机组合比有序组合发生的概率更高。在具体排列的无数种组合中,几乎都可以找到随机性,而有序仅指数目相对少的某些具体组合。试想一只鸡蛋从桌面滚下。四射飞溅的蛋液反映出某种最大熵的状况;未损的蛋则表示无熵(或负熵)。关于特定构成,前一种宏观状态并没有告诉我们多少,而后一种则不然。随着熵的增加,能构成宏观状态的具体组合数目增多;这些宏观状态反映出的有关具体微观状态的信息,则相应变少。

熵与有目的的导引

然而,从自然科学的视角看,信息与秩序做功(类似于有用能)的概念相当奇怪。何出此言呢？答案在那将原因与效果并举的传统——这一传统始于阿那克萨戈拉(Anaxagoras，公元前500—公元前428年)，在他的宇宙论中，秩序(Cosmos)通过一系列思维(Nous)＊的活动从混沌中衍出。[16]这是一种将原因与理性、自然的秩序与思维的秩序联系起来的宇宙论。这里，做有用功，意即向某系统提供某种秩序或传递某些信息，以产生那些具有特定秩序的情境。[17]换言之，可以做有用功的自由能，依赖于有目的的行动(不仅抱有目标，且能通过行动实现这一目标)。这引发了关于有目的行动的最初构想或者说描述。

在这一观点的基础上，奥利弗·洛奇爵士(Sir Oliver Lodge，1851—1940年)进一步解释了机械运动和物理能量为何必须经过有目的的信息引导才能做有用功。他指出，一块石子自山崖滚落沙滩，落在A处抑或B处，对"能量"来说并不重要。

> 落在A处，砸个沙坑；而落在B处，则正中引信，引爆地雷。在纸面信笔涂写，墨汁流布，产生些微热量：签下"安德鲁·卡内基"(Andrew Carnegie)也好，"铜匠亚历山大"(Alexander)＊＊也罢，能量都是一样的；然而，一种选择要下

＊ "νόοs"或"νοῦs"("noos"或"nous")：Ⅰ.神智，心神，心灵，头脑，理智，智力。Ⅱ.想法，意图，决心。Ⅲ.(字的)含义。Ⅳ.(1)[阿那克萨戈拉的哲学]推动地水风火运动的力量——推动力；宇宙的原动力——思维；(2)[毕达哥拉斯的哲学]元一(同"μονas")，他认为元一是万物的始基。(参见罗念生、水建馥编：《古希腊语汉语词典》，前揭，第574页。)——译者注

＊＊ 原文"Alexander Coppersmith"，说的是《圣经》里的人物。在《提摩太后书》第4章第14—15节，保罗对提摩太说："铜匠亚历山大多多地害我，主必照他所行的报应他。你也要防备他，因为他极力敌挡了我们的话。"至于这位铜匠是否果遭报应，《圣经》似无记载。——译者注

12个月的大狱或者建一座图书馆——取决于不同情况*，而另一种选择，则全无后果……（从能量中析出后果效应的）那些信息决定了崖边滚落的石子，应落于 A 处还是 B 处——提笔写字，务求高效而笔画清晰而不是鬼画符——也是这样一个引导过程。同样，这种控制，决定了扣响扳机击杀飞鸟的时机。仅就能量而言，无论目标是具体的还是随机的，爆炸和扣扳机是完全一样的运动。起引导作用的是信息；在时空中产生结果的，是那些被引导且受控制的物理能量。[18]

倘若必须要有那引导有用能而富含目的的信息，才可以做有用功，那么，缺乏这种引导，熵就会增加。一种普遍的直觉是，如果不受干预，万物都倾向于变糟；带有意图的信息，使世界绕开那种愈加失序的自然趋势。这种直觉，植根于热力学的"时间之矢"原理，往往用许多常见过程（特别是衰退、失序和解体）中的"不可逆"来表示。[19]在自然界，"时间之矢"只是熵的属性：随着不可几的秩序向更可几的混沌屈服，它指向的是随机性增加的这个方向。[20]

在最简单的层面，熵定律常见得令人不安：它判定万物无法自行修复，东西易坏难补，有序比无序难求。[21]我们合乎直觉地理解：当泰坦尼克号磕上冰山时，船身洞开；冰山不会去修补那个大洞。随着时间推移，汽车不会越开越新，而是越开越旧，锈迹斑斑，直至走形。电池不会自行充电，随着电荷耗尽，其效用也会丧失。潜艇被鱼雷炸开口子，海水不会往外流，而会向里涌。香水的气味，自瓶中流溢而出，满屋喷香；任谁也不能走进这香气四溢的房间，拧开瓶口，坐看流芳缩回瓶中。

---

* 看签字的是否是本尊。——译者注

　　熵隐晦地告诉我们，最初包含多种元素的封闭系统，随着时间流逝，其同质性会变得更高。想象两只容器，一个是蓝色的，一个是黄色的；它们是一阀相联的两个封闭系统。打开阀门，两种颜色的分子，各向另一边飘染。一段时间后，二色混合，形成了单一的绿色。就如在汤姆·斯托帕（Tom Stoppard）的作品《阿卡狄亚》（*Arcadia*）里，年轻早熟的托马西娜（Thomasina）所说的，"你没法再通过搅拌把东西分开"，因此从统计上来说，混合的过程就变成了一条单行道。[22] * 一旦系统达致绿色的均衡，

---

*　《阿卡狄亚》，典出"拉丁语 Et in Arcadia ego……指'即使在这阿卡狄亚，也会有我'。'阿卡狄亚'原指古希腊的一区域，位于伯罗奔尼撒，其居民与其他著名文明世界相对隔绝，以过着简朴和田园式的生活著称，现常能够提供乡村的简朴与满足的地区，故又可译为'世外桃源'；'我'指死神。此句拉丁文 1623 年在英国发现刻在一块墓碑上"。转引自［英］汤姆·斯托帕：《阿卡狄亚》，孙仲旭译，载［英］汤姆·斯托帕：《戏谑》，杨晋等译，海口：南海出版社 2005 年版，第 193 页。尼古拉·普森（Nicolas Poussin）有同名油画作品《甚至阿卡狄亚亦有我在》（1638—1639 年）。本书此处引文出自第一幕第一场。戏中人物托马西娜 13 岁，她的家庭教师赛普蒂莫斯 22 岁。为便于理解，摘出引文有关段落：

　　托马西娜：你搅动米饭布丁时，赛普蒂莫斯，那勺果酱自己散开，并留下红色的尾迹，就像我那张星相图上的流星。但是如果你往反方向搅动，果酱也不会再回到一起。确实，布丁毫不理会，而是像以前一样，继续变成粉红色。你觉得奇怪吗？
　　赛普蒂莫斯：不觉得。
　　托马西娜：嗯，我觉得奇怪。你没法再通过搅拌把东西分开。
　　赛普蒂莫斯：再也不能，除非时间倒流，既然时间不能倒流，我们便只能一路搅下去，从混乱到混乱再到混乱，直到全部变成粉红色，不再改变，也不能被改变，我们就算永远完了。这被称作自由意志或者自我决定。……

转引自［英］汤姆·斯托帕：《阿卡狄亚》，"前揭"，第 185 页。——译者注

就再也不能返回黄蓝分离的最初状态，黄和蓝成了失去的信息。通过这种方式，随着均衡一路向"中"直到"中无可中"（literally mediocre），熵在增加而多样化在减少。

熵隐喻中最核心的一种说法暗示，我们生活的这个宇宙，混沌累积，直至"热寂"；作为这注定要毁灭的宇宙的居民，我们严阵以待，试着从那令人迷惑而丰富的信息中识别模式，发现隐藏的秩序，捕捉那些有意无意被置于其中的事物的意味或者编码；即便如此，也不过是让那不可避免的驱动力，暂时缓一缓。然而，就算拼尽全力，我们能够预先阻止的，仅仅是那些近在眼前的自然失序——它切近你我，如手边一锈钉，如身旁一危房。

熵与当代国际政治

至此，读者或许会想，怎样才能把两种熵（热力学熵和信息熵）结合起来，讲述当今全球事务的故事。答案很简单。一切系统，包括国际体系，皆由与其结构（单元怎样排列）和过程（单元怎样互动）相关联的各种因素构成。两种形式的熵，映射到国际体系的这两个维度（结构与过程）。热力学熵隐喻揭示了新兴国际体系在结构层面的变化将如何导致熵增；而信息熵则解释了系统过程的改变将如何导致熵增。详述如下。

热力学熵隐喻描述的是，国际结构性约束的缺失。这种约束，对国家行为产生规约，并使国际结果保持在一定的范围之内。说到约束，我的意思是，"对于某种行动，以禁止、或抬高其实施代价、或强制推行别种行动等方式，限制行动的自由"[23]。结构性的熵增，通过放松结构性约束而产生随机行为与事件。具体而言，正如在热力学意义上最大熵使各粒子权重持平一样，结构性的熵增将是权力在整个体系扩散的一种情况。这个权力的去中心化过程将导致体系范围内的齐平效应（leveling effect）——例如权力中心的数目增加，而传统的权力基础将变得没有以往那么有用了（类似于熵增的无用功副产品）。系统结构的概念也包括了在微观层次影响个体行为的社会结构。此外，由于网络空间的现实虚拟本质及其私人匿名性诱因，对个人行为缺乏结构性约束助长了对传统道德和社会文化规范的越轨行为。个体行为愈发不受约束，因而变得愈加随机和不可预测。对国际政治来说，最重要的是，决策者会更容易犯高估确定性的错误：将不甚可靠的确定性，强加于那些本身不确定的情况。

与信息熵隐喻相关联的，不是国际结构，而是国际进程：系统的动态密度（dynamic density）；各因素之间互联性的水平；各种流动的性质与体量；单元如何围绕各种（政治的、军事-战略的、经济的、社会的）行动而与其他单元或环境展开互动。信息熵衡量的是扭曲，这些扭曲由于组成系统的各单位的行动在体量、密度、互动速度和信息流等方面的增加而产生。

这些进程与国际结构一并决定了国际体系所特有的动态，区分出了各个不同的时期。无论是在宏观层面（地缘政治），还是在微观层面（国家、非政府组织、企业、个人等各种行为体），结构变量和进程变量都发挥着自己的影响。

结构与进程同时发生熵增，并非偶然。这不是两个彼此分离的故事：它们互为因果。频密的全球互联（商品、信息和资本的自由流动），使知识和技术的迅速扩散成为可能，将权力更平均地散布在全世界的民族国家之间。这些多面向的信息网络和物质流动也将权力赋予非国家行为体，诸如能源出口商、贩毒集团、雇佣兵、恐怖分子、民兵（例如哈马斯、"MS-13"帮 *、"哥伦比亚革命武装力量"、真主党、马赫迪军、塔利班等）、私人武装公司、军阀、海盗、宗教运动、非政府组织、大企业等，使它们以各种独特的方式，挑战国家的权威和合法性。

然而，原因与结果之间并非单向作用；它们互相影响。结构层面的熵增会导致系统进程内的熵增加。特别是出现在国际舞台上的行为体越是有影响，它们之间的关联就越是与日俱增。结果，全球进程变得越来越不透明，也越来越复杂，致使系统进程层面的熵增加。

即便如此，有必要指出的是，我对熵隐喻的使用，更多地侧重于其所造成的影响一面，而不是其作为原因的一面。全球熵是行动发生的一种条件或环境。关键问题是：在一个高熵且熵仍在增加的环境中，我们会看见什么？（换句话说，熵增是如何在宏观层面和微观层面表现的？）全球政治中熵增的成因是什么？当前这部分的论断，更多的是一种描述，而非解释。

表 2.1 将四个维度（系统结构与进程的微观及宏观层面）放在一起，围绕熵时代最显著的特征，给出了图示。第六章将集中讨论宏观层面的熵增表现（表格底部两格的内容）。第七章将讨论微观层面熵增的指标（表格顶部两格的内容）。

---

* "MS-13"，一活跃黑帮，MS 是西班牙语"Mara Salvatrucha"的缩写，大意为"萨尔瓦多帮"。——译者注

表 2.1　熵增的微观表现与宏观表现

	系统结构内的熵增	系统进程内的熵增
微观指标	现实的虚拟性和网络空间的匿名性,导致对规范和道德准则的越轨行为以及愉悦至上原则。 为应对一个随机世界,决策者变得更容易被错误的确定性所影响。	数字化世界改变了大脑对信息的处理。人类从线性思维向非线性思维转变。 信息过载导致倦怠、孤独、冷漠和疏离。 "信息圈"促进了抗拒事实的个人世界的形成,而后者妨碍了共识知识库的营建。 在一个"后事实"的世界,政治极化成为常态。
宏观指标	国际结构不再约束行为体。个体行为变得愈发随机,国际结果变得越来越难预测。 全球权力扩散;权力变得越来越不好用。 具有消极力量的全球行为体数目有所增加:它们扰断、否定以及阻碍合作,不去创立、塑造和构建全球问题的解决方案。 全球治理呈系统性的功能失调。 世界处于自动驾驶状态。	全球化降低了地理与边界对选择敌友和确定身份的重要性。 网络化权力兴起。 全球文化更趋同质化。 非军事战争(网络战、经济战、资源战、心理战以及基于信息形式的冲突)在国家与非国家行为体之间愈发盛行。

注　释

1. James Johnstone,*The Philosophy of Biology*(Cambridge:Cambridge University Press,1914),o.54,n.1(强调系原文所加)。

2. 熵的概念,遍用于科学领域。生物学家在物种多样化中计算熵增;经济学家用熵来估算商品分布;生态学家用它来讨论资源耗散;以及,社会学家发展出的一套社会热力学——种族群体融合归于熵的混合,种族群体的隔离则归于热的混合。参见 Ingo Müller,*A History of Thermodynamics:The Doctrine of Energy and Entropy*(Berlin:Springer,2007),p.73 and 159—164。

3. Percy W. Bridgman,*The Nature of Thermodynamics*(Cambridge,

MA， Harvard University Press， 1941），p.116.

4. John von Neumann，转引自 Myron T. Tribus and Edward C. McIrvine，"Energy and Information," *Scientific American*，vol.225，no.3.（September 1971），pp.179—188 at p.180。

5. 参见 Jean-Bernard Brissaud，"The Meaning of Entropy," *Entropy*，vol.7，no.1（March 2005），pp.68—96；以及 Jos Uffink，"Bluff Your Way in the Second Law of Thermodynamics"（July 5，2001），http：//philsci-archive.pitt.edu/313/1/engtot.pdf。

6. University of Michigan，"Entropy Can Lead to Order，Paving the Route to Nano-structures," *Science Daily*（July 26，2012），www.sciencedaily.com/releases/2012/07/120726142200.htm.

7. 根据威廉·汤姆森（开尔文爵士），如果宇宙热寂概念是可信的，热力学第二定律的宇宙机械能耗散原理，便会导致"热能逐渐增大并扩散，运动（有用功）停止，整个物质宇宙的潜能耗竭。如果宇宙是有限的，并且遵循既存的规律，它将不可避免地以普遍偃息状态告结"。William Thomson（Lord Kelvin），"On the Age of the Sun's Heat," *Macmillan's Magazine*，vol.5（March 5，1862），pp.388—393. Reprinted in William Thomson，*Popular Lectures and Addresses*，*vol.1*，*Constitution of Matter*（London：Macmillan，1889），所引材料见第 349 页。

8. Arieh Ben-Naim，*Entropy Demystified：The Second Law Reduced to Common Sense*（Hackensack，NJ：World Scientific，2007），chap.6.

9. Audwig Edward Boltzmann，转引自 Ingo Müller and Wolf Weiss，*Entropy and Energy：A Universal Competition*（Berlin：Springer-Verlag，2005），p.236。

10. "数目既臻极大，'更频繁'便与'总是'同义。"Ben-Naim，*Entropy Demystified*，p.144.

11. 例子出自 Arthur Stanley Eddington，*The Nature of the Physical World*（Cambridge：Cambridge University Press，1928），pp.63—65。

12. 出于类似的方式，宇宙中的秩序，不间断地为愈演愈烈的失序所替换；至少，在热力学第二定律和熵之普遍适用性的那些真正信徒看来，确乎如此。

13. Peter T. Landsberg，*Entropy and the Unity of Knowledge*（Cardiff：University of Wales Press，1961），p.16.

14. James Clerk Maxwell to John William Strutt，6 December 1870，in Elizabeth Garber，Stephen G. Brush，and C. W. F. Everitt，eds.，*Maxwell on Heat and Statistical Mechanics：On "Avoiding All Personal Enquiries" of Mol-*

ecules(London: Associated University Presses, 1995), p.205.

15. 宏观状态衍自微观动力学,如此,一个特定的宏观状态,可能对应着多种不同的微观状态。例如,分子运动的不同组合;凑成"7"点的各种双骰点数组合,等等。此外,各种宏观状态,各自所对应的微观状态,在数目上可以相去甚远。均衡,就是那些最可能出现的宏观状态,因为后者所对应的微观状态数目最多。参见 Andreas Greven, Gerhard Keller, and Gerald Warnecke, eds., *Entropy*(Princeton, NJ: Princeton University Press, 2003), chap.1。

16. 阿那克萨戈拉的物质观,为原子理论奠定基础。参见 C.C.W.Taylor, "Anaxagoras and the Atomists" in C.C.W.Taylor, ed., *From the Beginning to Plato: Routledge History of Philosophy*, *Vol. 1*(New York: Routledge, 1997), pp.208—243。

17. David Hawkins, *The Language of Nature: An Essay in the Philosophy of Science*(San Francisco: W.H.Freeman, 1964), pp.206, 216.

18. Sir Oliver J. Lodge, *Life and Matter: A Criticism of Professor Haeckel's "Riddle of the Universe,"* 2nd ed.(London: Williams & Norgate, 1905), chap.9.

19. 熵的原理,在时间上是不对称的:熵与时俱增。然而,热力学的时间不对称(或"T 不对称")对应着一个谜题,试述如下:"存在许多常见而为人熟知的物理进程,它们被集体地描述为熵增的案例;在这些案例中,逆时进程(time-reversed processes)不为人知,至少也是罕见现象。然而,支配此类进程的动力学规律,并不表明'T 不对称'——倘若它们允许进程以单时向发生,它们便允许其以相反时向发生。"Huw Price, "Time's Arrow and Eddington's Challenge," *Séminaire Poincaré*, vol.15, Le Temps(2010), p.119.

20. "时间之矢"说法的发明人,英国宇航员阿瑟·S.埃丁顿爵士(Sir Arthur S.Eddington)总结说:"顺矢而观,若发现世界的状态中的随机元素愈加增多,则该矢所指即未来。"Eddington, *The Nature of the Physical World*.

21. Eric Zencey, "Entropy as Root Metaphor," in Joseph W. Slade and Judith Yaross Lee, eds., *Beyond the Two Cultures: Essays on Science, Technology, and Literature*(Ames: Iowa State University Press, 1990), p.190.

22. 转引自 James Gleick, *The Information*(New York: Pantheon, 2011), pp.273—74.

23. 参见 Stephen G. Brooks and William C. Wohlforth, *World Out of Balance*(Princeton, NJ: Princeton University Press, 2008), p.4.

第三章　多维度的失序

——热力学与世界政治

假设热力学第二定律无时无处不适用,则或可推说,早期文明,罗马帝国与中国汉朝,乃至大英帝国统治全球并与欧洲列强争雄的第一次世界大战之前,就有它存在的痕迹。那么,为什么到这会儿才祭出熵的隐喻来解释国际政治?

对于当代世界政治,熵的隐喻尤其抢眼,也特别有用。理由有五:(1)去殖民化运动,使得地球上几乎每一寸领土都变成某个主权国家的一部分;如此,正是在 20 世纪 60 年代中期,国际政治才变成一个封闭系统;(2)国际政治的单极结构并未约束体系内的行动者,后者因而在行动上拥有无限多的选择和可能性;(3)新兴的后单极时代不会迎来霸权争夺战;(4)比起一般的多极体系,当代世界政治的权力中心数目更多;以及(5)全球化与数字革命,将导致权力耗散,带来均质化的压力。下文将逐项讨论这些因素各自对熵增的影响。

去 殖 民 化

在有待发现的新信息阙如、施动个体全部已知且空间边界清晰的系统内，会产生熵。当其笼盖整片大地，以至不留任何事物隔绝在外时，国际政治就变成了一个容易熵增的封闭系统。这一进程大概启动于百年之前，就在那见证了欧洲越洋扩张到新世界的地理大发现时代之后。在那时，英国地理学家哈尔福德·麦金德爵士（Sir Halford Mackinder）宣布，一个"世界范围"的"封闭政治系统"诞生了。[1] 然而，直到 20 世纪 60 年代中期，去殖民化完成以后，现代国家体系才完全成型。直到那时，国家构成了（几乎无土不包的）世界体系；在这一体系中有且只有国家。[2] 所以说，国际政治的熵增进程，不过才启动了半个世纪——堪称万物大戏的匆匆一瞬。

去殖民化以后，全球化的成长趋势才真正呈现出来，而且每十年都比过去十年快。全球化的许多典型现象，都与熵的隐喻相符。例如，（受美国广告业推动的）全球消费主义，展现出类似熵增的趋势：从最不可几到最可几，从差异到同一，从个体排列有序到某种混沌。短篇小说《熵》反映出后现代小说家托马斯·品钦（Thomas Pynchon）对此现象的观察：书中主角卡利斯托（Callisto）发现，自己"在用社会术语复述吉布斯的预言，并预见了文化热寂。人们的想法就像热能，处处等量，便无以交流；与之相应，智力活动也会停止"[3]。关于全球化的均质化效应这个看法，本章末尾还会再谈。

单极与约束的缺失

以熵界定国际政治的结构,衡量的是:国际体系施于国家行为的约束在程度上的改变。约束是一种属性,即国际体系以禁止、或抬高其实施代价、或强制推行别种行动等方式,对国家行动自由施于限制。熵增愈多,国际体系对国家行为的约束就越弱。

回到此前我们对熵的可能性一面的讨论(回忆一下第二章格罗特泽教授说的,熵的意象)。当国际结构对系统内单元(或行为体)的行为,仅有微弱约束或全无约束时,行为体便可自由选择行动。这种无约束的结构环境的反面,是决定行为体行动的系统结构——被称为"单出口"(single-exit)或"紧身衣"(straitjacket)的结构环境。在这样的环境中,强劲的结构压力迫使行为体选择那唯一可行的选项或行为(例如,剧场失火,人人奔向出口逃命)。在最强劲的结构约束下,个体行为变得完全可以预测。反过来,结构约束的缺失会制造一种情况,令行为体拥有无限多的政策选项,供其选择。它们不受约束,可以混沌地随机行动。诸事与万物皆有可能发生或出现,却无一可预测或保持稳定。

系统对国家行为缺乏约束是个新近的现象,它与1991年开始的单极结构有关。在冷战结束之前,国家还能以可预测的方式行动,人们也能谈论国际政治的恒久模式(enduring patterns)。确实,自1648年以来的三百年间,现代国家体系太容易预料了。力量大致相等的几个大国(亦称"极"),为获得更多的权力、威望和安全而彼此日益激烈地争夺。法国、西班牙、瑞典、葡萄牙、俄国、普鲁士、奥匈帝国、不列颠，以及晚些时候的日本、意大利、德国和美国，由这些国家构成的国际体系多级结构，孕育出经典的权力平衡政治：一切主要玩家都在约束下以类似的方式行动——它们制造武器，在计算实力的基础上结成同盟，抓紧时机占领并扩张领土，如此等等。这种可以预测的行为，是由体系的结构（多极）所决定的。因此，我们说，体系约束大国，使之以与环境压力相一致的方式行动。不在大国之列者，无论弱国还是中等国家，受人觊觎，甚至有时被攻占，而其呼声却几不可闻。在大国政治的现实政治对局中，它们不过是无声走卒（个中三昧，请垂询波兰）。

比起多极体系，由两个大国构成的国际体系更易于理解，也更易于预测。在两极体系尚存的冷战时期，人们已经晓得，一切行动都以两极或两个超级大国为中心。两极以外的世界尽管被超级大国视为竞争对手，但对于全球体系的稳定性而言，很大程度上是无足轻重的。在两极结构下，国际政治浓缩为哈特菲尔德家族（Hatfields）和麦科伊家族（McCoys）之间的血仇。* 两极的行为、其所驭同盟体系（或阵营）的僵硬性，以及它们在外交政策上的灵活性，大部分都由结构来决定。

无论是多极体系还是两极体系，它们的主要特征（使体系可预测并将国家行为限定在特定范围内），是持续的不安全感以及由此引发的权力斗争。在国际政治中，没有更高的权威，也没有报警热线或守夜人，因而国家在生存受到威胁时，无法呼告。这一情形被称为无政府。无政府本身并不意味着失序，更准确地

---

　　* 著名的两个家族，累世为仇。——译者注

说,它指的是世界政府或者王权仲裁者的缺失,无法令各国达成协议并予以贯彻。在无政府状况下,国际体系中生活的核心方面是大国间的相互恐惧。这种恐惧来自两项事实:(1)所有大国都具备某些可用于相互攻击的进攻性军事权力;以及(2)国家永远无法确定其他国家不会用上述权力对付自己。因此,一般来说,战争作为一种终极手段,总是潜藏在国际政治的幕后。

大国生活在一个恒不安全、对他国意图无从确定、又没有报警热线的世界中,它们迫于(或"受约束于")无法减少的恐惧,极尽可能地扩大其所占世界权力的份额。那些忽略权力现实的国家命途总是不太好。因而,对外政策的决策,不可改变地扎根于权力计算。无政府逻辑以及权力极大化的驱动力,生成一些很可预测的国家行为。

相比之下,在当今的单极结构下,体系约束微弱,乃至不存。于是,当前的全球随机状态很大程度上归结于单极——它已表现为"怎么都行"的国际结构。与熵增一致,单极动力学是随机的,因为结构既约束不了"极国家"的选择,也约束不了其他国家的选择。大国没有对手,主导国在做选择时,所受外部环境的必然约束就相对较少。美国在选择与谁结盟时,可以奢侈地迎合非权力因素,例如意识形态上的亲近、经济上的需求,或变化多端的国内政治。而当其这样选择时,美国也大可以单干,七拼八凑一个"意愿联盟"(coalitions of the willing),凑出什么是什么。关于近年来美国的对外政策,与国际结构相比,不受约束的美国领导人的乖僻信念和任性选择更见真章。无限的自由滋生出随机性。

人们大可以说,"极"这个概念,事实上已没什么意义。外表看起来有权力(指的是明显具备权力的标准配置)与享有权力,并不是一回事。搏杀优势未能化为战场胜利，这种大卫击败歌利亚*的例子，历史上比比皆是。例如，在20世纪60年代初，法国败给它的殖民地阿尔及利亚。几年后，小小越南的北半边——世界上最贫弱的国家之一——却击败了美国。又过了十年，苏联败于"落后"的阿富汗，并付出了沉重的血的代价。

当前美国的国防花销，比其他国家加起来还要多，这一事实引出了一个问题：巨大的军事优势，为扩大美国的可用权力和影响方面，带来了什么好处？[4]还真没有人们预想的那么多。没错，世界上能够向全球范围投送可观火力的，美国目前是（将来很长一段时间内仍然是）独一家。在所有"后17世纪"的大国中，美国独树一帜，拥有巴里·波森（Barry Posen）所谓"公域控制权"（command of the commons），即对海洋、天空和太空享有无与争锋的军事支配。尽管这些公域不属于任何一个国家，但它们为人类提供了通往全球大部分地区的途径；美国对它们的军事利用最多，并能通过切断这些可利用的途径而有效地威胁其他国家。[5]

然而，不要说统治世界，美国甚至不能指望它的盟国跟从自己的领导。美国君临世界，但它下面的世界却不以传统国际政治那种可预料的方式行动。当然，没有大国作对，美国选择的对外政策没有受到结构性的束缚和限制；就国家安全政策而言，美国享有巨大的选择自由。[6]不消说，自由是个好东西；但美国之外的世界，也是自由的。盟国头顶冷战威胁的旧世界已经一去不返了。国家因畏惧战争而不得不匆忙投靠或结盟也已成旧事。与均势主导的旧日相比，各国越来越不依赖像美国这种超级大

---

* 典出《圣经》，详见《旧约·撒母耳记上》第17章。——译者注

国保护人所提供的安全服务了。它们可以自由选择与美国联盟还是跟它对着干,抑或压根儿就不结盟。谁也不再受制于结构了。[7]

　　看看俄罗斯的举动吧。先前,在两极结构下,苏联是西方阵营的死敌。因为如此,它便不能与美国及其盟国联盟。但在今天,俄罗斯既可以与美国及其盟国结盟交好,也可以组织同盟而与之对抗。俄罗斯可以站在美国一边与中国对抗,也可以与中国联手对抗美国;与之类似,它可以与印度联手对抗中国,也可以跟中国联手对抗印度;或者跟中印联手对抗美国,反过来也成。重点是,俄罗斯,像其他国家一样,可以组织或加入任何它所选择的联盟——在单极之下,没有什么是不可能的。

　　对美国来说,在单极结构下有个权力佯谬*:它不能把军事和经济能力上的巨大优势转化成对他国的影响。美国的无能很大程度上是由其早先的成功所造成的:原来将其他国家与美国政策绑在一起的共同威胁(霸权国本身造成的威胁除外)现在消失了。苏联的消亡,削弱了美国对其冷战盟友的议价优势。于是,比起它不得不与竞争对手分享舞台的冷战时期,美国在今天的影响要小得多。

　　上面这些,不是说单极结构约束了美国的军事力量,也不是说单极是格外"和平"的国际结构。相反,单极是一种对结构约

---

　　*　原文"paradox",通译"悖论"。然而,尽管一些人认为"悖论"已成定译,但笔者认为这种译法不能令人满意;因为就直觉而论,"悖论"掩盖了它所指之物的关键特征——两论各自成立而不可兼立,方能谓之"相悖"。譬如此处,勉强凑出两论,一是美国具备传统权力配置,二是美国无法以之兑出相应的效果;二者似乎不是不可兼立,只是使之兼立的条件有待厘清。相比之下,译作"佯谬",谓其不可兼立之"谬",实为虚假之"佯",正好引出澄清条件的下文。——译者注

束薄弱的系统。于是，与1991年苏联解体之前相比，美国以及在约束上更弱的英国和法国，动武更加频繁，这点毫不奇怪。[8]美国在巴拿马、波斯湾、海地、波斯尼亚、科索沃、阿富汗、伊拉克，以及利比亚的一系列部署，非冷战年代所能与之相比。当然，与大国战争或美国在冷战期间发动的战争（如朝鲜战争和越南战争）相比，这都是些小冲突。尽管如此，它们仍然有待解释。

单极国际结构在很大程度上解释了美国军事活动的增多。作为唯一的超级大国，美国不再慑于介入地区冲突而招致强手对抗的恐惧。权力不受制衡（也不为国际结构所约束），因此运用起来自是无所顾忌，反复无常。[9]此外，其他国家也愈发依赖美国这个全球警察：它们一旦卷入麻烦，便报警求助，等着美国总统接起电话。非安全价值，此前因两极结构下超级大国相争而被压低；单极意味着，美国现在能够把它大大抬高。在两极结构下，苏联摆出来的安全挑战，让美国不得不聚焦于军事上的危险。历届美国政府都明白，坚持传播民主不动摇会引起巨大的风险，包括招致苏联控制卷土重来。然而，随着国家愈加安全，美国便更有余地，将保障重要利益的大量军力转用于追求非安全的目标与价值。[10]因此，在单极结构下，美国除了可以不受约束地使用权力外，相对和缓的安全环境也使其有余力奢侈地追求人权和自由民主意识形态方面的利益。确实，在一些人看来，后冷战时期，美国的人权干涉和对自由民主的推广有些过头。正如罗伯特·杰维斯（Robert Jervis）所说："已有佳绩，国家便更想择善而从。考虑到美国的自由主义意识形态、它对民主之障碍的理解困难，以及它拒绝直面物质与精神进步的限度，上述说法，尤其切中要害。"[11]

问题在于各国虽然期盼美国的领导，但美国真要领导，便很难叫人赢粮景从。一方面,如果美国放开手脚人搞单边行动,就要冒被视为"独夫强权"的风险(像一头霸王龙,挑衅余众,迫使它们团结起来制衡自己)。另一方面,若是它行动优柔寡断,或对世界其他国家造成重大伤害,便可能被视为一头笨重的大象——而大笨象的领导,既不讨人喜欢,也不为人需要。没有人愿意追随一个危险或无能的领袖。关于单极,值得注意的新解读是:比起过去,现如今使各国甘于从属的迫切理由少了一些。换句话说,弱小国家不仅不必追随和服从霸权国,而且在决定如何回应霸权国的要求时,它们也享有无限的自由和自主。就这方面而言,当代的单极结构,是"不堪用之权力"与"不堪用之影响"的范例:美国那巨大的权力优势,类似于熵的"无用能"(useless energy)。说到底,无人追随,领导从何谈起。

霸权争夺战:毁灭与重生之断续循环

如果说,导致熵增的是当前史上所独有的单极结构条件,那么,多极的启动将会补救它,对吧? 非也。问题是,权力本身的去集中化,以系统失序和失衡的形式诱发了熵增。随着权力的扩散,既有大国与新兴大国的关系日趋困扰,且往往伴随着暴力。随着主导国与崛起国之间相对力量差距的缩小,以及各崛起国对现存秩序不满的增多——它们的不满因其实力增长而同步膨胀,主导国与崛起国之间发生战争的可能性越来越大,和平解决的希望越来越渺茫。[12] 那么,无论是在理论中还是在实践中,崛起国被描绘为"滋事者"(troublemaker),"对现状备感拘束,甚至自认为受到了欺骗,因此而要斗争,改变现状,索回自己应得之物",也就不足为奇了。[13]又因为在崛起国对既有秩序的不满之中,地位通常是他们最迫切的需求,人们便认为,它们会高歌猛进,以此来宣示自身实力的增长和地位的提升。[14]

在过去,大国之间的不平衡发展这一进程（及其所导致的地位不一致）所产生的熵增,由所有大国共打一场全球大战（有时持续数十年之久）来修正;这可真是古怪。这些所谓霸权争夺战（hegemonic wars）,通过完成三项重要的任务来重焕枯竭的国际系统,为之注入可用于恢复世界秩序并维持和平的新的能量流。其一,与约瑟夫·熊彼特（Joseph Schumpeter）所谓"创造性毁灭"（creative destruction）概念相类,霸权争夺战摧毁旧秩序,将制度残遗一扫而空,以便重新建造一套有效的全球架构。其二,它们将权力集中于单一主导国之手,后者独上高塔,睥睨世界于残垣间。新加冕的霸权国将大部分胜利果实收入囊中,拥有改换世界、另立世界新秩序所需的权力、意志与合法性。其三,这些战争澄清了大国之间讨价还价的情境（最初大动干戈的根源就在于议价情境混乱）。[15]这里的逻辑并不明显,容我解说。

当国家间不能就彼此的相对军事力量达成一致认识时,它们便会选择动手开打,而不是通过和平手段解决分歧。倘若在战争发生之前,它们就能在关于军事上谁强谁弱取得一致,那么就可达成一项为双方所接受的、反映权力现实并避免战争代价的战前交易。根据同一逻辑,当国家将它们对彼此军事权力存有分歧的估计拿到战场上测试过,便可以就彼此的实际力量对比取得一致认识,战争就会结束。简言之,战争是一方在战前错误估计自己议价能力的结果:输家必定夸大了己方相对于赢家的军事力量;否则,战争就打不起来。战场决定了哪一方的战前估计是正确的。因此，当双方最终就谁有权力、谁没有权力达成一致时，战争便会结束。

在霸权争夺战完成了三大任务（毁灭旧秩序、加冕新王，以及澄清列强之间的议价情境）后，随之而来的就是长期的和平。"罗马治下的和平"（Pax Romana，公元前 27 年—公元 180 年），起自共和国内战的余烬；"不列颠治下的和平"（Pax Britannica，1815—1914 年），源于法国大革命与拿破仑战争；"美国治下的和平"（Pax Americana，1945 年至今），出自两次世界大战。就像电脑需要定期关机重启以便重新加载操作系统一样，国际体系有时也得重启一下。在国际政治中，用霸权争夺战去摁重启键，一摁一个准。

权力转移剧烈而迅猛，国际体系在它的撼动下，很快便会达到循环中的某点，需要来一场霸权争夺战以应对全球合法性危机。然而，这一回系统崩溃之后，无需再更新理念、补充能量，重启新的进程。问题在于，核武器已将大国之间的战争渲染得不可想象。当然，能有这样一个"问题"让世界为之头疼，实属万幸。尽管如此，霸权争夺战的缺失，既带来了熵，也导致了行为体和信息的扩散。随着毁灭与重生的历史循环被永久打破，那既有效又能准确反映"层累"式权力转移的国际新秩序，何以得建？要防止全球制度的进一步恶化，还有戏吗？

更复杂的是，我们没有理由指望单极结构能够平稳地转向多极结构。尽管在理论上，霸权国的衰落是一个渐变的过程，但实际上它却常常因超乎意料的剧烈变化而发生猛烈的振荡。这是因为，拥有主导世界政治实力的国家其本身也必然是一个复杂的系统。正如一场雪崩，复杂而微妙的系统或许此一时还风平浪静，下一刻就变得狂野激湍。秩序可以全无预警地迅速陷入混沌。这就是为何大国往往不知自己的衰落马上到来，到它着意调整并为之做准备时，却已为时已晚的原因。

这就是约莫百年之前英国的实例。整个19世纪后期，英国人还坚信，"历史是落在别人头上的不幸"。仅仅过了十五年，英国就已成了一个二流国家。这种预期之外的衰落，是由列强之间高度不平衡的增长率所造成的。图3.1表明，当一个块头更大的崛起国，以比衰落国快得多的速度增长时，衰落竟可以是这般的剧烈与突然。看图就会明白，百年前的英国人何以对其急剧没落毫无防备。

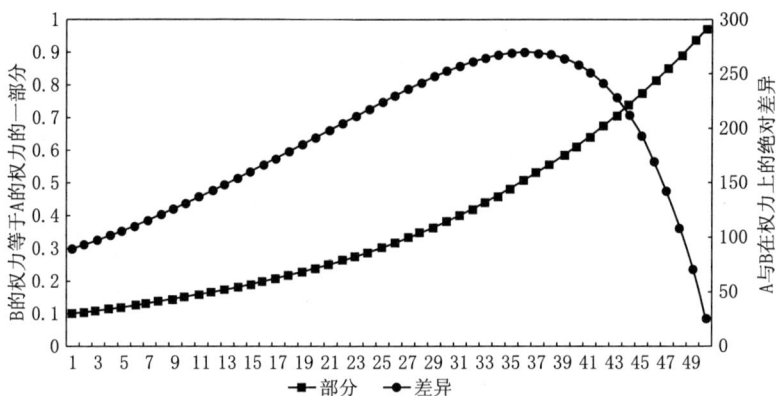

资料来源：改编自 Alastair I.Johnston and Sheena Chestnut, "Is China Rising?" in Eva Paus, Penelope B. Prime, and Jon Western, eds., *Global Giant：Is China Changing the Rules of the Game？*（New York：Palgrave Macmillan, 2009），p.243。已经帕尔格雷夫·麦克米兰出版社授权使用。

图3.1 权力的相对和绝对指标差异

图3.1得这么看：设有A国，具备100个单位的权力，以每年5%的比率增长；又有B国，具备10个单位的权力，以每年10%的比率增长。在第1年到第36年间，就权力的增量而言，A国对B国有绝对优势，甚至B的权力增长只相当于A的一部

分(意即尽管 B 的增长速度比 A 快)。这种现象的原因,是 A 国的经济起点比 B 国高出很多。因此,A 国能够凭借相当于 B 国半数的增长速度,仍使其对于挑战者的绝对优势年复一年地显著增加。然而,到第 37 年,两国的差别增长速度所导致的后果,出现了临界翻转效应。一旦经济规模赶上 A 国,B 国便会迅猛地取而代之。[16]确实,与 B 国相比,A 国一落千丈。

在上一个世纪之交,英国相对于美国(以及德国)的衰落,便是这么一回事。生活在这场快速而时断时续的变迁里,普通的英国人以为"历史不会发生在他们身上",根本没有意识到英国的霸权将在十多年后告结。更普遍的观点是,像国家这种复杂系统,总是屈服于意外的骤变;因此,衰落的过程或许不平缓也无法预测。对一个山河日下的霸权国来说,如多年前"大门"乐队的吉姆·莫里森(Jim Morrison)所唱的:"未来不确定,而末日却多半在附近。"[17]

当前,美国是唯一的超级大国,统驭陆地、天空、海洋与太空,无可匹敌。然而,此情此景,转变或在匆匆之间。美国的经济——支持着美国的军事和政治权力——衰退起来,也许不会是温吞而可预料的;它可能会与美国的整体权力一并急剧坠落。在任何大规模的复杂系统中,一个小小的意外输入或许就会产生巨大而出人意料的变迁(科学家称之为"放大器效应"),可能就会导致系统崩塌。巨大变迁的来源或许并不重要;但它可能会彻底搅浑我们对大历史为谁所推动的预期。[18]用历史学家尼尔·弗格森(Naill Ferguson)的话来说,"司机瞌睡,刹车失灵,就足以驶进混沌的地界了"[19]。

短期也好,长期也罢,美国的问题其主要原因在于债务:这个国家,为了支应眼前的消费而大量举债。美国一直对其头号竞争对手中国有着史无前例的贸易赤字；而以目前的情况推算，预计到 2040 年，中国将会成为全球最大的经济体。2009 年 7 月，美国对中国的债务高达 8 000 亿美元：这相当于在过去的十年，每一个"富裕"的美国人，都从"贫穷"的中华人民共和国的某个人那儿借取了 3 000 美元。

2008 年的经济危机暴露出美国经济"高杠杆"经营的性质。多少年来，经济学家们警告说，美国对世界增长周期的控制，以及美国经常账户与日俱增的失衡，会将全球经济增长置于一种容易戛然中断的险境。他们声称，亟须一种更平衡的全球经济——分析家们断言，只有当日本和德国（世界第二大经济体和第三大经济体）取得实质进步，这一目标才有望实现。他们搞错了。即使没有日德两国的贡献，全球再平衡也在发生。在新兴市场经济体中，稳健的国内需求增长已经取得实质进展。它将重新界定发达经济体和发展中经济体之间的关系，就此而言，这种全球需求趋势的转变是历史性的。根据增长预计，到 2040—2050 年间，单是金砖国家所占全球国内生产总值，便会赶上七国集团原本所占的份额；它预示着，多个权力中心的新时代即将到来。

多个权力中心的兴起

权力在整个国际体系中的扩散正在引发熵增。权力扩散一词，有多重意味。第一，美国与其一号竞争选手之间的权力差距正在缩小。这里所说的权力扩散，是一种关于体系中两大强国权力预判的动态与长期视角。第二，世界变得愈加多极。美国眼见自家权力衰落，而其他国家则自常权力兴起。与"两国"观相比，这种版本的权力扩散所提供的图景更全面，但依然远未完整。说我们正在见证一种多极的回归（这是专家们的共识），实则是刻意忽略掉了时下正在发生的"层累"式变化。

国际关系将不会再由一个、两个，或少数几个大国支配。一些新兴行为体（地区组织、全球组织、地方民兵、全球犯罪及恐怖主义网络、非政府组织，以及一些大型企业）正在出现，它们拥有并施行不同种类的权力，与国家相竞争。在冷战告结、中欧和东欧国家开始抛售它们的武器储备时，许多发展中国家的政府却变得比它们所对应的社会更弱。[20]在 20 世纪 70 年代，国家独揽枪炮，但冷战后情况就变了，非洲等地的弱政府在国内遇到了一些挑战者，而这些挑战者有能力从国际市场购买武器。当下，许多弱政府，正与其国内政治死敌交战；无论它们是否愿意，都做了暴力型非国家行为体（violent nonstate actors，VNSAs）的寄主。拥有核能力的巴基斯坦，不过是其中最为骇人的一例。[21]

诚然，在 21 世纪的联合国里国家济济；但堪称在领土边界之内垄断暴力的主权国家却屈指可数。暴力型非国家行为体，已不再是国家主宰的世界里无足轻重的角色；现在，它们处处对民族国家的主权形成挑战。根据美国科学家联盟（Federation of American Scientists）新近完成的一份研究，目前共有 385 个"半国家"（parastate）组织，它们被界定为一种实体，在特定的地理区域内挑战国家对暴力使用的垄断。[22]作为一种全球现象，人们很大程度上低估了它所造成的根本改变，这是因为，暴力型非国家行为体在世界各处的表现形式各不相同，包括部落、种族集团、军阀、贩毒组织、青年犯罪团伙、恐怖分子、民兵、叛乱者，以及跨国犯罪组织。随着国家所能提供的基本治理功能的不断减退,次国家行为体对威斯特伐利亚式的国家统治发出了挑战,且这一情形将越来越普遍。[23]

由众多行为体构成的系统在熵的驱动下,将愈加随机和失序。数十个权力中心并存于世,要对它们施加引导与控制,当然很不容易。就好比几只猫放在一起养,已经不是一件简单的事情;要是几十只猫放一起,上蹿下跳的,那就只好举手投降了。在全球新失序中,即便是那些在传统权力能力(军事、经济和外交)上拥有巨大优势的行为体,也没有把握让其他行为体按照自己的要求办事。的确,对现代国家而言,无论它在军事上或政治上有多么强大,但要通过外交或威慑(威胁使用武力以使目标服从)来影响暴力型非国家集团,使它们脱离失败国家无法治理的(或虚拟共同体内部的)领土,并让它们不要在其中坐大,根本就不可能。现代国家面临的,不仅是"寄件人地址缺失"问题,即从非领土行为体身上无法获得能施以威胁(或毁灭,如果必要的话)的清晰目标;还有一个问题,就是在这些暴力集团中,有许多是受"不二议"的宗教关切而非世俗关切驱动的。更糟糕的是,它们不把暴力看成威慑,而是当作贯联社会的法门。所有这些因素,都削弱了国家通过施加代价明确的威胁而影响这些集团的能力。[24]

随着权力与影响力之间的联系愈加减少,全球秩序与合作将供不应求。相反,21世纪的国际关系,将经过"'照单点菜'式的多边主义"(à la carte multilateralism),以及国家与非国家行为体之间网络化的互动,把混乱的临时安排拼凑起来。[25]令人好奇的是,在一个缺乏固定结构而且关系不可预测的世界里,秩序和协调行动究竟意味着什么。[26]因国家丧失权力而导致的真空,将通过随意而不完备的方式填补——既然如此,又何必期盼什么秩序?

　　这里所说的主要问题不是人们常说的"硬实力"与"软实力"之分：前者挥舞着胡萝卜和大棒，对别人为所欲为；后者则关乎某种劝诫（劝诱）效应——它来源于国家文化、政治价值、理念、经济体系与教育体系、人际网络、人员交流，以及总体上的成功，凡此种种，挂一漏万。关于这两种权力形式的区别，尽管在过去十年里的论述连篇累牍，但其在今天的重要性也并没有比过去有什么提高。毕竟，冷战不仅是一场全球军事的较量，也是一场全球意识形态的较量，其中武器（硬实力）与理念（软实力）并重，不是吗？

　　今天的权力剧变，主要关心的难道不是如何实现软硬实力与整体战略、资源基础及各种工具的巧妙结合，以此来实现国家目标吗？这种东西，最近被称为"巧实力"（smart power），有数种界定：(1)"一种降低保持强大军力之必要性的方式，它注重各层次的联盟、伙伴与机构的大量投资，以求扩大美国的影响，并为美国的行动建立合法性"；(2)"外交、劝服、能力建设，以及战略性地运用权力投送，并以节约有效而具有政治合法性与社会合法性的方式施加影响"；(3)"通过联盟、国际机构、谨慎外交和理念的力量，使其他国家积极投入，为实现美国目标所用"。[27] 国务卿希拉里·克林顿从字面上给巧实力下了一种定义："灵巧地化用一切力所能及的手段，包括召集与联系的能力。这意味着我们的经济和军事力量；我们的企业家精神和创新能力；以及我们的新总统及其团队的能力和信誉。这也意味着，在政策制定中，贯彻老派常识。它将原则与务实融于一体。"[28] 理论一旦无所不包，便啥也解释不了——正如上面这些定义所示，"巧实力"概念的问题，在于它意蕴万千，且因对象而异，以至于几乎让人不知所云。

　　今天，权力的新变化是它愈加受限，愈发地视条件而定。此外，各种具有全球影响的新行为体纷纷涌现，这意味着权力无论软硬巧拙，都将更多地与扰断、封锁、禁用和毁坏能力相关，而不是与接纳、启用、修复和营建等能力相关。这种趋势，不仅见于非国家行为体与国家的关系，也见于传统民族国家之间的军事战略。例如，中国着力追求针对美军信息与通信系统的"反介入/区域阻绝"（A2/AD）能力（以网络战和反卫星方面为主），意在显著地提高美军在西太平洋地区作战的风险。与此相类，伊朗也在发展"反介入/区域阻绝"能力，诸如潜艇、反舰巡航导弹和尖端地雷，旨在将波斯湾变为美国海军的"禁航区"。就如美国战略与预算评估中心主席小安德鲁·克雷皮内维奇（Andrew F. Krepinevich，Jr.）所断言的："当前以及未来，对西太平洋和波斯湾的稳定形成挑战的，不是全盘入侵，而是'反介入/区域阻绝'能力的扩散，这将增加美国在这些区域自由行动的困难。"[29] 现如今，权力取决于阻绝能力。

当权力被用于某些建设性的意图时，它将变得愈加就事成事（issue-specific），且在许多情况下，由政府、各种公共与私人行为体以及个人之间搭伙儿去做时表现最好。从根本上来说，这里的问题在于权力的基础（哪种类型的能力，最适合在何种情况下获得对谁的影响）以及对网路化权力（相对于等级差序型权力）的需要。[30] 就前者而言，某种权力资产，在特定领域或堪大用，而在其他领域则一无是处；正如核武器，可以有效吓止针对国土的攻击，但对于阻遏流民非法越境，则毫无用武之地。也就是说，国家的权力资产（诸如人口、资源禀赋、财富、政治技巧和军事权力），从来不能彻底地兑换成权力；经济财富最具可替换性，因为将之转化成金钱（这种流动性最高的资产）最容易。

在熵时代，值得注意的新现象并不是政治权力资源所具备的流动性比经济权力资源要少，因为事情向来如此；而是与过去相比,传统权力资产变得更难转化,也愈加受限于特定领域——这与过去军事权力能换来对非军事议题的各种影响有很大区别。[31]与之相关,大多数国际行为体的权力也都是受限的;这样,某个具体行为体虽然能对特定议题施加影响,但却影响不了其他议题。

全球化与数字化革命

熵与有用能的耗散、衰退、均质化,以及权力的扩散(或去集中化)有关。全球化从四个根本方面强化了熵的种种效应。第一,全球化使可用的国家权力耗散。尽管全球化已有数百年的进展,它仍史无前例地变得更厚重、更迅速、成本更低也更深入。资本、制成品、电邮、温室气体、武器、毒品、信息、病毒……当代的跨境流动,几乎无所不包,无论就体量、速度乃至重要性而言,借用《摇滚万万岁》(*This Is Spinal Tap*)里吉他手奈杰尔·塔夫内尔(Nigel Tufnel)令人难忘的名言,现在"样样大一档" *。就

　＊ 原文是"up to eleven"。《摇滚万万岁》(*This Is Spinal Tap*)是美国1984年上映的电影,一部以摇滚文化为主题的"(恶搞式)伪纪录片"(mockumentary)。作者此处引用的名言"up to eleven"(字面意思是"最大十一档"),对应的剧情是:"脊椎穿刺"乐队吉他手塔夫内尔(Tufnel)向有意为乐队拍摄纪录片的导演介绍,自己的 Marshall 音箱上的各种音量旋钮都有十一个挡位——而不是像常见的音箱那样,只有十个挡。所以这里根据上下文处理成"样样大一挡"。要注意,这是一位搞过摇滚乐的作者引用的伪纪录片里语无伦次的吉他手的台词。读者不妨看一看:导演接下来提问,反正是最大挡,设置成"十一"或者"十",有何区别? 塔夫内尔没有直接回答,又重复了一遍,"最大十一挡"。——译者注

此而言，这些跨境流动，很大程度上超出了政府或其他任何权威的控制。此外，对于全球网络中的跨洲参与者来说，跨国联系的渠道——全球网络中跨国参与者的数量和种类——的指数增长"意味着更多的国际问题触手可及，包括此前被视为国家政府特权的监管与实践（从药物试验，到会计与产品标准，再到银行监管，等等）"[32]。

第二，全球化的知识与科技的快速扩散，导致民族国家之间权力急剧转移，将美国在制造力上的领先优势及其总体权力地位一并拉低。还有，新兴大国不可避免地试图增强声望、地位和权威，以便与其实际权力相配；这种齐平化进程，将引起一场国际合法性危机。新兴大国越是强大，就越有决心修正其在国际机构、当前领土划分与势力范围，以及游戏规则中的立场与发言权。[33]

第三，商品、信息和资本的自由流动，强化了非国家行为体的能力，例如能源出口商、毒品卡特尔、恐怖分子、黑客集团以及世界五百强企业的能力。强国不再垄断权力。多面向的网络（multifaceted networks），使个人和集团能够积聚权力或投送权力，去干扰政府的运作；渗透进政府内一度固若金汤的领域也变得无比容易。国家、企业和个人持有的非公开信息，变得更难保密；秘密难守，泄露机密则变得易如反掌。这样一来，举个例子，2012年9月，被称为"反安全运动"（AntiSec）的黑客组织（系名为"无名氏"[Anonymous]这一松散黑客组织的分支之一），称其侵入某个联邦调查局探员的电脑，从中取得苹果手机、苹果平板、苹果播放器等设备的1 200万组身份认证号码；他们宣称，这证明联邦调查局在通过设备信息搞跟踪。[34]系统里的行为体越多，权力中心也越多，在系统中的权力便会变得更弱，也更分散。

第四也是最后一点，驱动全球经济和信息社会的进程，向单一化的方向发展。我们在愈加同质化的全球文化里栖居,"文化混杂之甚,至于再无哪种文化,能以标榜纯粹或真实而与其他文化相区别"[35]。这是"文化殖民"论断之中相对平和的"混合"论,或"汇流"论。[36]精致不足而恶意有余的版本则称,全球化不过是西方帝国主义的新化身。这些论断说,全球消费者的诞生,不仅是"全球产品功利主义"的结果,而且是"好莱坞文化产业大肆经营兜售的富足、个人成就与肉欲满足的美梦",是精心炮制的糖衣炮弹。[37]借助无所不在而难以抗拒的"软实力"引诱,西方继续奴役"边缘"——这一逻辑,见于以下短语:"可口可乐殖民"(Coca-colonization)、"麦当劳化"(McDonaldization),以及"西方毒化"(Westoxification)。

全球化是帝国主义的工具,旨在增进美国及其西方盟友的霸权优势,这种断言植根于两种言论:(1)由于全球化的"协调"效应,个人与国家的许多重要选择,似乎已被确定;(2)特权国家看起来从全球化进程中获益更多,多得不成比例。与之相对,许多观察者用完全相反的说法,将全球化描述为值得庆祝的、人类自由的惊人进步。在他们看来,商品、货币和理念的跨国流动,使国际秩序愈发自由,身在其中的个体,得以比以往更自由地参与全球经济与文化。

一旦我们搞清楚全球化究竟意味着什么,上述两种矛盾观点便可调和。正如戴维·辛格·格雷沃(David Singh Grewal)所论,全球化是场社会协调的博弈,它决定了语言、法律、技术,以及参照系(或标准),以便更好地促进我们当前的全球活动;这是一个不平衡的进程,因为其中一些社会协调的标准,将变得比其他标准更重要或更流行。[38]尽管我们在分享着这些全球标准和惯例,但对于它们的弃取却几乎毫无影响。个体选择的累积驱使全球标准聚合趋同，而这些选择既可以被看作自由的，也可以被看作不自由的。

参与全球化进程，我们都要（或许是间接地）"被迫"接受主导网络的标准，否则便遭孤立。这种间接的强制，栖于所谓网络权力的核心；这是一种面目不清（不通过具体施动者）的结构-制度形式的强制权力；"接受某种标准，否则便受到与他人失联的威胁，是一种针对使用其他标准的人们的社会孤立"[39]。将全球化视为"不通过具体的施动者，而标准像漂游不定的病毒般遍散全球的过程"，这种观点离真相并不遥远。[40] 而一些看见那些在网络权力背后使坏的自利施动者（不露名姓地操弄世界，刻意加强自家优势的一撮特权精英）的人也一样。看起来似乎是，全球化不得不创造出"一个国际小集团，它摆出既定条件，欢迎全球加入：在新的世界秩序下，我们要求借着普遍使用的标准，彼此建立联系"[41]。

总而言之，信息经济产生的信息流大幅增加，已在系统进程层面造成了显著的熵增。看看第七章讨论的种种理由，数字化时代简直像一台信息熵增的发动机。

注　释

1. Halford J. Mackinder, "The Geographical Pivot of History," *Geographical Journal*, vol.23, no.4（December 1904）, pp.421—444, reprinted in *Geographical Journal*, vol.170, no.4（December 2004）, pp.298—321 at p.299.

2. 关塔那摩美国海军基地，位于古巴东南端，占地 45 平方英里，是"世间仅存的几处无人荒地之一，一座时光不染的岛，一片国强莫及之地"；它因而在"法律上等同于外层空间"。Jill Lepore, "The Dark Ages: Terrorism, Counterterrorism, and the Law of Torment," *New Yorker*（March 18, 2013）, pp.28—32 at p.29.

3. Thomas Pynchon, "Entropy" in *Slow Learner*（New York: Little,

Brown，1984），pp.88—89

4. 2006 年美国的国防开支，占主要大国（美国、中国、日本、德国、俄罗斯、法国和英国）国防总开支的 65.6%。有关数字和占比，参见 G. John Ikenberry，Michael Mastanduno，and William C. Wohlforth，"Introduction: Unipolarity，State Behavior，and Systemic Consequences," *World Politics*，vol.61，no.1(January 2009），pp.1—27 at p.7。

5. Barry R. Posen，"Command of the Commons: The Military Foundation of U. S. Hegemony," *International Security*，vol. 28，no. 1 (Summer 2003)，pp.5—46.

6. 参见 Stephen G. Brooks and William C. Wohlforth，*World Out of Balance*(Princeton，NJ: Princeton University Press，2008）。

7. 没有国家能够制衡"极国家"，这是单极约束其他国家的一种重要方式。与此相比，两极之下，一极仅通过内部手段，便可制衡另一极。（所谓"内部手段"，即肯尼恩·华尔兹[Kenneth Waltz]所谓内驱制衡[internal balancing]，相对于借助合纵连横的外联制衡[external balancing]。——译者注）

8. 有关冷战后美国干涉的记录，参见 Nuno Monterio，"Unrest Assured: Why Unipolarity Is Not Peaceful," *International Security*，vol.36，no.3(Winter 2011/2012)，pp.5—41 at p.13。

9. 华尔兹指出，单极这种结构的特点，是"极国家"容易过度扩张；暗示权力不受制衡导致行动鲁莽与冒险。参见 Waltz，"Structural Realism after the Cold War," *international Security*，vol.25，no.1(Summer 2000)，pp.5—41 at p.13。

10. Charles L. Glaser，"Structural Realism in a More Complex World," *Review of International Studies*，vol.29，no.3(July 2003)，pp.403—414 at pp.412—413.

11. Robert Jervis，"Force in Our Time," in James W. Davis，ed.，*Psychology，Strategy and Conflict: Perceptions of Insecurity in International Relations*(London: Routledge，2012)，pp.220—241 at p.227.

12. 对权力转移理论的详细回顾，参见 Jonathan M. DiCicco and Jack S. Levy，"Power Shifts and Problem Shifts: The Evolution of the Power Transition Research Program," *Journal of Conflict and Resolution*，vol.43，no.6,(December 1999)，pp.675—704. 对权力转移理论的批判，参见 Steve Chan，*China，the U.S.，and the Power-Transition Theory*(New York: Routledge，2008)。

13. Aaron L. Friedberg，"Hegemony with Chinese Characteristics," *Na-

tional Interest, no.114（July/August 2011）, p.18.

14. Michelle Murray, "Identity, insecurity, and Great Power Politics: The Tragedy of German Naval Ambition before the First World War," *Security Studies*, vol.19, no.4（October—December 2010）, pp.656—688.

15. 参见 Robert Gilpin, *War and Change in World Politics*（New York: Cambridge University Press, 1981）。

16. Alastair I. Johnston and Sheena Chestnut, "Is China Rising?" in Eva Paus, Penelope Prime, and Jon Western, eds., *Global Giant: Is China Changing the Rules of the Game?*（New York: Palgrave Macmillan, 2009）, pp.242—243.

17. The Doors, "Roadhouse Blues," music and lyrics by John Densmore, Robby Krieger, Ray Manzarek, and Jim Morrison, *Morrison Hotel*（Elektra/Warner Brothers, 1970）.

18. 驱动阴谋论的,便是这种不协调。平头百姓不愿相信,像李·哈维·奥斯瓦尔德（Lee Harvey Oswald）这样一个无名小卒,也可以单枪匹马刺杀约翰·肯尼迪（John F. Kennedy）。

19. Niall Ferguson, "Complexity and Collapse: Empires on the Edge of Chaos," *Foreign Affairs*, vol.89, no.2（March/April 2010）, p.32.

20. 与此相类,巴里·波森留意到:"（大国与中小国家及非国家行为体之间,军事能力差距缩小）现象的原因之一,是苏联和华沙条约组织的崩溃,大量步兵武器四散流出。与此同时,一些继承了装备制造能力的前苏联加盟共和国和前东欧华沙条约组织国家,也在寻找买家。"Posen, "Emerging Multipolarity: Why Should We Care?" *Current history*（November 2009）, reprinted in Robert J. Art and Robert Jervis, eds., *International Politics: Enduring Concepts and Contemporary Issues*, 11th ed.（Upper Saddle River, NJ: Pearson Education, 2013）, pp.552—560 at p.557. 亦参见 Jeffrey Herbst, *States and Power in Africa: Comparative Lessons in Authority and Control*（Princeton, NJ: Princeton University Press, 2000）, p.255。

21. Posen, "Emerging Multipolarity," p.558.

22. The Federation of American Scientists, "Liberation Movements, Terrorist Organizations, Substance Cartels, and Other Para-State Entities," www.fas.org/irp/world/para/index.html.

23. Phil Williams, *Violent Non-state Actors and National and International Security*（Zurich: International Relations and Security Network, 2008）, p.18.

24. 参见 Jakub Grygiel, "the Primacy of Premodern History," *Security Studies*, vol.22, no.1(January—March 2013), pp.1—32, esp.pp.27—29; 以及 Rupert Smith, *The Utility of Force*(New York: Knopf, 2005), p.273。

25. Richard N. Haass, "Paradigms Lost," *Foreign Affairs*, vol.74, no.1 (January/Feburary 1995), pp.43—58; 以及"The Age of Nonpolarity: What Will Follow U.S. Dominance," *Foreign Affairs*, vol.87, no.3 (May/June 2008), pp.44—56 at p.56; Ann-Marie Slaughter, "America's Edge: Power in the Networked World," *Foreign Affairs*, vol.88, no.1 (January/Feburary 2009), pp.94—113; Fareed Zakaria, *The Post-American World*(New York: W.W. Norton, 2008), p.243.

26. 参见 Stewart Patrick, "Prix Fixe and à la Carte: Avoiding False Multilateral Choices," *Washington Quarterly*, vol.32, no.4 (October 2009), pp.77—95。

27. Richard L. Armitage and Joseph S. Nye Jr., "Introduction: How America Became a Smarter Power," in *CSIS Commission on Smart Power: A Smarter, More Secure America*(Washington, DC: Center for Strategic and International Studies[CSIS] Press, 2007), p.7; Chester A. Crocker, Fen Osler Hampson, and Pamela R. Aall, "Leashing the Dogs of War," in Crocker, Hampson, and Aall, eds., *Leashing the Dogs of War: Conflict Management in a Divided World*(Washington, DC: U.S. Institute of Peace, 2007), p.13; Suzanne Nossel, "Smart Power," *Foreign Affairs*, Vol.83, No.2(March/April 2004), p.138.

28. Secretary of State Hillary Rodham Clinton, "Foreign Policy Address at the Council on Foreign Relations," U.S. State Department, Washington, DC(July 15, 2009), www.state.gov/secretary/rm/2009a/july/126071.html.

29. Andrew F. Krepinevich Jr., "Strategy in a Time of Austerity: Why the Pentagon Should Focus on Assuring Access," *Foreign Affairs*, vol.91, no.6(November/December 2012), pp.58—69 at p.63.

30. 只有在权力(或有意制造的影响)的范围和领域界定清楚的情况下,权力概念才说得通。也就是说,一组权力关系,必须认定它是对何许人、就何事由而言。参见 Harold D. Lasswell and Abraham Kaplan, *Power and Society: A Framework for Political Inquiry*(New Haven, CT: Yale University Press, 1950); David A. Baldwin, "Power Analysis and World Politics: New Trends versus Old Tendencies," *World Politics*, vol.31, no.2 (January 1979), pp.161—194, *Economic Statecraft* (Princeton, NJ: Princeton University

Press，1985），and *The Paradoxes of Power*（New York：Blackwell，1989）；以及 Stephen Lukes，*Power：A Radical View*（New York：Palgrave Macmillan，2005）。

31. 有关军事资源比它的经典描述更容易转化的一种高论，参见 Robert J. Art，"American Foreign Policy and the Fungibility of Force，" *Security Studies*，vol.5，no.4（Summer 1996），pp.7—42。

32. Joseph S. Nye Jr.，*The Paradox of American Power：Why the World's Only Superpower Cannot Go It Alone*（Oxford：Oxford University press，2002），p.89.

33. 参见 Glipin，*War and Change*。

34. Nick Bilton，"Apple Denies Giving F.B.I. Device Information，" *New York Times*（September 5，2012），http://bits.blogs.nytimes.com/2012/09/05/apple-denies-giving-f-b-i-device-information/.

35. Robert Holton，"Globalization's Cultural Consequences，" *Annals of the American Academy of Political and Social Science*，vol.570（July 2000），p.150.

36. 有关混合（hybridization），参见 Jan Nederveen Pieterse，*Globalization and Culture：Global Mélange*（Lanham，MD：Rowman & Littlefield，2009）。

37. Holton，"Globalization's Cultural Consequences，" p.142.

38. David Singh Grewal，*Network Power：The Social Dynamics of Globalization*（New Haven，CT：Yale University Press，2008）.

39. Ibid.，p.36.

40. Ibid.，p.6.

41. Ibid.，p.3.

第四章　熵时代新兴大国的角色

——或：警长出而陌客入，则何如？

　　当前，无论是悲观主义者还是乐观主义者，在论及国际政治的未来时，都认为多极体系将会取代单极体系。同样，替代性的熵时代，预期集中的权力将随着时间的流逝而不断扩散。各家争鸣，分歧在于权力的去集中化将对未来造成何种结果。悲观主义者所倡导的大国冲突模型认为，权力扩散会在既有大国和新兴大国之间，引发一场殃及整个体系的战争。而在乐观主义者所拥护的大国协调的图景中，当前秩序将通过大国之间的多边议价和共同理解而得以维续。与之相对，"熵时代"认为，随着规则与安排新旧相垒，而能够裁断矛盾主张并决定诸多规则、规范与原则孰为主导的国际权威中心阙如，世界将变得失序、功能失调，靠着"自动驾驶"苟延残喘。大战没有，冲突遍布；而没有那解决冲突的战争，对抗便永无止境。

新兴国家的角色：搅局者、支持者，或逃避者

上述模型不能就权力扩散的结果达成一致，是因为它们对新兴国家的利益与角色做了很不一样的假定。从理论上说，一个新兴国家可以选择充当（1）支持者——对那虽有演化但不会发生根本改变的全球秩序，承担起其应尽的管理责任；（2）搅局者——试图破坏既存秩序并以截然不同之物取代之，或者和缓一些，去抬高维护和管理既存秩序的成本；或者（3）逃避者——渴求随地位与声望而来的特权，却不愿为全球治理贡献自己的利益。[1]大国冲突论假设新兴国家为搅局者；而大国协调论则将它们视为支持者。与上面两者不同，在熵时代，新兴国家是分饰三角的"矛盾之国"（conflicted states）：它究竟是搅局者、支持者，还是逃避者，取决于有关事由与目标受众（国内受众、地区受众、南南受众，全球受众，如此等等）。然而，就近期来说，它们的行动大致上将更接近逃避者，而不是搅局者或支持者的角色。

大国冲突论：新兴国家作为搅局者

根据大国冲突模型，崛起国一心修正国际秩序，总会搅局。这个假定，植根于权力转移理论，即周期性霸权-战争致使体系变迁这一论调背后的核心逻辑。[2]简要概括，该理论的逻辑如下：基于国家间不平衡增长的规律，体系中的实际权力分布与其声望（或权力之名望）分布之间，会随着时间的推移而逐渐出现差距，这会把体系置于不均衡之中，并造成持续的不稳定。要想和

平地恢复体系均衡，衰落的霸权国必须将影响力让于崛起的挑战者，使后者享有与其实际权力相符的声望。[3]从理论上来看，这一绥靖进程，应该可以在不诉诸战争的情况下解决问题。但就实践而言，它几乎行不通，理由是：(1)满足崛起国的正当需求，往往意味着牺牲既存国际秩序的稳定，以及衰落霸权国和其盟友的安全与重要利益；(2)崛起国提出的某些申诉，可能是不正当的；以及(3)让步会增加崛起中的挑战国的实际权力，从而鼓励它得寸进尺，要求更多的让步。对衰落的霸权国来说，这样对竞争强手一次又一次让步的过程，不啻分期而亡。

当讨价还价不能解决体系危机时，便会爆发霸权争夺战，原因有二：要么是崛起的挑战者认为其要求没有得到满足，而鉴于自己新增的相对权力，如今开战的获益将会高于成本；要么是衰落的霸权国相信战争不可避免，晚打不如早打，于是向崛起的挑战者发动预防性战争。无论由哪一方挑起，战争都是决定战后秩序由谁设计、受谁控制的一种无限的手段与范围。[4]

这一理论的主要驱动力是崛起的挑战者的出现。该挑战者不仅对自己在既存秩序中的地位不满，而且对既存秩序本身的正当性也心怀质疑。崛起的挑战者这种毫不知足的修正主义，不断地引发危机，最终便会点燃霸权争夺战。然而，这种"搅局者"假设背后的逻辑相当模糊，坦白说，甚至有些不合逻辑。根据定义，崛起国在当前的秩序下，做得比谁都好。因而，说不通的是，为何在众多国家中，偏偏是它们试图去搅既存秩序的局？它们何以会选择一场结果悬而未决、代价却甚是高昂的全球战争，去推翻一套明显有利于自己的秩序，而代之以一套前途未卜、却事必躬亲(别无他人)费力管理运营的秩序？它们到底有何不满，竟然愿意赌上迄今已到手的、乃至将来会取得的一切？

理论将它们的修正主义目标以及对现状总体上的不满，归结于实际权力与声望间的不匹配。但是，声望最能起作用的时候，是强国之间存有严重物质利益冲突、对游戏规则缺乏一致认识、盼望通过战斗来消弭分歧之时。而这种冲突与期盼，在今天已很少见到，将来也不见得必定会重现。

此外，有了声望，便会有国际责任与义务。然而，大国冲突模型，并没有认识到这种交易转换。所以，它认为所有的崛起国，都会要求与其实力相对增长相称的声望。毕竟，若如模型所假设，声望的增长无须付出任何代价，那么崛起国自然会一味索要，反正不要白不要。

且想想上一回霸权领导的变更。衰落的不列颠，在欧洲与其他地区遭受严重威胁，身陷险境，既不能捍卫本国利益，也无法管理国际系统，最终勉强决定，把领导世界的接力棒递向美国。然而，棒掉了，因为美国要求享有举世无双的声望，却不愿意为之付出代价——随着它在国际强弱排序（pecking order）中地位的提高而新增的全球责任与义务。直到日本偷袭珍珠港，美国才摆脱孤立主义的外壳。在战后初期（1945—1952年），美国表现得像个不情愿的霸主，勉强登台领导——因为在战胜国里，有能力建设全球新秩序的只剩它一家。即便如此，美国还梦想着在欧洲创立"第三极"，使自己能抽身返回西半球。而最终驱使美国去管理它那半壁国际秩序的正是这一计划的落空，以及一个非自由主义劲敌的出现——而并不是对声望的渴求。

今天也有大致相同的问题。美国抱怨中国只要权力带来的特权，却不想承担大国应该承担的责任。在许多西方观察者眼中，中国看起来是一个逃避者，在全球危机来临时，必须对其采取强制措施，它才会进行一些适当的行动。但是，美国早在承担起全球责任的许多年前就已是世界上最强大的国家,它的经济产出,几乎占全世界的半壁河山——这种相对权力地位,中国以其目前的发展水平还难以超越。

大国协调论:新兴国家作为支持者

自由派认为,从单极向多极的转变将会平稳顺畅展开,因为世界已为和平做足了准备:大国安全充足,领土贬值,而且既有大国之间形成了成熟稳健的自由主义共识——全套全球制度已经就位,对权力的收益形成了严格的限制。在这种和缓的国际环境中运作,驱动各个新兴"极国家"行为的,不是对相对损失的恐惧,也不是以牺牲他人为代价增加自己收益的诱惑,而更多的是实现其绝对收益最大化的愿景。因此,不必通过那传统的、发生在体系核心的"硬"制衡,全球平衡也会再度出现。与这些命题相一致,大国协调模型假定,新兴国家是西方自由主义秩序的支持者(所谓负责任的利益攸关方)。这一假定有两个问题。

其一,要使新兴国家融入既存国际制度,这比模型设想的要困难得多。崛起的非西方国家,并不总是分享美国对全球治理的看法;期盼它们照单全收西方秩序所内蕴的原则、规范和规则,简直不可理喻。而且就算既有大国和新兴国家的基本利益一致,它们的优先考虑也可能各不相同。例如,中美两国都乐见北朝鲜停止核计划。然而,华盛顿将其视为燃眉之急,而北京则优先考虑与平壤保持良好关系。关键是,不仅是在既有大国和新兴国家之间,而且在各新兴国家之间也存在原则性的分歧与优先事项的不一致,这表明,多极格局并不必然意味着合作而又成功的多边主义。[5]

其二,"迎头赶上"需要崛起国集中大部分精力专心处理内务，诸如促进经济与社会的可持续发展，调整经济迅猛增长所造成的国内失衡，以及管理与人口迅速城市化相关联的危险的社会经济紊乱，等等。由于接受国际承诺需要付出代价，这将有损上述这些国内计划与需求，因此新兴国家不愿积极地支持既存秩序。相反，它们更希望让衰落的霸权国为秩序买单，而自己"搭便车"。"搭便车"的动机如此盛行，以至于相比共同管理国际体系，既存大国和新兴国家更可能在下列问题上起冲突：谁，要为什么事由负责任？各方对公共物品所做的贡献，怎样分配才算公平？而谁又能决定一项全球倡议是否属于公共物品？为了应对全球挑战，衰落的霸权国逼迫崛起国承担起更多责任；然而，后者反过来要求更大的发言权和代表权，同时推卸其所应负的全球责任；因此可以想见，体系的核心会愈加紧张。与此同时，权力扩散的进程将继续使世界变得扁平化，制造出一个更加平衡的多极结构；而在这一结构中，没有一个主导国可以单独提供全球秩序。霸权国一方面为竞争强手的推卸责任而苦恼，另一方面又要忙着阻止自己的山河日下，最终会减少其全球承诺，留下一个任何单个国家或国家集团都无法负责打理的国际秩序（或者它的什么残余物）。

熵时代：新兴国是矛盾之国

与其他模型不同，熵时代将崛起国视为具有多重身份的矛盾之国：身兼支持者、搅局者和逃避者三个角色。至于一个国家充任什么角色，很大程度上取决于具体的事由，以及更重要的取决于目标受众——国内受众、地区受众、南南受众、南北受众，抑或全球受众。

中国：一个矛盾的经济超级大国

作为一个军事大国，中国正在转型：从一个在战略上优先考虑保家卫国的国家，转变成一个有能力在东亚及其附近海域部署兵力，进而保障南中国海海上航道安全的地区强国。按照官方数据，2011年中国的国防开支是其2001年的2.5倍。此外，中国人民解放军坚定地发展反卫星能力、反舰弹道导弹、巡航导弹和网络战的能力，而且已试飞歼-20隐形战斗机。尽管取得了上述成就，中国仍旧缺乏在航空母舰上操作固定翼飞机的能力。[6]

就算中国的军事成就对台湾海峡两岸权力的战略平衡造成了扰动，它对全球的权力平衡几无影响。根据国际战略研究所的说法，美国的国防预算仍占全球防务总开支的45%——比后列九强所占比重之和还要大；以及，在诸如精密武器和无人机等先进技术方面，美军的领先程度呈指数级增长。与此同时，中国人民解放军才刚开始建造装备新一代制导导弹的驱逐舰；无论从质量还是数量上，都不能与美国的"宙斯盾"级驱逐舰舰队相提并论。至于北京的第一艘航母：2011年8月下水，购自俄罗斯，规模较小，型号老旧。正如陆伯彬（Robert Ross）所见："中国反制美国海军，并吓阻美国插手亚洲冲突的主要工具，仍然是那支从20世纪90年代中叶服役至今的柴油潜艇舰队。"[7]因此，在可见的将来，能够维持大规模海空行动，并向全球范围内持续投送大量地面部队的，美国仍是独一家。[8]如此，一支由三十多名专家组成的独立工作小组最近得出结论："中国将成为与美国平分秋色的竞争对手，这种说法尚无证据"[9]，也就不足为奇了。

与美国发达的军事实力相比，中国缺乏世界级的武力投送能力，它要成为一个美国和苏联意义上羽翼丰满的超级大国，年头尚早。然而，如果部分地具备了超级大国的特点，就具体议题（诸如经济的、政治的、军事的、文化的，或许还有能源方面的）而论，也有一些国家可以成为"半个超级大国圈中人"＊。中国傲居世界第二大经济体，贸易盈余于 2011 年激增至 1 550 亿美元，最近获得了经济超级大国的地位。

一个国家要具备经济超级大国的资格，就必须有足够大的体量，充满活力，并且融入全球，能够对世界经济产生重要影响。从这些标准看，在国际经济体系中享有支配地位，称得上经济超级大国的，只有三家：中国、美国和欧盟（如果把它当作一个与国家大致相当的单一单位的话——实际上它当然不是）。要注意，加总起来的经济数目，多少有些误导。中国的人均可支配收入4 000，勉强赶上美国和日本水平的一成。裴敏欣（Minxin Pei）指出："中国有超过半数的人口仍然生活在农村……就算城市化以每年 1% 的速率增长，中国还要再花上三十年，才能把其农业人口比重降至总人口的四分之一。"所以说，"将中国视为世界的下一任超级大国，还为时过早"[10]。

尽管如此，由于中国经济体量巨大，美国和欧盟仍希望中国融入它们早年营建并为之捍卫了六十多年的既有经济制度。然

＊ 原文"partial forms of 'superpowerdomness'"（半个超级大国圈中人），显然是仿"superstardom"（巨星界）造出的新词。如果超级大国有个区别于其他国家的"圈界"（-dom），像巨星区别于小明星那样，则它们所具有的、使这种区别变成可能的素质（-ness），就是关键。部分地具备这些性质，就是"半个超级大国圈中人"了。——译者注

而,拉中国入伙,让它做西方全球经济体系的、负责任的利益攸关方,别具挑战。中国部分地区依然贫穷,市场化程度相对不足——这些特点,使其不太可能接受随"经济超级大国"地位而来的那些责任。[11]

在许多领域,中国所运用的经济战略偏离完善的制度规范和规则。中国在东亚创立自由贸易区(并有意主导之)。中国拒绝接受浮动汇率政策,因而得以持续地低估人民币的币值,并使其经常账户盈余高达国内生产总值的 11%—12%(2008 年数字)——这在主要贸易国家中史无前例。[12]而且,作为全球最大的对外援助输出国,中国拒绝按照援助条件的社会与经济标准办事——这些条件(例如人权、劳工条件、环境、扶贫和善治)在过去二十五年中,几乎是所有双边和多边机构的执行通例。[13]

对于中国的行为,一些观察人士将其归结为"一个强劲的新来者,巧妙地利用既有的国际规则,实现其所预见的国家利益"[14]。如弗雷德·伯格斯滕(C. Fred Bergsten)所见,"实际上,国际规则与制度的有效运作,对中国的利益有深远的影响。不管中国对体系的当前这个版本或其他版本的喜好如何,都应该力图强化这个体系"。

与"发展中国家"的国际心态相一致,中国的许多分析人士说,中国仍然相对贫穷,缺乏全面参与全球治理的能力。另一些人则完全怀疑全球治理,将其视为西方设下的陷阱,要给中国绑上海外承诺,阻滞或限制其增长,将其卷入无关自己国家利益的外部困局,放干它的血。如果这种观点抬头,意味着我们将很快看见中国的另外一种政策——它所释放的信号,是中国要转而扮演"搅局者"的角色了。2010 年,中国外交部长杨洁篪在 300 位外交精英和几位美国高官面前发言,表达了官方观点:"中国发展了，将会承担更多的国际责任，绝不会做损人利己、自私自利的事情。我们深知，在这个日益相互依存的世界上，中国的前途命运与世界的前途命运日益紧密地联系在一起，只有利益共享、责任共担、互利共赢，才最符合自己和别国的利益。中国在集中精力发展自己的同时，承担着越来越多与本国国力和地位相符的国际责任。"[15]字里行间能听得出，中国似乎对支持者一角怡然自得，也乐于对全球治理做出贡献，全球治理同时符合中国自身的本国利益和国际社会的利益。然而，在同一场发言中，杨洁篪坚决主张，中国在国际舞台上越来越强；认为美国向台湾提供价值 64 亿美元的军售，违反了国际法，称其"违背了国家间行为准则"，并首度威胁对那些供应武器装备的美国企业进行报复性制裁；声称中国并不准备对伊朗核计划施加制裁；以及，中国的广播电视新闻服务比西方媒体提供的信息"更实在"、也更可靠。[16]

就上述最后一项来说，每天夜里北京时间凌晨一点，中国中央电视台将广播转交至内罗毕团队的"非洲直播室"；这个由 50 名肯尼亚人和 10 名中国人组成的团队所打造的历时一小时的旗舰节目，被称为非洲新闻和中非关系的"新声音"——根据中国中央电视台非洲分台台长宋嘉宁的说法，该节目面向全球，讲述"非洲的真实故事，中国的真实故事，以及中非关系的真实故事"[17]。央视非洲分台确实提供了一个全球性的"让非洲人讲述自己观点的平台"，提供了一种关于这片大陆及其与华关系的独特的非西方视角。[18]因此，肯尼亚副总统卡隆佐·穆西约卡（Ka-lonzo Musyoka），附和中国驻肯尼亚大使的评论，将该频道描绘成"呈现非洲大陆新形象"的一种手段，这与传统国际媒体视非洲为"灾难不断的大陆"的视角完全不同。[19]

事实是，中国跟其他新兴国家一样，角色与身份还未定型。像大部分新兴国家一样，中国是一个矛盾之国，政治话语立足于好几股意识形态：（1）保守的务实主义——是中国精英阶层的主流意识形态，但其缺乏指导政策与政治行动的理念纲领；（2）民族主义——由于媒体的作用、中国与西方在一些观念问题上愈加紧张的关系，以及中国国力的蒸蒸日上，在这些因素的推动下，民族主义变为主导中国大众的意识形态；（3）新左派——小股意识形态势力，捍卫它的是新马克思主义学者和新毛主义学者；以及（4）自由主义——一种边缘化的意识形态，但长期来看，仍是对中国政治体制最严峻的威胁，因为在中国的意识形态争鸣中，它最具连贯性，也最具纲领性。

中国也针对不同的目标受众，放出不同的声音。对全球受众和地区受众，它想表达出宽慰之声。作为金砖集团中最大最强的国家，中国在南南对话中，希望展现包容和细腻精神。确实，每次中国要向世界展示"和平崛起"时，金砖国家俱乐部都为之提供了完美平台。金砖国家的种种制度机制（成员国定期举行会面，由此分享知识与最佳实践），为南南合作积聚了海量的潜能。它们也推动了中国的"多边外交"和"与发展中国家的伙伴关系"的战略，去解决新出现的全球性问题。[20] 在全球层面，金砖国家强调接触多边实体，诸如联合国、安理会、二十国集团、世界银行，以及国际货币基金组织，这使中国更进一步地实现了它的目的——被其他国家视为与世界共同体相嵌（相缚）的负责任的利益攸关方。当然，多边组织的成员身份，不见得是反映崛起国真实意图的可靠指标；更不是其初心不随发展而变的保证。新德里国防分析研究所研究员贾甘纳特・潘达（Jagannath Panda）写道："多边对话进程……使北京能够在多个层面模糊外界对它的疑虑，而继续提高其全球权力与雄心。……金砖国家允许中国在无须满足发达国家要求的情况下，与主流发展中国家合作，扩大其影响力，并制订新的全球规则。"[21]

无论中国打算向各种受众投映何种形象，它最终还是得界定自己的全球角色——一个推进本国目标，并且赢得其他国家认可（美国的认可尤其重要）的全球角色。其实，北京以及华盛顿面临的外交政策的主要挑战，将是怎样才能最好地管理中美关系。眼下，关于对方怎样看待中美关系，任何一方都缺乏准确的把握。反正对美国一方来说，无疑就是这样。就如黎安友（Andrew Nathan）与施道安（Andrew Scobell）的断言："中国人认为，美国是个力求削弱中国政治影响、损害中国利益的修正主义国家；其信之深，足以使大多数美国人大跌眼镜。"[22]美国的意图兼有两面，这一点中国没看走眼。一方面，华盛顿想要与北京合作，把握时机，向中国借力，管理全球和地区两个层面的经济和安全议题；另一方面，美国警惕着中国的崛起，希望维续美国的优势优位。因此，美国推行种种政策，拖慢中国的增长，并将中国绑在既有的美国秩序之内，使其社会化；用中国社会科学院美国研究所副所长倪峰的话说，就是"用美国的价值观重塑中国"[23]。

最后，考虑到中国的雄心与不断增长的影响力，应该指出，任何借由某国当前表现来推测该国未来的预测，往往都是无甚把握的赌博。谁也无法保证一个新兴国家会持续地崛起；也没有哪个国家的勃兴是不可避免或不可逆转的。问问日本便知。若不作根本的政改，中国或许会受制于体制的局限——华裔学者裴敏欣称之为"陷入困境的转型"，体制将在其中耗尽它的政治活力与经济活力。如果中国的经济与政治情况，比看起来还要危险,那么未来它便可能会面临体制衰竭——它会削弱国家能力,加剧社会紧张,并有政体崩溃之虞。据裴敏欣所论,除非中国与过去分道扬镳,否则很可能"不仅不能全面发挥其潜能,还会堕入一场长期滞胀"[24]。

张少书(Gordon Chang)同样预言中国的消寂,他争论说,中国"就快到达高潮,即将开始一场漫长而痛苦的倒退进程"[25]。对于中国是否会出现不稳定,其他中国问题专家并没有那么悲观。例如,史蒂文·杰克逊(Steven Jackson)承认"中国正面对着巨大问题",但"这种描述,对过去的一个半世纪也适用"。所论持中,罗杰·欧文(Roger Irvine)写道:"如果在观察者之间还存有任何共识,它很可能就是,总的来说,中国大概能管控内部挑战,并在未来十多年保持增长,哪怕增长率有所下降。"[26]

假设中国成功逃过政治与经济的大动荡,那么它将很可能在"被称为'第一岛链'"的区域内寻求并(在 21 世纪中叶)实现霸权,"包括日本、琉球群岛、朝鲜半岛的部分地区、中国台湾地区、菲律宾、印度尼西亚和澳大利亚"。[27]起初,美国会通过保持强大的离岸存在,反制中国那夺占太平洋优势的壮志,意图将中国军事权力压制在两极地区结构之内。然而,到最后,美国将不得不在中亚、东亚和西太平洋做调整,以适应势不可挡的一个更强大的中国——后者在东中国海和南中国海再到印度洋,都有大量的军事存在。

印度:一个不安的支持者

像中国一样,印度对于本国在国际体系中扮演的角色,也有好几个彼此不同的愿景:(1)道德派——这种尼赫鲁式的愿景,将印度看作在世界政治中按原则行事的道德典范,致力于使国际秩序在分配意义和政治意义上都变得更加平等；(2)印度教民族主义派——试图通过积蓄民族主义力量来重焕印度的光辉，在他们看来，民族主义力量不仅植根于军事和经济发展，而且在根本上与印度教社会那高贵的英雄德性相联；(3)现实派——主张印度发展军事与经济能力，特别是具有可信度的二次核打击能力，以及能够在南亚次大陆以外地区进行武力投送的常规能力；以及(4)自由派——希望印度再度成为一个商业大国，强调全球化所培育的相互依存是实现印度繁荣的关键，认为印度应该效仿战后欧洲的模式，而不是当代中国或美国的模式。[28]

对于既有的国际秩序，上述四种愿景，观点迥异。唯有自由派的愿景(寻求改革而非对业已继承下来的西方秩序做全盘修正)与支持者或利益攸关方这种角色完全契合。道德派的愿景，代表了对既有秩序最富修正性的批评，视其原则与手段(依赖武力而非和平的道德劝化)于根本上皆属不公。也就是说，在印度，人们愈加以为道德派的愿景已经破败了。现实派和印度教民族主义派，希望印度不计手段，跻身强国之林。而说到印度提高地区地位和跻身大国的美好未来，中国最是与之相关。

如此种种，到 2020 年左右，印度将会成为全球第四大军事强国。从 2007 年到 2011 年，印度是世界上最大的武器进口国，购入总计价值 218 亿美元的装备；在 2013 年春季，它以约 120 亿美元的代价，从法国购入 126 架阵风战斗机，交易已近尾声。[29]然而，这些军购并未显示出印度是个对现状深感不满而决意要颠覆它的崛起国；即使是印度的现实派和印度教民族主义派，他们的修正主义立场也要视具体情况而定——在当前国际秩序中，他们只对那些不利于印度崛起的方面(例如，核不扩散机制)存有争议。[30]此外，支配新德里军事思想的既非中国，也非全球秩序,而仍然是那令人头疼的印巴关系。

上述图景,随着情势而盈亏多变;这样看来,最有可能给美国充当"小伙伴"的,想必就是印度了;而且,对新兴的"后美国"国际秩序来说,它也是下一个最强有力的支持者。中国是使美印这两个国家走到一起的共同威胁。印度在陆权上无法与中国匹敌,它的出路在于海上反应。中印两国都在迅速扩充海军实力,将之从用于沿海防御的力量,转化成用于权力投送的力量;预计到2020年,两国都将拥有三支战术航母编队。就此而言,新德里最关注的是中国进军印度洋。当前,中国海军打击索马里海盗所进行海上巡逻的频率与规模俱增,而且中国海洋政策圈对中国在印度洋建立海军基地的立场越来越坚定,这令印度的海洋问题专家深感担忧。

这些对中国在印度洋行动的焦虑,并不妨碍新德里对南中国海的事态进展表示担忧;后者既是它通航东亚的门户,也是联结太平洋与印度洋的战略纽带,对印度十分重要。它对印度的战略图景深有影响——在更广阔的印太地区(Indo-Pacific),印度在经济与安全方面的影响都有所增长;因此,印度海军最好能在这片海域占据重要地位。此外,印度在南中国海拥有巨大的经济利益,其国有石油与天然气公司的海外分支(印度石油天然气公司的全资子公司,ONGC Videsh),参与了在越南沿海主要的石油勘测活动。因此,新德里毫不迟疑地派遣了海军进驻西太平洋海域,保护本国的经济利益。

从地缘政治上说,印度的"东向"(Look East)政策(最初于二十年前提出,旨在促进与东南亚国家的贸易与经济合作),最近很明显地与海洋和"反华"沾上了边。印度海军不断加紧努力,打造与其他东南亚和东亚各国海军的紧密联系——这些国家各怀私利，乐见南中国海保持国际航道的状态，并时刻关注中国在本区域的进取心。印度的海事活动日益增多，其中很多（包括印度海军与日本海军近期的联合演习）都是以美国的传统盟国为对象，这使"东向"战略看似成为某种针对中国的缄默同盟。不出所料，中国的安全专家将印度的"东向"政策，解读为"企图包围中国"的战略。正如《人民日报》刊文所说："关于合力反制中国，日本与印度彼此向对方寄予厚望。"[31]

撇开与日本的合作，新德里也在争取另一个与美国保持长期盟友关系的国家——韩国。随着中国雄心的日益崛起，印度与（长期疏离且在战略上没什么联系的）韩国，觉得两国现在面临着共同的威胁，这使两国之间的合作关系充满活力，日趋成长。受印度的投资环境吸引，韩国公司已将印度作为其海外制造业的首要基地。此外，两国还深化了在和平利用外太空、制药和信息技术领域、海军与海岸警卫队、国防装备的生产、技术转移和联合研发等方面的合作。

印度与韩国关系的发展，基于三根支柱。第一，2009 年签订并于 2010 年 1 月 1 日生效的《全面经济伙伴关系协定》，激活了两国蛰伏的经济关联。最近，两国为 2014 年的双边贸易，设下价值 300 亿美元的目标。第二，包括提供国防装备、开展联合研发项目在内，两国加强了安全联系。例如，印度目前敲定了一份价值 5 亿美元的合同，向韩国装备制造商江南公司（Kangnam Corporation）订购 8 艘扫雷艇。最后，两国在能源安全方面的合作也有所深化，2011 年 7 月印度总统普拉蒂巴·帕蒂尔（Pratibha Patil）访韩时签订一项民用核协定，这将两国合作关系推向顶点。[32]要点是，新德里一直在密切关注中国的发展及其在世界范围内的战略伙伴，印度与美国，以及印度与美国盟国之间的双边关系,都将得到持续加强。

地缘政治上的需要,是促进联系的好纽带;这种势头还将延续。然而,必须指出的是,印度对美国的霸权仍有几分不安——一种与其他地区玩家,特别是与其冷战时期的盟国俄罗斯所共有的不安。自2007年以来,印度国防进口的80%来自俄罗斯,这使印度成为俄罗斯装备的大买家。尽管冷战结束已数十年,两国仍然保持强有力的防务合作,关于这一点的原因,有多种解释:(1)印度持有的苏制装备遗留库存巨大,有待实现现代化、升级与更替;(2)俄制装备供给的性价比仍然很高,有竞争力;(3)对于中国的崛起,以及国内激进的宗教恐怖主义的扩散,两国都感到畏惧;(4)两国都对美国的军事霸权感到担忧;以及(5)两国都对中亚地区的不稳定有所关注。鉴于两国已经签署了价值约110亿美元的军购以及其他重要的合资项目,于是至少在未来数年,俄罗斯仍将会是印度最大的国防伙伴。随着2011年双边关系提升至"特别和特殊战略伙伴关系"(Special and Privileged Strategic Partnership),两国在地缘政治上也将保持着较强的联系。[33]印度像其他新兴国家一样,在战略上两面下注,是个宁愿在地缘政治上留有选择余地的自我矛盾之国。

巴西:一个支持者兼搅局者

法国总统戴高乐(Charles de Gaulle)将军曾有著名的戏言:"巴西是个属于未来的国家,而且将一直是未来之国。"他说的是,巴西有着巨大的潜能,而且将一直拥有这些潜能。政治不善、不平等、基础设施叫人沮丧、经济管理颇为糟糕,考虑以上种种,巴西似乎无法将其自然资源转变为强国致富的资产。尽管戴高乐的这句戏言机敏而令人难忘,但它却被证明是错误的。

经过数十年断断续续的增长和政治动荡,巴西终于破茧,激发潜能,成长为一个全球玩家。这个南美巨人到底是醒过来了,接连筹办两场"世界舞台"的"登台"派对:2014年的世界杯和2016年的奥运会。

顶着"世界粮仓"的名号,巴西可不仅是个农业超级大国,其引以为傲的多元经济包括农业、矿业、石油和生物燃料等强大部门。[34]由于在大西洋发现了庞大的盐下油藏,加上巨大的水力发电能力(包括在亚马逊河支流欣古河[Xingu River]上新筑的贝罗蒙特大坝[Belo Monte Dam],该大坝到2019年建成之时将成为世界第三大水坝),巴西也将是一个未来能源超级大国。到2020年,政府的能源拓展计划,将涉及多达48座大型水坝,叫人咂舌。[35]

巴西的财富、人口、领土和军费超过整个南美洲的半数,这使之在其所在区域的相对权力超过中国、印度、德国等国在它们各自所在区域的相对权力。在过去十五年间,巴西在世界经济中的位置从第14位跃居第6位;自2002年路易斯·伊纳西奥·卢拉·达席尔瓦总统(Luiz Inácio "Lula" da Silva)上台以来,巴西经济的年平均增长率为4.1%。[36]根据高盛公司的一份研究,到2050年,巴西很可能越过德国、日本和英国,变成仅次于美国、中国和印度的全球第四大经济体。[37]那么,如果得到这些权力,巴西有何打算?

巴西宏伟战略的根本目标,是通过抵制而使本国免于美国的支配。这可以有双重手段:(1)软制衡——"下意识地通过协调外交行动,实现与美国偏好相左的结果"[38],以及(2)通过增大本国对多边机构的影响和强化本国在世界事务管理中的作用,驾驭这些机构内的集体决策。巴西不是一个试图全盘推翻美国秩序的修正主义新兴国家。与之相反,巴西的政策制定者,对当前的自由秩序满意至极,将本国新近的经济与社会收益,归结于全球经济及其开放的贸易与金融规则。然而,在巴西的对外政策中,也有一些方面与"搅局者"相一致;至少对美国单极而言,确是如此。

让我们看看过去十年巴西的对外政策。在 2001 年,乔治·布什(George W. Bush)邀请巴西加入七国集团的扩员,但后者声称坐在主桌的代价太高而敬谢不敏。自从 2000 年以来,巴西的外交部长累计访问中东 24 回,辩称美国已不再是中东地区"不可或缺的国家"。谈到核扩散问题,巴西将《不扩散核武器条约》视为一种"握在美国手中、受政治驱使的工具,被拿来有选择地向弱国'发号施令'"[39]。巴西利亚质问:凭什么伊朗要为其民用核浓缩技术受罚,而对地下藏着炸弹的以色列,还有那选择批评核不扩散条约机制的非成员国印度,华盛顿却重重有赏?确实,巴西的精英并不认为,西方全球秩序是多边主义或包容的,毋宁说它是一种强制推行的秩序:统治这一秩序的盎格鲁-撒克逊强国,通过国际制度以及专断地执行规则,来控制弱小的非西方国家。在他们看来,全球之所以等级分明,种族所发挥的作用比物质权力更甚。难怪在 2008 年金融危机最严重的时候,卢拉总统宣称:"罪魁祸首是长着蓝眼睛的白人。"他接着说,"黑人银行家",他反正从来没遇见过。[40]

出于对巴西与伊朗日渐萌芽关系的担忧,希拉里·克林顿于 2010 年 3 月访问巴西利亚,为进一步严厉制裁伊朗核计划寻求支持。此行被标榜为,打造与日渐被视为全球大国和民主同仁的国家的联系。不幸的是,伙伴关系,说起来比做起来轻巧。由于巴西外长塞尔索·阿莫林(Celso Amorim)以及总统卢拉都拒绝谴责他们所认为的任何崛起大国都有权参与的活动，希拉里空手而归。

这一结果并不令人意外。比起制裁，巴西一贯更倾向于采用外交手段（在它看来，制裁是迈向动武的一步）。巴西要求举出证据，证明伊朗确实真的正在建造核武器，而不仅仅只是在致力于掌握和平利用核能的技术。更宽泛地来说，近年来，华盛顿与巴西利亚的关系备受约束，其与卢拉的继任者迪尔玛·罗塞夫（Dilma Rousseff）的关系，也未能如愿得到改善。除了针对伊朗问题的紧张局势之外（特别是 2009 年 11 月伊朗总统马哈茂德·艾哈迈迪内贾德［Mahmoud Ahmadinejad］在巴西利亚受到热烈欢迎之后），在洪都拉斯和哥伦比亚的军事基地争议，以及世界贸易组织的棉花争端，都损害了美国与巴西关系，使得华盛顿对巴西的认知，带上了一层新兴对手而非真正伙伴的色彩。而尽管两国间贸易在过去十年的年均增长接近 10%，但在过去的二十年，巴西与美国之间没有签署任何经济协定——而在此期间，美国与其余 11 个拉美国家都达成了贸易协定；双方也没有在全球或地区经济论坛上交换过意见。围绕"诸如将巴西农产品拒之门外的美国关税与补贴，巴西对服务业与工业制成品的进口壁垒，以及就知识产权的严重纷争等许多高度对抗的问题"，双方观点大相径庭。在这些经济议题以外，"美国与巴西的关系，也受到地缘政治紧张的约束。尤其令巴西苦恼的是，华盛顿不愿支持它去争取联合国安理会的常任理事国席位，尽管两年前奥巴马总统曾支持印度"[41]。

回到伊朗核问题，更重要也愈发有预兆的信息是，巴西和其他南部和东部领跑在前的民主国家——其中包括墨西哥、南非、印度和印度尼西亚——已经做好展示实力昭告世界的准备：它们不会再习惯性地服从美国或欧洲的欲望。"如果我们不能同意,就不会俯身敬陪'共识'形成,"[42] * 巴西外交部长如是说。

在联合国安全理事会上,制裁伊朗的提案所引起的反响,远远超出了支持提案本身与否。两年前,华盛顿还在热烈讨论建立一个支持美国全球领导地位的"民主联盟"的前景。然而,在热带风暴"纳尔吉斯"(Nargis)重创缅甸之后,民主国家之间出现了一道裂痕:发达的北部与西部,支持以人道主义立场进行干预;而南部和东部的民主国家,则集结在中国捍卫国家主权号召的后头。事实上,独立于美欧而在政治上实现自主,已成为金砖国家的共同主题——它们做梦都想当上自主的全球玩家。巴西的大战略包括了南南联盟以及与非传统伙伴(如中国、亚太、非洲、东欧、中东等)达成的协议,以此避免与强国存在不对称的外部关系——特别是对美关系。像许多拉美人一样,巴西对美国在本地区的权力运用,怀有同样的不满。

这种反抗精神,在贸易谈判的多哈回合以及时下进行的气候变化谈判中,表现得十分明显。在这些场合,比起华盛顿的立场,巴西及其他南部和东部的新兴民主国家,更能接受北京的立场。我们可以看到,巴西为提升自身形象而满世界奔走——特别是在非洲,在那里它拥有过去葡萄牙帝国时期结下的历史联系。事实上,非洲现在约占去巴西合作署(Brazilian Cooperation Agency,负责监督海外援助项目)全部支出的 55%。这场魅力攻势回报匪浅:巴西与非洲的贸易往来,已经从 2002 年的 43 亿美元,攀升至 2011 年的 276 亿美元。[43]

---

* 原文是"We will not simply bow down to the evolving consensus if we do not agree."意思颇为微妙:"共识"本在形成中;"不能同意"却仍"俯身敬陪",就相当于随大流、行方便,使"共识"得以形成。——译者注

　　巴西政府与企业跑遍非洲寻找机会，把宝押在莫桑比克、肯尼亚、安哥拉、几内亚和尼日利亚等地方。例如，在莫桑比克，一座巴西工厂在生产抗击艾滋病流行的抗逆转录病毒药物（anti-retroviral drugs）；一家巴西的采矿公司，淡水河谷公司（Vale），已经启动了一项耗资 60 亿美元的煤炭扩大项目。巴西贷给肯尼亚 1.5 亿美元，用以修建道路并缓解其首都内罗毕的交通拥堵。在西非蒸蒸日上的石油国家安哥拉，巴西的欧德布莱克特（Odebrecht）跨国建筑公司，已然是最大的雇主之一。[44] 欧德布莱克特基建公司的非洲、阿联酋和葡萄牙分部（Odebrecht Infraestrutura-África, Emirados Árabes e Portugal），向非洲、中东和葡萄牙提供工程和建筑服务，还将在几内亚-科纳克里承担一些工程项目，它们也正着手为利比亚的安赛乐米塔尔公司（ArcellorMittal）运输铁矿石而重建铁路。[45]

　　同时，巴西政府于 2012 年 7 月与安哥拉签订了一项新的安全协定，拓展了巴西为安哥拉训练军事人员的项目。安哥拉和巴西之间所谓"防务领域的合作协定"，涵盖国防、政体、教学与训导、军事情报、武器装备与系统、维和行动，以及人道主义和"搜救"行动。巴西向安哥拉承诺，训练其军事人员与技术人员，执行并发展其国防科技应用方案与项目，并与之进行联合科研和军事训练活动。

　　当前巴西在非洲的外交、经济和军事发展，早在 20 世纪 70 年代就已奠定基础，当时巴西开始追求脱离美国影响，获得更大的自主权。如今巴西染指非洲的雄心与促使其他崛起国向外扩张的雄心同出一源，比如土耳其控制阿拉伯世界的企图，和印度欲将其文化推遍整个亚洲的野心。巴西向非洲国家提供的一系列援助项目、贷款和安全协议，既表明了巴西希望在发展中国家

发挥更大影响力的目标，也表明巴西对一些经济正在蓬勃发展
的非洲地区拥有日益扩大的商业吸引力。因此，在 2012 年 5
月，巴西一家主要的投资银行巴西百达（BTG Pactual），启动了
价值 10 亿美元的基金，专门用于投资非洲。事实上，巴西与非
洲大陆的新联系正处处开花，包括从埃塞俄比亚首都亚的斯亚
贝巴飞往圣保罗的航线，联结巴西东北部与西非的光纤，以及在
苏丹发展的巴西农业企业。[46]

一个分裂的世界

随着中国、巴西、印度、土耳其和其他新兴国家的全球影响
力持续增大，美国的全球影响力将遭受相应的减少。毕竟，权力
是个相对的概念。如此，我们或许都想要更多的权力，但每个人
要同时变得有权力却是不可能的。就像身处摇滚音乐会现场，
观众们齐齐跳上座椅，谁也不会看得更清楚——如果人人有权
力，那就人人都没有权力。而且与自由主义所期盼的相反，随着
美国霸权的衰落，我们几乎没什么理由指望国际合作去填补美
国权力变化导致的鸿沟。至于一些人盼着所达成的国际合作会
反映美国的利益，则更是无稽之谈。

想想这个例子：2010 年 5 月 16 日公布了一项出人意料的协
议，伊朗同意将低浓缩铀运至土耳其，这使奥巴马政府要批准对
伊朗的国际制裁变得更加复杂。新协议是在包括巴西总统卢
拉和土耳其总统雷杰普·塔伊普·埃尔多安（Recep Tayyip
Erdoğan）在内的三边会议上拟定的。根据这项协议，伊朗将

2 640磅重的低浓缩铀，运至土耳其储存；作为交换，一年之后，伊朗将有资格从法国和俄罗斯获得265磅高纯度物（material enriched）。伊朗外交部的一位发言人说，伊朗将继续自主进行铀浓缩。伊朗堂而皇之地按照新协议搞合作，使俄罗斯和中国不大可能在联合国安理会中支持针对伊朗实施更加强硬的制裁，并将奥巴马总统陷于尴尬境地：这个买卖，与他本人数月前亲力协商的那个买卖几无二致，而他却很可能要拒绝它。

奥巴马政府对伊朗的制裁，非但没有展示出"国际社会"的决心，反而磕上了"金砖四国"（BRIC）的南墙——这恰是因为这一制裁看起来像一个"欧洲-大西洋"式的倡议。针对伊朗的一项新的、更严厉的制裁决议，不仅要碰上中俄预料之中的抵制，还会遭遇土耳其与印度的扭捏——后两国的私营部门，并不乐见切断与德黑兰的商务关系。[47]

国际政治中充满了上面这种以牺牲美国而达成国际合作的故事。例如，埃及首任民选总统穆罕默德·穆尔西（Mohamed Morsi）就任后走出中东进行国事访问的第一站选在了北京，而非华盛顿，这表明，在经过重新调整、力图制衡并影响美国的埃及外交政策战略中，中国占据了中心地位。穆尔西此行，在埃中两国企业之间，实现了估计价值高达49亿美元的投资交易与合资项目。在穆巴拉克专制统治数十年之后，埃及的政治空间大开，释放出了强大的政治与社会力量，而这赋予了公共舆论颇多的权利，使其可以就埃及对外政策相关问题得以发声。[48]考虑到美埃关系的遗产及穆尔西政府所表达出的重塑埃及对外政策的目标，中国占据着大有渔利的位置。

开罗有意发展中埃关系，部分原因是吸引中国投资的经济需要。"我们要丝绸之路重新把中埃两国直接联系起来，"穆尔西说。[49] 然而,更大的目标是将埃及对外政策组合多元化,摆脱唯美国是从的处境,这与自由公正党(the Freedom and Justice Party,FJP)的选举基盘相一致。正如此前在《国家利益》任编辑的尼古拉斯·格沃斯杰夫(Nikolas K. Gvosdev)所观察:"显然,埃及在寻求转圜空间,试图通过增加与中国的联系来平衡对美关系。"[50]

美国政府面对的现实是一个分裂的世界——随着时间的推移,这个世界可能会变得更加分裂。它也面临着这样一个现实:美国强大到几乎能随心所欲地干任何事情,而且怎么乱搞都不至于吃不了兜着走。尽管如此,美国能够对其他国家施加的影响(让它们去做它们本不情愿做的事),大概还比不上它跻身国际政治老大之前。现在人们要对权力加以定位,不能再像过去一样仅仅盯着物质能力了。而且,随着熵时代的发展,权力将愈发扩散;任何人要使用权力,都会变得越来越困难。结果是,21 世纪与过去不同,在今天,"极"所能告诉我们的世界政治几近于无。[51]

注　释

1. 参见 David A. Lake, "Beneath the Commerce of Nations: A Theory of International Economic, Structures," *International Studies Quarterly*, vol.28, no.2(June 1984), pp.143—170;以及 Randall L. Schweller and Xiaoyu Pu, "After Unipolarity: China's Visions of International Order in an Era of U.S. Decline," *International Security*, vol.36, no.1(Summer 2011), pp.41—72 at p.42。关于可资次级国家选择的策略,有一份略有区别、但可作补充的清单,参见 Kristen P. Williams, Steven E. Lobell, and Neal G. Jesse, eds., *Beyond Great Powers and hegemons: Why Secondary States Support, Follow, or Challenge*(Stanford, CA: Stanford University Press, 2012)。

2. 权力转移理论的二元理论(dyadic theory):一个崛起国实力会逼近另一个较它更强但在衰退的国家,并将其取而代之。这一理论最为系统的版本,被称为霸权争夺战的周期理论，或权力压倒理论（power preponderance theory）。别有一种被称为长周期理论的版本。例如，参见 Charles F. Doran and Wes Parsons，"War and the Cycle of Relative Power," *American Political Science Review*，vol.74，no.4（December 1980），pp.946—965；以及 George Modelski，"The Long Cycle of Global Politics and the Nation-State," *Comparative Studies in Security and History*，no.20（April 1978），pp.214—238。这些理论有一个重要的共同点：他们在分析权力和国际政治时，不考虑联盟，于是弄出些很奇怪的历史解释。其中最惹眼的，是这些"长周期"史论对 1945 年以前的俄罗斯的忽略。考虑到俄军曾击败拿破仑法国和纳粹德国，这种疏失颇有些过分。

3. 参见 Robert Gilpin，*War and Change in World Politics*（New York：Cambridge University Press，1981）。

4. 这理论假定：论铤而走险（risk-acceptant），崛起国多为收益；而衰落的霸权国则在规避损失，或兼而有之。

5. 参见 Stewart Patrick，"Irresponsible Stakeholders?：The Difficulty of Integrating Rising Power," *Foreign Affairs*，vol.89，no.6（November/December 2010），pp.44—53 at p.46。

6. IISS，*The Military balance 2012*（London：IISS，2012）.

7. Robert S. Ross，"The Problem with the Pivot：Obama's New Asia Policy Is Unnecessary and Counterproductive," *Foreign Affairs*，vol.91，no.6（November/December 2012），pp.70—82 at p.73.

8. IISS，*The Military Balance 2012*.

9. Carla A. Hills and Dennis C. Blair，chairs，*U.S.-China Relations：An Affirmative Agenda*，*A Responsible Course*（New York：Council on Foreign Relations，2007），p.54.

10. Minxin Pei，"China's Not a Superpower," *The Diplomat. Com*（2010），http://apac2020.the-diplomat.coom/feature/china〈♯213〉s-not-a-superpower/.

11. C. Fred Bergsten，"A Partnership of Equals：How Washington Should Respond to China's Economic Challenge," *Foreign Affairs*，vol.87，no.4（July/August 2008），pp.57—69 at p.58.

12. 经常账户，是贸易账户（出口的商品与服务减去与进口的）、净要素收益（例如利息与分红）和净转移支付（例如对外援助）的总和。尽管北京在 2010 年 6 月宣布了一种更灵活的人民币兑换率，在今年经济增速放缓期间，它默许通货走弱。于是，中国在 2012 年 7 月出口的贸易盈余达 317 亿美元，为三年最高；当年上半年出口额也上攀9.2%，达9 543亿8千万美元。参见"China Bal-ance of Trade，" *Trading Economics*，www.tradingeconomics.com/china/bal-ance-of-trade；Eric Platt，"China's Trade Surplus Surges to ＄31.7 Billion，A Three Year High，" *Business Insider*（July，2012），www.businessinsider.com/china-june-trade-balance-2012-7；Zheng Lifei，"China's Import Growth Misses Estimates for June，" *Bloomberg News*（July 10，2012），www.bloomberg.com/news/2012-07-10/china-s-import-growth-misses-estimates-for-june.html；以及"China's Trade Surplus Up as Imports Weaken，" *Yahoo Finance*（UK & Ireland）（July 10，2012），http://uk.finance.yahoo.com/news/surprise-jump-china-trade-surplus-072009885.html。

13. Bergsten，"A Partnership of Equals."

14. Ibid.，p.58.

15. Yang Jiechi，"A Changing China in a Changing World，"在慕尼黑安全会议上发表的讲话，德国慕尼黑（2010年2月5日）。（译文根据官方发布的讲话全文调整。参见中华人民共和国驻慕尼黑领事馆网站，http://www.fmprc.gov.cn/ce/cgmu/chn/xnyfgk/t656862.htm——译者注）

16. 与中国外交部长杨洁篪的问答记录，慕尼黑安全会议（2010年2月5日），http://np.china-embassy.org/eng/zgwj/t656702.htm。

17. 转引自Aude Genet，"Chinese TV Show Aims to Tell Africa's Real Story，" *Agence France-Presse*（August 13，2012），http://news.yahoo.com/cctv-africas-true-image-chinas-strategic-vehicle-071857892.html。

18. Yu-Shan WU语，转引自上条出处。

19. 转引自上条出处。

20. 对于西方分析人士所称，中国近年施行一种更具进攻性的进取政策，中国人民大学国际关系学院的研究员房乐宪做出回应。他写道："这……毫无根据。中国的进取性，只反映出它对自己在国际共同体中所处位置的自信，其基础是对本国在世界中地位的更理性的认知。对于一个坚持'和平崛起'理念的国家来说，有这种反应，十分正常。这种姿态，不应被归结为傲慢……作为全球最大的发展中国家，中国十分珍视它与其他发展中国家的友谊和密切合作关系，因为他们拥有类似的历史经验，并分享着共同的发展日程。基于平等互惠原则，中国试图确保与发展中国家的合作，并且愿意通过合作确保（各方）的合法权利与利益。这一政策，使中国赢得其他国家的信任与尊重，不应被视为某国要'自封'为发展中国家的领袖。"参见Fang Lexian，"Peaceful Rise Still Way Forward，" *China Daily*（June 7，2010），www.Chinadaily.com.cn/opinion/2010-06/07/content_9940870.htm。

21. Jagannath P. Panda，*China's New "Multilateralism" and the Rise of BRIC：A Realist Interpretation of a "Multipolar" World Order*，Asia Paper（Stockholm：Institute for Security and Development Policy，2011），p.6. 关于中国联合金砖国家背后的工具理性，潘达在文中提供了一种有说服力的现实主义观点。

22. Andrew J. Nathan and Andrew Scobell，"How China Sees America：The Sum of Beijing's Fears，" *Foreign Affairs*，vol.91，no.5（September/October 2012），pp.32—47 at p.33.

23. Ibid.，p.36.

24. Minxin Pei，*China's Trapped Transition：The Limits of Development Autocracy*（Cambridge，MA：Harvard University Press，2006），p.214.

25. Gordon Chang，"The Party's Over：China's Endgame," *World Affairs*（March/April 2010），www. worldaffairsjournal. org/article/partys-over-chinas-endgame.

26. Roger Irvine，"Primacy and Responsibility：China's Perception of Its International Future，" *China Security*，vol.6，no.3（2010），pp.23—42 at p.24.

27. Robert W. Merry，"The Revenge of Kaplan's Maps，" *National Interest*，no.121（September/October 2012），pp.62—72 at p.69. 一些分析家论及中国的"串珍珠"战略。根据克里斯托弗·皮尔逊（Christopher Pehrson），串珍珠描述的是，(1)中国地缘政治影响蒸蒸日上的表现，通过增加对港口和机场等门径的利用，发展特殊外交关系；以及(2)从中国大陆沿海延展开的军力现代化，通过环南中国海地区、马六甲海峡、印度洋，到环阿拉伯海地区和波斯湾。参见 Christopher J. Pehrson，*String of Pearls：Meeting the Challenge of China's Rising Power across the Asian Littoral*（Carlisle，PA：Strategic Studies Institute，U.S. Army War College，2006）。

28. Rahul Sagar，"State of Mind：What Kind of Power Will India Become?" *International Affairs*，vol.85，no.4（July 2009），pp.801—816.

29. "India as a Great Power：Know Your Own Strength，" *Economist*，vol.406，no.8829（March 30-April 5，2013），pp.27—30 at p.28.

30. Sagar，"State of Mind."

31. Li Hongmei，"India's 'Look East' Policy's Means 'Look to Encircle China'?" *People's Daily Online*，(October 27，2010），http://english.people-daily.com.cn/90002/96417/7179404.html.

32. The Editors，"Global Insider：India，South Korea Discover Common Strategic Interests，" *World Politics Review*（June 25，2012），www.worldpoli-

ticsreview. com/trend-lines/12092/global insider-india-south-korea-discover-common-strategic-interest.

33. Richard Weitz, "Global Insights: Russia Faces Challenges in India's Arm Market," *World Politics Review*(August 7, 2012), www.worldpoliticsreview. com/articles/12236/global-insights-russia-faces-challenges-in-indias-arms-market.

34. Juan de Onis, "Brazil's Big Moment: A South American Giant Wakes Up," *Foreign Affairs*, vol.87, no.6(November/December 2008), pp.110—122 at p.110.

35. 参见 Charles Lyons, "The Dam Boom in the Amazon," *New York Times*(July 1, 2012), *Sunday Review*, pp.6—7。

36. Marcelo Ballvé, "Economic Slowdown Could Be End of Smooth Ride for Brazil's Rousseff," *World Policy[politics] Review*(June 13, 2012), www. worldpoliticsreview. com/articles/12051/economic-slowdown-could-be-end-of-smooth-ride-for-brazils-rousseff.

37. Goldman Sachs Global Economics Group, *BRICs and Beyond* (New York: Goldman Sachs Group, 2007).

38. Stephen M. Walt, "Alliances in a Unipolar World," *World Politics*, vol.61, no.1(January 2009), p.104.

39. Matias Spektor, "Brazilian Visions of Global Order," Memorandum for Discussion, U.S. National intelligence Council Meeting, Washington, DC (November 12, 2010), p.2.

40. 卢拉总统说：“导致这场危机的是人，蓝眼睛的白人。危机之前，他们看似对经济无所不知。……再一次，全世界的大部分穷人，还没有在全球化所导致的发展中取得他们应得的份额，但要论倒霉，他们又排在最前。……反正我是一个黑人银行家也不认识，我只能说，这些人是这场全球危机的主要受害者，难道该由他们来为危机买单吗？我不接受。倘若二十国峰会别无所能，只晓得一场接一场地开会，我们将会失掉一切信誉，而危机则会愈演愈烈。”在与英国外交部长马洛克-布朗勋爵（Lord Malloch-Brown）一起出席的联合记者招待会上，巴西总统卢拉的发言，巴西巴西利亚（2009 年 5 月 25 日）。

41. Peter Hakim, "A U.S.-Brazil Respect Deficit," *Los Angeles Times* (April 9, 2012), www.latimes.com/news/opinion/commentary/la-oe-hakim-brazil-policy-20120409,0,6315636.story.

42. 语出巴西外交部长塞尔索·阿莫林（Celso Amorim），转引自 Gus Lubin, "Brazil: Sorry Hillary, But We're Going to Side with Iran," *Business Insider*(March 4, 2010), www.businessinsider.com/brazil-sorry-but-were-going-

to-keep-trading-with-iran-2010-3。

43. Simon Remero，"Brazil Gians Business and Influence as It Offers Aid and Loans in Africa," *New York Times*（August 7，2012），p.A4.

44. Ibid.

45. 参见 www.odebrecht.com/en/businesses-and-interests/international。

46. Romero，"Brazil Gains Business."

47. Nikolas K. Gvosdev，"BRIC Wall," *National Interest*（March 10，2010），http：//nationalinterest.org/article/bric-wall-3402.

48. Chris Zambelis，"Egypt Gains Balance and Leverage in China," *Asia Times Online*（September 26，2012），www. atimes. com/atimes/China/NI26Ado2.html.

49. Nikolas K. Gvosdev，"The Realist Prism：As Egypt Resets U.S. Ties，China Waits in the Wings," *World Politics Review*（September 28，2012），www.worldpoliticsreview.com/articles/12379/the-realit-prism-as-egypt-resets-u-s-ties-china-waits-in-the-wings.

50. Ibid.

51. Randall L. Schweller，"Entropy and the Trajectory of World Politics：Why Polarity Has Become Less Meaningful," *Cambridge Review of International Affairs*，vol.23，no.1（March 2010），pp.145—163.

第五章　权力扩散如何为国家谋优势

——这可不再是曾祖那一代的多极世界

在不久的将来,世界政治将在全球(或宏观)层面上具备几种特点,这些特点使熵的时代大不同于以往。首先,我们将目睹这样一种国际体系的出现:在其中,国家并不具备塑造与引导体系的能力,很难创造与管理一种可持续而合法的国际秩序。它不像大国协调模型所说的那样——新旧大国想方设法,为联合管理多极新体系而营造架构——没有哪一个国家或国家集团能管事儿。

其次,与大国冲突模型的核心预测相反的是,这并不是一个权力转移进程,而是一个权力扩散进程;由于国家之间的增长率各有差别,它作为一种意料之外的结果而自发地发生。这一全球权力出人意料的去集中化十分重要,史无他例。它意味着,在这个体系的核心,即使没有传统的制衡行为(竞逐武备与合纵连横),全球权力的平衡也可以并且也将被恢复。因此,没有绝对的理由像大国冲突模型那样假定:新的多极体系将像过去的多极体系那样,苦于无政府的老问题(不安全、对抗、军备竞赛、民族主义与资源竞争)。与此相反,权力扩散的进程,很可能是和

125

平展开的；因为，正如前章所论，崛起国不会被看作搅局者——即使是最坏的情况，他们推行的修正主义目标也是有限的，而并非毫无顾忌。崛起国很可能是矛盾之国，在全球层面，兼有支持、逃避和搅局等好几种动机。

再次，在很大程度上，世界政治将为以下三种元素所界定：(1)大国之间的安全充裕；(2)领土贬值；以及(3)成熟稳健的自由主义共识。这三种宏观特征结合在一起，对国家利益的取向产生了一种强大的影响：驱动大国行为的更多是实现其绝对收益最大化的愿景，而不是对相对损失的恐惧，或者牺牲彼此利益而获利的诱惑。根据定义，追求绝对收益最大化的行为体，是内顾的（inward looking）——其他行为体或其所接嵌的更大系统的行动，对它基本上起不了什么作用。

这并不是说，相对的损益不再为国家所虑。眼下它们肯定是重要的，将来亦然。然而，它们之所以重要，并不是各国追求自我保全与生存的缘故，而是出于各国力图最大限度地实现其财富、影响力、地位，以及获取诸如食物、水、不可再生矿物和能量等稀缺资源的原因。这些都将是大国争夺与竞逐的理由。多极结构肯定会加剧这些竞争，因为新老大国都会在国际强弱排序中争夺有利位置。相对收益的取向，将尤其明显地出现在愈发频仍的事关分配议题的纷争：何种国际秩序应占上风？谁，以多大代价，获取什么？（这一话题在第八章有详尽讨论）。

新兴多极世界还会由以下特征进一步界定：其全球性和超大规模性；大国对把战争当作治国方略的一种合法工具的期望；以及国际政治的水平性（horizontality）*。接下来，我将就这些

---

* 结合下文，"水平性"所指现象应是：新的全球多极体系中多个地区霸权国并存，以及民族国家与非国家行为体同场竞技，等等。——译者注

独有的特征展开讨论。

头一个真正遍及全球的、规模超大的多极体系

当印度、中国、巴西、欧盟，甚或俄罗斯及日本，与美国一并当上大国俱乐部的会员时，我们便步入了第一个货真价实的世界政治的全球时代。过去包含少数几个大国的国际体系仅是地区性的欧洲体系，算不上全球性的体系。在欧洲体系中，欧洲是核心，其他都被认为是边缘。确实，日本和美国虽然后来也成了"极国家"，但它们是姗姗来迟的小玩家。欧洲才是高手竞逐的场所。

即将来临的这个世界所具有的全球性质，赋予了大国更大的转圜空间，使它们能够各自经略，而不必踩踏别人的脚趾头。对它们来说，划定井河无犯的势力范围要更容易一些。因此，较之过去那种旧式的多极体系，在即将到来的多极体系中，利益碰撞的麻烦在频次和强度上都应该会有所减弱。

未来的大国也会变得更大。就领土与人口而言，印度和中国睥睨法国、普鲁士/德国、英国、意大利和奥地利-匈牙利。只有俄罗斯和美国这两个洲级的侧翼国家，堪与当代印度和中国相比；它们在第二次世界大战之后迅速抛离欧洲对手，晋身超级大国。

即将问世的大国具备一种超大规模的性质，这一性质会使大国的预期行为发生质变。它们不像以往的大国，无须为获取

更多的领土与人口而竞争；也没有什么"帝国诱惑"需要去抵制。相对地，实现它们潜在权力的关键是内部的增长与巩固；而国际环境的安宁静好，对这两种进程来说是最为有利的。

不由传统制衡行为而恢复的全球权力平衡

随着熵的增加，系统内可用能耗散，转变为最可几的分布模式：一种粒子之间处处能量相等的状态。这种自发的去集中化过程，描述了当前从全球单极向多极的转变路径。值得人们留意的并不是国家为恢复全球权力平衡做了什么，而是它们没做什么——通过军备建设与组织联盟以求相对军事实力优势而制衡彼此。熵达到均衡的路径，是由衰弱引起的——这儿的衰弱说的是在系统核心中活力与权力政治的缺失。大国战争几乎不可能发生，更不用说全球权力重新分散所带来的可能后果了。

这里有个要点（即便在众多权力平衡文献中也鲜有论及这点），全球性的权力平衡可以通过两种截然相反的途径出现。它的出现或许是民族国家为求优位激烈竞争而产生的不经意的后果。这种均衡何以达成的动态视图，植根于经典均势理论广为人知的逻辑中。然而，一种全球性的平衡也可能来自这样一个世界——有用能耗尽，权力扩散，只有在达到一种以最大熵为特点的超稳定均衡状态时息止。[1]这一达到均衡的路径明显缺乏活力，意味着即使没有相互竞争的制衡或谋求权力的行为，全球平衡也能产生。

几个大国能够在一个相对和平的体系内共存，这样的事情并不令人感到非常惊讶。例如,大致在 1815 年至 1853 年间,所谓大国协调体系(Concert system)就曾在一个多极阶段中存在过。然而,该体系起自一场持续二十多年的霸权争夺战的余烬,其目的在于赶在雄心勃勃的霸权国(即拿破仑时期的法国)势力漫卷整个体系之前将其挫败。然而,我们眼下的这个体系,怎么看都已被"漫卷"起来了。那么,在其他国家不故意去制衡既有霸权国(目前是美国)的情况下,权力的平衡将如何得到恢复(而不仅是维持下去)? 答案是,各国一心寻求致富,它们之间不平衡的增长率,会在若干国家之间产生一种大致相当的能力;它们之中没有谁特别感觉到受他国威胁,也没有谁激进地以牺牲他国利益为代价而寻求相对收益。换句话说,体系中的主要行为体,大体上是自私自利的:它们因社会与物质方面的稀缺而颇具竞争性,但这一竞争性又不是传统军事意义上的竞争性。

这种将平衡(或均衡)视为出自熵增的观点,与均势理论中权力平衡"自动形成"的版本,有点相似。它们都认为,平衡是自发形成的。区别在于,在传统的均势理论中,全球平衡是追求权力最大化战略的各国共同行动的意外结果;也就是说,它们的目的不是权力平等,而是超越和支配他国。[2]目前这条走向多极的路径,像是"自动"权力平衡的翻版,渴求权力的国家彼此行动不协调。熵时代的大国都是内向型国家,它们试图最大限度地扩大消费,以一种自以为可以富裕国民的方式行动。换句话说,对各国而言,经济福祉和安全已经比传统由军事和领土界定的安全更为重要。罗伯特·吉尔平(Robert Gilpin)无疑是当代最重要、最有影响力的现实主义者。他声称:"自冷战结束以来,经济问题无疑变得更加重要,对美国及其盟友来说,经济问题已经取代了之前对军事安全压倒一切的关切。"[3]

为促进经济增长而设计的国内战略与一些结构因素（诸如技术扩散和"后发优势"等）一起造成了国家间的不平衡增长，如此一来，或将致使权力平衡得以恢复——尽管没有谁刻意促成这一结果。但与权力平衡理论和实践相反的是，全球平衡不是通过阻碍主要行为体实现其目标而达成的，准确来说，它是这些行为体在力争实现其主要意图（国内经济增长）的过程中所产生的副产品。对各个行为体来说，全球均衡既不是它们想要的，也不是它们不想要的；它并不是它们行为背后的根本动机。而它们的行为也与传统制衡战略中的结盟和建军并不一致。在没有制衡的情况下，平衡或均衡就会出现。与这种全球均衡的非制衡公式相一致，《中国日报》最近登载的一篇社论称："当前世界的新兴趋势是，世界权力朝着相对均衡逐步演化。这是步向多极、经济全球化深化发展，以及科学技术迅猛革命的必然结果。"[4]文中既没有提到联盟，也没有提到强军；而是将多极化的出现归因于经济权力和科技权力的扩散。

为何权力平衡的逻辑不能再捕捉当代国际政治的核心动力？是什么发生了变化？有两件大事。第一，领土价值不再像权力政治的黄金时代那么受重视；第二，大国间由来已久的期望，即暴力是解决争端或扩大影响的合法手段，已不复存在。

大国不再寄望以战争解决分歧

熵的时代正在改变权力的性质、人们运用权力的能力、权力为人所用的方式，以及权力的目标本身。成功的关键不是领土，而是知识。可以确定的是，人们在很大程度上仍将借由领土方式来界定自己的身份：民族主义，而不是世界性的普遍主义，将继续主导国际政治。控制资源和通路（例如，对石油运输或军力投送至关重要的海上通道），仍将是战略目标，尤其是大国之间的战略目标。[5]领土争端和区域影响力争端将继续加剧老牌大国和新兴大国之间以及新兴大国彼此之间的竞争。

植根于权力平衡政治的领土关注，最为明显地表现在中国与印度之间：这两个国家，争议边界绵延约 2 000 英里；双方对彼此相对军事能力的变化高度敏感。与权力平衡的世界观相一致，两国皆认为对方在组织联盟以反对另一方。中国视印度与美国、日本、澳大利亚和越南等国抱团；而印度则视中国与巴基斯坦、尼泊尔、缅甸、孟加拉国和斯里兰卡等国紧密合作。然而，中印之间的合作也十分可观，包括正在进行的边界谈判、为维持双方实际控制分界线的稳定而建立的互信措施、定期举行的峰会，以及扩大的两国贸易关系（于未来几年将增至 1 000 亿美元）。两国都是金砖国家俱乐部的成员。[6]2012 年 9 月，新德里对话之后，中国国防部长梁光烈和印度国防部长安东尼（A.K.Antony）公布协定，重启两年前暂停的联合军事演习。上述种种，说的是尽管受到边界、资源和权力政治等严重争端的不良影响，但中印关系却并不符合权力平衡政治的标准描绘。中印关系更为复杂。在两国警觉地盯紧彼此在中亚、东南亚、印度洋、波斯湾和拉丁美洲的动向时，它们仍继续盼望合作，并积极寻求合作方式。要说这是权力平衡，那也得是最新潮的 21 世纪的权力平衡。

关键是，领土依旧重要，因此新兴世界不会与旧世界全然不同。但是，对于战略和政治的形成而言，与国家权力以原材料和土地为前提的时代相比，植根于地缘政治的地理和政策因素已经越来越不重要。这种剧变，很大程度上可以解释为何 1945 年之后没有发生过大国战争；人们有充分的理由相信，这个打破 1871 年至 1914 年旧纪录的大国长期和平的纪录，还将保持下去。[7]

我们不再生活在一个由重商主义时代逻辑所支配的世界了——在那个时代，通过军事征服来控制领土，实现自给自足（或对商品的垄断），是通往财富和权力的最可靠路径。如今，领土与财富之间的传统联系在很大程度上已被打破。当前这个高科技、即时通信和核武器的时代，已经大大提高了和平的红利与战争的代价。今天最重要的不是一个国家直接控制资源的能力，而是其在国际自由市场中购买资源的能力。

因此，现代国家的权力基础，已经从传统的军事力量，转向强调经济生产以及在生财理念与商业创新上推陈出新的能力。在这点上毫无疑问，创新和经济增长，仍是军事力量的关键构成。我不否认，但要指出：军事权力已不再是经济增长和财富创造的重要基石；这深刻地改变了国际政治的性质，以及这场游戏的玩法。

考虑到核革命以及全球化和"知识经济"的兴起这些新的现实，领土已不再是权力资产的硬通货。多占一些，不再会使国家变得更安全，或者更强大。事实上，攫取土地，无论是赤裸裸地要，还是遮遮掩掩地要，到头来必定会使一国变得更不安全。这是怎么一回事呢？在大国之间，领土扩张怎么就过时了呢？乍看去，这种想法似乎是愚蠢的理想主义者幼稚的胡言乱语。正如任何现实主义者都会指出的那样，只要国家还在一个无政府世界里运转，只要纷争继续存在，彼此开战就仍然很可能变成现实,权力斗争也将延续。在无政府状态下,在一个危险而不可预测的世界里寻求安全,足以让国家有充分的理由多谋多占领土。用约翰·米尔斯海默(John Mearsheimer)的话说:"无政府状态,以及对他国意图的不确定,引起了各国无从削减的恐惧,从而导致权力最大化的行为……是国际体系的结构,而不是个别国家的特殊性质,导致这些国家进攻性地思考、进攻性地行动,谋求霸权。"[8]当攻占领土大大易于抵御攻击时,以安全为理由发动进攻的动机就会尤其高涨。当进攻性军事行动相对于防御性军事行动具有巨大优势时,"通往安全的唯一道路就是扩张。那时,即使是倾向于维持现状的国家,也得如侵略者般行动;它们乐于以放弃扩张机会来换取安全保障这个事实,对它们的行动毫无影响"[9]。

　　这就是著名的安全困境的逻辑——这个著名理论的基础,在于观察到"一国试图增加本国安全的手段,会减少其他国家的安全"[10]。问题是国家永远不可能只做一件事:它们无可救药地纠结互联在一起。于是,只要某国试图使自己变得更安全(过程中也不危及他国),它便会让他国变得更不安全,即便这不是它的本意。此外,因为大多数武器既可用于进攻性目的,也可用于防御性目的,纯粹寻求安全的国家想要将它们自己与侵略者区别开,并不容易。这里的问题在于透明度与类型的识别:某国究竟是在自求安全,还是个贪婪的侵略者? 如果进攻性武器与防御性武器难以区别,自求安全的国家便不能通过其所使用的武备来澄清意图。平和的求安全国与危险的侵略者无从区别,缺乏安全的国家,必须假定人人都是侵略者。而当进攻对防御享有巨大优势时,先发制人的动机便占主导:突然袭击造成的后果太可怕,即便是追求安全的国家,也必须像侵略者一样行动,搞先发制人。逻辑很简单：不做刀俎，就做鱼肉。

在安全困境的作用下，国际政治就会被视为一种以下意义上的悲剧：各国可能希望（或至少愿意接受）彼此都安全，但是它们自己的行为，却使这一目标更难实现。随着相互猜疑的滋长，战争变得更有可能发生，即使是在那些只寻求安全而不寻求其他的国家之间，也是如此。[11]

在理论上，安全困境背后的原理是正确的。然而，在实践中，它们回避了这样一个问题：一个纯粹的防御性国家，通过攻击邻国或将其对手从主权国家之林除名，进而真正获得安全——这种事情，最近一次发生在何时？上一回由安全困境引发战争是什么时候？1945 年之后的实例，我反正一个也想不出来。我疑心，时至今日，强国之间的信息质量太高，以至于它们无法误判彼此意图并因而与对方莽撞开战。此外，民主制度的扩散，已经让进攻性的军事学说变得越来越难推销；公众很少会对不计后果的外交政策表示赞同，他们深知自己将是流血和付出代价的人。

撇开安全作为攫取领土的动机不谈，机会主义扩张是强权政治的核心原则。就像自然界憎恶真空一样，出于一种不可抗拒的诱惑，大国希望利用相对于竞争对手的机会获利，它们迅速采取行动，以自身的实力和影响力填补权力真空。直到最近，世界上总是有一些贪婪的国家出于安全以外的原因扩张。因此，倘使未来与过去有任何相似之处，我们肯定还会见识国家间爆发侵略战争；当然，领土扩张也必定一如既往地是国家积攒权力的一种理性策略。

世界还按照这些条条框框来运作吗？第二次世界大战之后，一国通过征服邻国而获取权力与声望的实例，我还是一个也想不出来。倘若领土扩张仍是今日强国的真正目标，那么为什么自冷战结束以来，国家间战争（特别是重大战争）成为如此罕见的现象呢？[12] 为什么自 1945 年以来贪婪扩张的实例如此之少？而且几乎没有一例是成功的？事实上，如果界定贪婪国家的标准，是其"安全以外的扩张动机，包括在不需要借以保障国家安全的前提下，谋求财富、领土、声望的增加，以及散播政治意识形态或宗教"[13]，那么，要在今日世界找出这种国家来，着实叫人头疼；更不用说那种"纯粹贪婪之国"（一个动机完全不涉及安全的国家）了。政治科学家彼得·利伯曼（Peter Liberman）也许是对的，他认为如果占领者足够残酷无情，便能从领土中榨取收益——在工业国家尤为如此，甚至在现代世界也是这样。[14] 但就算征服仍然有好处，当代国家的领导人们似乎并不知道或相信这一点。[15]

在此前人们所称的第三世界中几乎见不到贪婪国家，这点尤其耐人寻味——在这一"世界"的各个地区，邻国之间都存在着显著的权力不平等。根据权力平衡的现实主义理论，能力失衡的危险，就在于它们鼓励机会主义扩张。然而，正如杰弗里·赫布斯特（Jeffrey Herbst）的观察，很少有第三世界的国家彼此开战，它们甚至都很少直面重大的外部威胁："即使在非洲，考虑到殖民时期强行划定的边界和脆弱的政治当局，它似乎注定是要沦为一片战争的大陆，然而，自 20 世纪 50 年代末的独立时期开始之后，国家之间非自愿的边界变更却连一起都没有发生；而且很少有国家面临与邻国爆发冲突的可能性。与在欧洲发生的冲突不一样，大多数发生在非洲的冲突，不是那种危及他国存续的征服战争，而是围绕较小议题的、不必危及他国存续即可解决的冲突。"[16] 同样地，霍尔斯蒂（K.J.Holsti）评论道："在第三世界，很少有国家寻求大陆霸权，但这却是哈布斯堡王朝、路易十四、拿破仑、威廉德国、希特勒和苏联，或者还可以包括美国在内的欧洲式外交的共通点。"[17]

诚然，从印巴在克什米尔问题上的冲突，到中日越在中国东海和南海有争议岛屿问题上的紧张关系，如今占据头条的新闻标题表明，许多国家仍然关心领土问题。然而，这些问题与过去试图控制世界或世界很大一部分的努力相去甚远。

现代领导人似乎明白，在 21 世纪，国家要在国际权力与声望的阶梯上进身，靠的是创造增长活力的知识经济；他们也知道，当前与未来的国家间竞争，将取决于技术创新、与全球网络的联通性、对复杂技术革新进程的操控力，以及谁更能提供环境促进实现灵活而及时的创新。

这些是美国人在考虑如何防止本国全球地位加速下滑时所关注（或应该关注）的问题。目前，他们的担忧与传统意义上的安全没有多大关系——传统意义上的安全是指其他国家是否会攻击美国或其盟友。[18]他们明白美国在世界上的地位，很大程度上取决于本国经济是否健康——一个背负着巨额公共债务的经济体，其债务预计将在未来十年翻倍，从 2008 年的 5.8 万亿美元，增至 2019 年的 14.3 万亿美元。他们目睹了美国所占的世界生产份额，自 2000 年以来下跌了 32%。[19]在 2013 年 6 月，美国失业率仍在 8%左右。抵押品赎回权（foreclosure）的丧失，已经导致数以百万计的美国人无家可归；而实际收入的下跌速度之快，幅度之大，是自大萧条以来的任何时候都没有过的。

美国人担心自己在世界上的影响力会下降，担心本国的命运会落到别人手里。他们担心中国与其他新兴国家会抢走美国公司的市场份额；担心经常账户赤字高企危如累卵；担心全球化和外包生产影响美国人的平均生活水平；担心他们子孙后代的福祉与教育；担心恐怖主义、网络犯罪和网络攻击、传染病扩散、新型流疫突发、核扩散、气候变化、能源、医疗、储蓄、养老金和生物安全。除了这些潜在的麻烦之外，美元的贬值可以说是对美国未来实力构成最严重威胁的因素。如果美元将其作为世界唯一储备货币的地位让给人民币、黄金、特别提款权（SDR）、班科（bancor）*或其他货币，那么不仅美元价值会大幅贬值，美国信贷市场也将随之崩溃，大宗商品价格和利率将飙升，而美联储（Federal reserve）的资产负债表也将出现爆炸式的增长。[20]

正是这些议题与安全威胁决定着 21 世纪美国与世界的命运，美国是继续遥遥领先、主导世界，还是收缩回去——或者更糟糕地，就这样垮掉。只有疯人才会继续相信，通往安全与伟大的道路，仍是帝国主义与领土征服。

在下这是在鼓吹达沃斯式自由主义世界的到来，宣布"现实主义已死"吗？[21] 非也。作为一名政治现实主义者，我坚信，国际政治在根本上仍是对他者及环境拥有权力与影响力的竞争。国家试图最大限度地实现其财富、影响、安全、声望、政治自主以及选择自由，一如既往。但是，世界已经在许多重要方面发生了变化。因此，为了更好地适应 21 世纪的现实，现实主义必须从其工业时代、地缘政治，以及只看重军事实力与领土而忽略世上其他要事的考虑之中跳出来。现实主义必须更多地变成一种有关消费最大化和影响最大化的理论，塑造他人的偏好以取得自己想要的结果，而不是有关军事能力的、把安全窄化为领土免遭攻击的理论。

---

　　* 凯恩斯发明的国际货币单位。——译者注

领土贬值和将军事攻击作为一种获取权力和安全的手段的无益性,对即将到来的多极体系有着深远影响。这意味着,我们不应期待大国之间会出现深刻而激烈的安全困境——这些困境有可能会导致战争;因此,我们不应期望新型多极的运作会像旧式多极一样。在传统的多极环境下,大国建设军备,是因为它们认为兵戎相见不仅是可能的,而且是极有可能发生的。同样地,即便它们结成同盟,也会相互攻击。权力平衡是国际关系最古老也最广为接受的理论,它建立在这样一种假设之上:战争是治国方略的一种正当工具,国家将通过战争来解决它们之间的分歧,并在机会适当时发动侵略战争,牺牲他国,扩张自己。纵观历史,这些期望深刻地影响了国家的行为以及整个国际体系的运作。

长期和平从根本上改变了大国的这些行为和预期。大国不再抱着通过战争解决分歧的期望而建立军备和结盟。强大的国家为了利益而轻而易举地接管一个国家,已不再是一种可以接受的做法。谁要是无视这些全球规范,便会遭到整个国际社会的愤怒,一如萨达姆·侯赛因(Saddam Hussein)当年被发现入侵科威特时所遭遇的那样。

因为国家间战争打不起来,对于国际关系的运作之道,权力平衡理论给我们的启示,已不如当年。与权力平衡理论的预言相反,当今的大国似乎决心做两件事:一是致富,二是避免灾难性的军事竞赛。由于这些原因,即将到来的这个国家与非国家行为体俱强俱多的世界,与令曾祖和令高祖时候的多极体系,会大不相同。

地区霸权国的共存

如前所论,大国冲突模型从等级的角度来看待世界,也就是关注声望与权力。国家会不停地问:"在国际强弱排序中,我处在什么位置? 怎样才能力争上游?"这些纵向的关注始终居于中心,最终会在崛起的挑战者和衰落的领导者之间引发一场波及整个体系的战争。崛起国坚持索要更多的声望,而衰落的霸权国则以抵制其要求相回应。毕竟,挑战者的声望越高,意味着霸权国的声望越低。

上述逻辑看似足够直白,直到人们意识到,这一理论将声望不多不少地界定为霸权。可以肯定的是,霸权的概念,意味着一国强大到足以支配所有其他国家。没有任何一个国家拥有足够的军事本钱,对之发起像样的挑战。霸权国控制着体系,在大国冲突模型中,体系被解释为整个世界。

然而,体系这个概念,可以更狭义地用于描述某个具体的地区,如欧洲、东北亚、近东,或西半球。换句话说,人们可以区分支配世界的全球霸权国,和支配不同地理领域的地区霸权国。这样定义霸权是有道理的,因为任何国家都不可能实现真正的全球霸权。支配整个世界的主要障碍在于:很难将力量投送到世界大洋彼岸的敌对大国领土之上。在实践中,一个大国所能期望的最多是地区霸权,顶多再对临近的通过陆地就可进入的区域施以控制。主导西半球的美国是近代史上唯一的地区霸权国;它并未控制世界其他地区,尽管它比历史上任何一个国家都取得了更大的世界主导地位。曾有其他国家，为追求地区霸权而进行过重大战争——东北亚的日本帝国主义；欧洲的拿破仑统治下的法国、威廉德国，以及纳粹德国——但无一成功。

地区意义上的霸权概念很重要；因为，它允许史上第一个"全球多极"体系中的各个极点控制自己的后院。每家都享有声望。中国的势力范围将是东北亚；巴西将主宰拉丁美洲；德国或欧盟将决定欧洲的命运；而美国将继续控制北美洲，并在全球无大国认领的地区投射自己的力量。

某一大国不必牺牲其他大国来获得声望，这样的世界，现在变得可以想象了。这在以前的多极体系中是不可能的。当所有大国都是欧洲国家时，权力与声望的主要焦点是欧洲本身；它构成了国际体系的所谓核心。世界其余部分被认为是"边缘"，如此对部分的控制只能增加而不能完全满足核心玩家的声望需求；大不列颠除外——相比于欧洲大陆的核心，英国的海上优势及其孤立的岛国地理位置，使它可以扮演离岸平衡手（off-shore balancer）和国王拥立者（kingmaker）的角色。由于所有大国都在争夺对同一区域的控制权，一个国家声望的提高只能意味着其他国家相应的损失。难怪人们会把声望与惨烈的零和竞争以及霸权争夺战联系在一起。但那已成过去。那一体系的特殊性质和动态，随地理的变化而变化，同样（甚至更多地）随军事和经济能力的多极分布变化而变化。没有令人信服的理由教人们相信，未来的多极会有类似的表现。

注 释

1. 就其中某些方面（而非整体）而言，这种情况与正统的自由主义世界相似：在那样一个世界里，国际政治和一切政治一样，是个正和游戏（positive-sum

gamc)，却仍然因为社会稀缺与物质稀缺而颇具竞争性。根据定义，均衡的概念是一种帕累托最优条件（Pareto optimal condition），即任何玩家都没有利益去做任何改变。参见 Alex Callinicos, "Does Capitalism Need the State System?" *Cambridge Review of International Affairs*, vol.20, no.4（December 2007）, pp.533—549 at p.546。

2. 有关权力的自动平衡，参见 Inis L. Claude Jr., *Power and International Relations*（New York：Random House, 1962）。

3. Robert Gilpin, *Global Political Economy：Understanding the International Economic Order*（Princeton, NJ：Princeton University Press, 2001）, p.22.

4. "FM：'No Power Shift Eastward'," *China Daily*（August 2, 2010）, www.chinadaily.com.cn/opinion/2010-08/02/content_11078582.htm.

5. 参见 Jakub J. Grygiel, *Great Powers and Geopolitical Change*（Baltimore：John Hopkins University Press, 2006）. Chap.7。

6. Catherine Cheney, "India, China Dial Back Tensions, but Problems Remain," *World Politics Review*（September 5, 2012）, www.worldpoliticsreview.com/trend-lines/12306/india-china-dial-back-tensions-but-problems-remain.

7. 例如，参见 John Mueller, "War Has Almost Ceased to Exist：An Assessment," *Political Science Quarterly*, vol. 124, no. 2（Summer 2009）, pp.297—321；Raimo Vayrynen, ed., *The Waning of Major Wars：Theories and Debates*（New York：Routledge, 2005）；Chirstopher Fettweis, *Dangerous Times? The International Politics of Great Power Peace*（Washington, DC：Georgetown University Press, 2010 ）；J. Joseph Hewitt, Jonathan Wilkenfeld, and Ted R. Gurr, *Peace and Conflict 2012*（Boulder, CO：Paradigm Publisher 2009）；World Bank, *World Development Report 2011：Conflict, Security, and Development*（Washington, DC：World Bank, 2011）；Steven Pinker, *The Better Angels of Our Nature：Why Violence Has Declined*（New York：Viking, 2011）；以及 Joshua Goldstein, *Winning the War on War：The Decline of Armed Conflict Worldwide*（New York：Dutton, 2011）。

8. John J. Mearsheimer, *The Tragedy of Great Power Politics*（New York：W. W. Norton, 2001）, pp.43, 53.

9. Robert Jervis, "Cooperation under the Security Dilemma," *World Politics*, vol.30, no.2（January 1978）, p.187.

10. Ibid., p.167.

11. Ibid., p.187. 亦参见 Robert Jervis, "Was the Cold War a Security

Dilemma?" *Journal of Cold War Studies*, vol. 3, no. 1 (Winter 2001), pp.36—60。

12. 参见 John Mueller, *The Remnants of War*(Ithaca, NY: Cornell University Press, 2004), 以及 "Why Isn't There More Violence?" *Security Studies*, vol.13, no.3(spring 2004), pp.191—203。

13. Charles L. Glaser, *Rational Theory of International Politics: The Logic of Competition and Cooperation*(Princeton, NJ: Princeton University Press, 2010), p.36.

14. Peter Liberman, *Does Conquest Pay? The Exploitation of Occupied Industrial Societies*(Princeton, NJ: Princeton University Press, 1996).

15. 从"国内政治"解释 1945 年以来"侵略不足"(under-aggression)与"扩张不足"(under-expansion)的现象,参见 Randall L. Schweller, "Neoclassical Realism and State Mobilization: Expansionist Ideology in the Age of Mass Politics," in Steven E. Lobell, Norrin M. Ripsman, and Jeffrey W. Taliaferro, eds., *Neoclassical Realism, the State, and Foreign Policy*(Cambridge: Cambridge University Press, 2009), chap.8。

16. Jeffrey Herbst, "War and the State in Africa," *International Security*, vol.14, no.4(Spring 1990), p.123.

17. K.J.Holsti, "International Relations Theory and Domestic War in the Third World: The Limits of Relevance," in Stephanie G. Neuman, ed., *International Relations Theory and the Third World*(New York: St. Martin's Press, 1998), p.106.

18. 然而,他们的确害怕恐怖袭击,且他们的恐惧多是莫须有而过度的。关于这一现象的最近的完整讨论,参见 John Mueller and Mark Stewart, *Terrorism, Security, and Money: Balancing the Risks, Benefits, and Costs of Homeland Security*(New York: Oxford University Press, 2011)。

19. 参见 Robert Pape, "Empire Falls," *National Interest*, No. 99 (January/February 2009), pp.21—34。相反观点,参见 Stephen G. Brooks and William C. Wohlforth, *World Out of Balance*(Princeton, NJ: Princeton University Press, 2008),以及较之更温和的反对观点,参见 Fareed Zakara, *The Post-American World*(New York: W. W. Norton, 2008)。

20. 关于美元未来地位的多种观点,参见 Barry Eichengreen, *Exorbitant Privilege: the Decline of the Dollar and the Future of the International Monetary System*(New York: Oxford University Press, 201),以及"The Dollar Dilemma: The World's Top Currency Faces Competition," *Foreign Affairs*,

vol.88，no.5（September/October 2009）, pp.63—09; C. Fred Bersten, "The Dollar and Deficits: How Washington Can Prevent the Next Crisis," *Foreign Affairs*, vol.88，no.6（November/December 2009）, pp.20—38; and Roger C. Altman and Richard N. Haas, "American Profligacy and American Power: The Consequences of Fiscal Irresponsibility," *Foreign Affairs*, vol.89，no.6 （November/December 2010）, pp.25—35。

　　21. 塞缪尔·亨廷顿（Samuel P. Huntington）首创"达沃斯文化"这一短语，用以指称西方精英在瑞士的年度集会。构成"达沃斯文化"的是一群受教育程度甚高的人，执国际金融、媒体与外交为业，分享对个体主义、市场经济学和民主的共同信念。参见 Huntington, *The Clash of Civilizations and the Remaking of World Order*（New York: Touchstone，1996）, chap.3。

第六章　宏观层面的熵增

——炼狱中的世界并不平

假使前面对于熵时代的描述是完整的,那么我们没有理由为未来焦虑。一个永久和平的世界——在这一世界中,数十亿公民加入大国俱乐部,人人皆享特权——听起来是一片生活的乐土。然而,对这点的讨论仅仅集中于对我们熵性未来的乐观定性。越来越多的熵增,将使得这个世界变成一个不太理想的居住地。熵时代所承诺的并不是大国冲突场景所预言的霸权战争的地狱世界,也不是另一种大国协调方案所承诺的天国世界,而是一种类似于永久炼狱状态的黯淡前景。它将是一个陈腐与混乱的世界,一个反常与异化的世界,一个没有安定装置的不稳定的世界,一个没有定序者却硬要移交秩序的世界。现在让我们来考虑一下全球熵的这些方面吧。

混乱的联盟模式与地理上的失序

在熵时代,国际政治将会变得越来越不稳定和不可预知。

144

这一动荡将会在地缘政治领域—— 即政治与领土之间的关系——中表现得极为明显。[1]首先，我想说的是，我并没有认为领土在现代世界中已不再重要，我也不是在推行"无国界世界"论，或是认为全球化就意味着去领土化。欧盟的申根区由26个国家组成，它们同意取消彼此之间的边境管制，但这并不代表全球范围内政治组织的未来。

地理仍然是国家利益和世界大事的重要驱动力。的确，俄罗斯对安全的执迷——它对领土控制的孜孜不倦——源于其边界所固有的暴露性，从欧洲延伸到远东的是绵延不绝的大草原，几乎没有山脉或主要的森林阻碍敌人的攻击。[2]同样，英国和美国先后成长为全球霸权，很大程度上是由于它们偶然的地理位置，作为岛国，它们被广大的水域所包围，这不仅为它们提供了理想主义美衣所给予的一定程度的保护，而且提供了直接进入世界其他地区贸易的通道。相比之下，中国则被强国（俄罗斯、日本、印度和美国）包围，让人很难相信它会上升到世界霸权的水平。因此，在地理意义上，世界当然不是"平的"。资源短缺、历史记忆、文化与民族分裂，以及地缘政治竞争将继续塑造国际与国内政治，造成冲突，限制合作。只有最乐观的观察者才会提出不同的看法。

与流行的"全球胡话"（globaloney）相反，世界在全球连接的深度和广度方面也远远没有达到"扁平"与"无国界"。2011年底，敦豪快递（DHL）发布了其首份"全球联接指数"（Global Connectedness Index），根据各个国家参与十种普遍有益的国际流通的情况衡量连接性，这十种国际流通包括：商品贸易、服务贸易、外国直接投资、证券投资、国际电话、国际互联网流量（如宽带统计数据所示）、印刷出版物的国际贸易、国际旅游、国际教育，以及国际移民。至于全球连接的深度方面——一个国家的国际流通相比于其国内经济规模的相关衡量尺度——这一衡量范围在 2%—30% 之间，而大多数则显著低于 20%。在全球层面连接的广度方面，60% 的贸易发生于各大洲内部——在更狭义的地区内这一数字为 56%（按照世界银行的分类体系）；外国直接投资大体上和贸易一样是被地区化了的；而将近一半的电话和移民流动发生于各大陆地区内部。这强调了一点，即使是那些相对而言已经达到全球连接最高水平的国家，也还有空间增加他们连接的绝对水平。这份报告认为，连接在全球层面的数据"清楚地表明我们生活在一个半全球化的世界，在这一世界中，连接水平只是一小部分，这一小部分的'扁平世界'直觉会让人充满期待，但大到说是一种完全的地方或国家的世界观也不符合现实"[3]。

有了这些明确的说明，我想说的是，与过去相比，如今地理的重要性已有所降低。和俄罗斯一样，德国也面临东西两面，同样没有地理特征保护自己。尽管在过去，这一国土的暴露性导致了德国军国主义和扩张主义的病态，但今天的德国人中却几乎没有人担心自己会受到攻击或入侵。在地理位置一直未变的情况下，德国人的恐惧是如何消失的？即使是俄罗斯，这个比德国还要关心自己领土环境的国家，也在冷战结束时自愿放弃了两层帝国，并允许统一的德国成为北大西洋公约组织成员国。倘若地理仍然是国家利益和全球大事的一个极为重要的原因，那么俄罗斯还会考虑这些让步吗？倘若红军没有核武器，抑或俄罗斯领导人还像第二次世界大战前那样珍视领土，有人相信这一切会发生吗？当然，尽管地理仍然重要，但它不再像过去几个世纪所表现的那样会决定国家的命运或它们的恐惧与欲望。

地理并非不可避免。

我还想指出，稳定的地理集团已经失去了重要性；它们是传统均势政治——少数几个大国通过势力范围的安排来管理彼此之间和世界的关系——的产物。今天，没有东西之别；没有南北分裂——并不是因为中国和印度的崛起。这些过时的冷战集团已被更加没有组织的全球分格所取代：老牌的七国集团（G7）对新兴的金砖国家（BRICS）；民主资本主义对威权资本主义；西北民主主义国家对东南民主主义国家；以及最令人担忧的，一个稳定和平区域对一个从加勒比海盆地贯穿非洲、中东、中亚和东南亚大部分地区的不稳定的弧形——这些地区激进的伊斯兰势力、恐怖主义和失败国家的威胁日益突出。

政治的核心是敌友的选择。国际政治本质上是联盟与站队的交易。因此，如果熵值上升，国际体系变得更加失序与混乱，那么我们应该会看到它表现为越来越不稳定和不可预测的联盟模式。行为体——不论是国家还是其他行为体——在某些议题和在特定区域内站成一队的，可能会在其他议题及其他区域内站在相反的一边。这些分组也会随着冲突的不同而变化。与熵相关的跨国家和次国家忠诚的增加也将导致原本可清晰划分敌友的地理模式走向崩溃。

而且，事实上我们确实看到了不稳定和不合常规的联盟模式。因此，美国国家情报委员会（National Intelligence Council）得出结论：“自从1949年西方联盟体系形成后，国际结盟的形态与性质从未像过去十年所表现出的那样，处于如此不稳定的状态。”4

熵也会以“朴素的旧民族主义”为代价，引发对跨国家和次国家忠诚的上升——这将模糊原先区分敌友的清晰的地理界线。从军事角度来看，这种地理失序的结果是，有选择地瞄准个体将会比火力大小更重要。当然，这种变化的一个例子是奥巴马总统的无人机计划——这是美国最公开的官方秘密——以及他将其扩大为"有针对性的杀戮"政策。该政策由中央情报局实施，在没有指控或审讯的情况下，就已经部署无人机杀死了数百名恐怖嫌疑分子。到目前为止，奥巴马政府都还没有披露其在无人机袭击中有针对性地杀害或伤害无辜平民的法律标准和程序。[5]当然，诺曼底登陆的盟军士兵在射杀德国人之前也没有对他们读过"米兰达权利"（Miranda rights）。我们为何要期待反恐战争的斗争方式会有所不同？此间原因与这两种战争的地理以及主要目标紧密相关。

常规战争发生于"已知"战场；而非常规战争或"非对称"战争（即游击战、恐怖主义战争、叛乱或网络战）则不然。在非对称战争中，由来已久的空间战场概念（即国家经营的军队运用重型武器在远离人口密集区的地方与敌方军队发生冲突），已被在城市或人口密集环境中，带有一种公共、宗教或种族性质的分散的战斗人员所取代。这种战场的非空间性，以及这些战斗人员（通常是轻装上阵的游击队）受到广泛的民众支持，或至少当地人口的被动默许，使识别战斗人员并将其与非战斗人员区别开来的任务变得极为复杂。

此外，常规战争的目标是国家军队，而非常规战争的目标是群体和个人。在最先进的工业化国家的安全实践中，无人机作战是将最大威胁来源的焦点从民族-国家转向个人的象征。正如彼得·安德烈亚斯（Peter Andreas）和理查德·普赖斯（Richard Price）所说的："先进的外向型强制机构的主要作用已经从作战功能转变为打击犯罪功能。"[6]因此，自2002年到2013

年,美国无人机或无人飞行器(UAV)在也门和巴基斯坦实施了
大约425起袭击,导致4 000多人丧生。利用无人机进行有目标
的杀伐,以及更为普遍的部署外部军事设备进行军事行动,这些
不同于国家对国家战争(包括各种国际警务行动)的军事行动之
所以能够成为可能,有赖于一种收集和分析全球个人信息的大
型监控机构。难怪美国中央情报局和美国军方的远程控制杀人
已经成为反恐战争的定义。据《纽约时报》报道:"尽管没有任何
官方机构会公开承认这一点,但底线是明确的,对发生袭击的美
国及其他国家而言,杀掉袭击嫌疑人比抓捕他们更方便。"[7]

然而,当用思想而不是领土来定义敌人时,避免过度的附
带伤害(collateral damage)和执意战赢就变得极其困难(正如
大约4 000人丧生于425起美国无人机空袭所显示的10∶1
的比例那样)。"附带伤害"这一词语起初是作为越南战争期
间杀死非战斗人员的委婉说法。其道德辩护依赖于双重后果
学说(doctrine of double effect,DDE)——这一学说由托马
斯·阿奎那(Thomas Aquinas)提出,一直用来说明代理人或许
会被获准带来有害影响——前提是他们只预见到这是促进良好
结局的副作用(因此是双重后果)。在伊拉克平民死亡人数估计
超过60万人的情况下,双重后果学说已经成为美国作战的一个
重要辩护工具。

然而,世界上很多国家都将附带伤害看成只不过是谋杀的
一种修辞手法而已,在这方面它与恐怖主义没有什么不同。为
了避免有人认为这一观点纯粹是出于反美主义,这里有必要指
出,俄克拉荷马城(Oklahoma City)的炸弹袭击者蒂莫西·麦克
维(Timothy McVeigh)在接受一次采访时,将其168名受害人
中丧生的19名儿童形容为"附带伤害",这激怒了美国公众。这

被认为是骇人听闻的评论，也让他在美国社会中更受鄙视。对任何打击恐怖主义的国家来说，附带伤害都是一个棘手的政治问题，无论是以色列在加沙对（黎巴嫩）真主党的报复，俄罗斯在格鲁吉亚对车臣的军事打击，还是美国在伊拉克和阿富汗的行动。更大的目标选择性，充其量只能解决部分问题。

在传统军事强国发现自己正逆着熵的潮流而行时，恐怖分子却正在乘风破浪。2001年9月11日，一小群人造成了3 000人的死亡，摧毁了四架昂贵的飞机、纽约市一大片的黄金地段，以及五角大楼的部分神经中枢。然而，涟漪效应（ripple effects）使这一成本增加到了数万亿美元。同样，在当年10月，很有可能是由同一个人寄出的几封包含炭疽的34美分信件，杀死了几个人，"污染了很大一部分邮政系统，让邮件投递在很长一段时间内瘫痪，引发了预防辐射设备的巨大支出计划，关闭国会数周，让成千上万的人接受为期六十天的强抗生素（在未来紧急情况下，这类抗生素的疗效可能会被减弱）休养，而且因为假警报，警察和公共卫生检察员都超负荷地工作"[8]。

2008年，美国国防部的机密军事计算机网络遭到了大规模的破坏，原因是一家外国情报机构将一个受感染的闪存驱动器插入了美国中东某基地的军用笔记本电脑上。这个流氓程序建立了一个相当于数字滩头阵地的地方抢滩，悄无声息地把作战计划、武器设计图和监视数据传送给一个未知的敌人手中（不像导弹，网络攻击没有返程地址）。自2008年以来，美国的对手已经从美国及其盟友、产业伙伴的网络中获取了成千上万份文件。每年，从美国企业、大学和政府机构维护的网络上窃取的知识产权数量远远超过国会图书馆中所包含的所有知识产权。[9]

当然，美国不仅仅是网络攻击和网络间谍活动的受害者。

在已经制造出来的三种最危险的网络武器中，有两种被普遍认为是美国‒以色列联合项目的产品。第一种是名为"震网"（Stuxnet）的超级工厂病毒，被设计用来攻击专门的工业设备软件。2010 年，"震网"被用来摧毁伊朗核设施中的离心机。第二种是"毒区"（Duqu）蠕虫病毒，它通过 Windows 操作软件中一个已知的安全漏洞感染机器，从而执行侦察任务。第三种，也是目前所制造出的最大、最复杂的网络武器，人们叫它"火焰"（Flame），并认为它和"震网"及"毒区"不是出自同一人之手。2012 年，本部设在莫斯科的安全研究公司卡巴斯基实验室（Kaspersky Labs）发现了"火焰"，当时它已经被伊朗、以色列、黎巴嫩、苏丹、叙利亚、沙特阿拉伯及埃及的计算机传染了两年多——霸占用户的电脑屏幕图像，记录他们的即时通讯聊天，远程打开麦克风录制他们的音频对话，并监测他们的按键操作和网络流量。[10]

正如这些例子所显示的，今天的全球间谍活动与《疯狂杂志》（MAD magazine）中《间谍对间谍》（*Spy vs. Spy*）连环漫画所戏仿人的冷战闹剧截然不同。翻领相机和藏在鞋跟的微缩胶片已经被电脑和卫星所取代——它们运行于世界上最先进的信息收集系统内，其拥有者为中国、美国、俄罗斯、以色列和印度。新的战场是网络空间和外太空，在这些战场上，行为体们剽窃技术，偷盗财富，针对国家和公司对手发动攻击。只是窃听操作已经被捕捉计算机按键操作的卫星监听站所取代，而环境的衡量则由某个国家所控制的空间和公司来进行。由于每个人都在监视和窃取他人信息，因此无论是技术、软件还是作战能力，"朋友"和"敌人"之间的区别即使没有完全消失，也已经模糊不清。[11]

　　然而，间谍活动和偷窃并不是推动网络运营的唯一目的。从 2012 年开始，伊朗和朝鲜对银行（最近的是对美国运通和摩根大通）、石油生产商和政府发起了一波网络攻击，其目的不是窃取或禁用数据，而是销毁数据。数字武器对"装备落后、资金不足"的国家的吸引力不亚于核武器：它们通过向相对弱小的国家提供强大的马力，对远胜自己的敌人发动大规模攻击，从而创造公平的竞争环境。"这些国家正在以追求核武器的方式而追求网络武器，"华盛顿战略与国际研究中心的计算机安全专家詹姆斯·刘易斯（James A. Lewis）解释说，"它是原始的；尽管不是最高级的，但已足够好，他们坚决要得到它。"[12]

　　在熵的世界，模糊的地理空间已经削弱了可用的火力，同时强烈支持游击战术、黑客攻击、破坏行动、网络战争、网络间谍和恐怖主义。留给我们的是一个更公平的军事竞技场——一个近似于最大熵"随机运动"（random motion）和"粒子间能量相等"（equal energy among particles）的最终状态的竞技场。

混杂世界的混合反应

　　在一个通过网络安排具体任务的不断变化的世界中，国家与多边组织、非政府行为体、非法企业、有影响力的私营部门实体、公民社会团体，以及在全球政治中拥有重要且影响力日益增大的个人共享着国际舞台，要采取有效行动完成任务，需要混合反应，也就是说，需要国家、公司、市民社会和个人之间的综合伙伴关系。软实力一直都是这样——它的资源很大程度上来源于政府之外的私营部门和民间社会，来源于一个国家的双边联盟，或来源于其在多边组织中的参与。不同的是，对硬实力的有效利用来说，这么多种公私混合的伙伴关系也会越来越有必要。举个例子，想想跨国犯罪组织问题。

很少有人会反驳这样的命题，即全球化已经使世界各地的人们比历史上任何时刻（平均而言）都更健康、更有见识，以及更为和平。此外，民族国家也从信息革命、更为紧密的政治与经济联系，以及不断缩小的地理距离中受益匪浅。但是，在全球范围内运送人员、货物和数据的全球系统也促进了危险人群、危险商品和危险数据的流动。而且不幸的是，跨国犯罪网络在涉及毒品、武器、知识产权、人口及金钱的非法国际贸易获益最多。正如国际知名专栏作家莫伊塞斯·纳伊姆（Moisés Naím）所指出的：

> （犯罪网络）从未受到主权的束缚，如今正日益摆脱地域限制。此外，全球化不仅扩大了非法市场，提高了犯罪网络的规模和资源，同时也给政府带来了更多的负担：紧缩的公共预算、地方分权、私有化、放松管制，以及一个更为开放的国际贸易与投资环境，所有这些都使对抗全球罪犯的任务更加困难。政府是由繁琐的官僚机构组成的，它们之间通常不太配合，而毒贩子、军火商、外国走私贩、造假者和洗钱者却已经将联网工作升级为一门高科技，形成了跨文化和跨大陆的复杂而不可思议的战略联盟……。战斗人员部署的资源（包括金融、人力、制度和科技上的种种资源）已经达到了一个深不可测的数量级。受害者的人数也是如此。[13]

同样，约翰·阿奎那(John Arquilla)和戴维·罗恩菲尔德(David Ronfeldt)认为"信息革命正在改变各个领域冲突的性质……有利于并正在加强组织的网络形式，常常给它们一种凌驾于等级形式的优势。网络的兴起意味着权力正在向非国家行为体转移，因为它们能够比传统上等级的国家行为体更容易地组织成庞大的多组织网络(尤其是'全通道'网络，其中每个节点都与所有其他节点相连)。这意味着冲突可能越来越多地由'网络'发起，或许比'等级'发起的还要多。它也意味着控制网络形式的人将处于获得优势的有利地位"[14]。

高度网络化又具有发动群袭能力的"网络战士"——无论他们是恐怖分子、罪犯、与民兵和极端主义单一问题运动关联的狂热分子，还是无政府主义与虚无主义的电脑黑客联盟"破坏者"(cyboteurs)——提出了一项挑战，这项挑战只能通过各国政府、国际组织、私人公司及个人之间跨部门的万事(从情报共享到战术行动)沟通与协调的方式才能成功应对。为此，需要一定程度的跨辖区(cross-jurisdictional)和国际联网，而这对于国家政府的不同层级而言很难完成。[15]

尽管如此，在过去十年中，对有效公共-私人伙伴关系的需求已相当明显，不论是在国土安全方面，还是在海外失败国家的问题上。为了确保国土安全，各国必须有能力对抗一些威胁和危害，包括恐怖主义、自然灾害、大规模的网络攻击，以及流行病。情报非常关键，同样重要的还有保护和减少边境、港口与机场重要基础设施脆弱性的能力，以及提高包括空运、海事、交通、太空及网络在内的整体安全的能力。要解决基础设施的脆弱性(从至关重要的政府与工业体系和网络，到电力与电网，再到数据保护等等)，就要建立公共-私人伙伴关系。因此，奥巴马政府在其《2010 年美国国家安全战略》(the 2010 U.S. National Security Strategy)中承认,需要私营部门在应对这些挑战过程中发挥重要作用:

> 私营部门拥有并运营着国家大部分的重要基础设施,在灾难准备和恢复中发挥着至关重要的作用。因此,我们必须加强公共-私人伙伴关系,通过为政府与私营部门制定激励措施,设计可以抵御破坏与减轻相关后果的组织与系统,确保必要的冗余系统有维持运行的能力,分散关键操作以减少我们单点中断的脆弱性,研制并测试连续性计划以保证恢复关键性能的能力,并对改进和维护现有基础设施进行投资。[16]

就整个世界而言,失败国家会滋生冲突,危及地区与全球安全,并会为恐怖分子和全球犯罪网络提供了安全的大本营。因此,《2010 年美国国家安全战略》将发展与外交提升到美国对外政策工具箱中与军事力量同等重要的地位。例如,美国非洲司令部(Africom)是美国军方最新的作战司令部,它在一套现代的混合结构中运作的,包括经营与非军事及非政府行为体的工作关系,以实现其使命。史汀生中心(Stimson Center)跨界项目管理(Managing across Boundaries program)副主任约翰·博格纳斯(Johan Bergenas)写道:

> 自 2007 年以来,非洲司令部一直在与私营部门和区域性的非洲武装力量共事,不仅是为了通过边界和港口安全能力建设来增加各个国家的安全潜力,也是为了在非洲军

队中训练医护人员，实施艾滋病预防项目、打击毒品走私、建设教室以及参与牲畜接种疫苗项目。此外，美国国际开发署（USAID）与非洲司令部一起，支持东道国为打击激进主义、打击暴力极端主义组织的招募新兵和经济支持所做出的努力。非洲司令部代表了一种利用混合反应来应对复杂环境的有效工作模式：美国军方与美国国际开发署、私营部门及民间社会一道，就超越每一机构传统关注的一些议题开展合作。[17]

2010 年 5 月，丹麦推出了一项新的类似美国非洲司令部模式的混合框架，用以推行在脆弱国家内实现稳定与重建的一项综合政府措施。这一新的框架加深了外交、国防和发展各个领域的整合，以增强丹麦在脆弱国家所付出努力的影响和可持续性。更具体地说，《丹麦国防协议（2010—2014 年）》（the Danish Defense agreement［2010—2014］）成立了一项丹麦稳定基金（Danish Stabilization Fund，DSF），其目的是促进脆弱国家安全与发展交界面的活动，这些活动发生在地区、国家或次国家层面，包括像军队能力建设、司法与安全部门改革，以及阻止贩毒和恐怖主义等种种活动。[18]

为了更有效地应对全球化世界中相互联系的挑战，日本也在超越传统（等级-官僚型）政府政策而转变为更混合的应对措施方面成为一个领导者，这些措施将建设国防与安全能力的努力和促进弱小与失败国家发展需求的项目结合起来。在"援助的战略性使用"（strategic use of aid）原则下，日本向弱小国家提供高科技设备和培训，以期建设能够抵御跨国犯罪和恐怖主义集团挑战的强有力的社会。[19]

　　最后,还有全球金融体系被一些人滥用的问题,这些人包括恐怖分子、核扩散者、毒品贩子以及其他一些为支持非法活动筹集、转移、保管资金的人。由于他们的支持网络已经遍及全球,而且不受国界的限制,打击这些网络的有效战略就必须采取一种混合反应的形式,依靠财政措施、监管部门的管理与执行、与私营部门的接触、多边合作,以及在国际标准和信息共享上的合作来完成。

　　并不是所有关于混合的公共-私人合作的消息都是好消息。举个例子,想想索马里海盗猎人当雇工的奇怪案例。邦特兰海上警察部队(Puntland Maritime Police Force)的创建是为了打击威胁索马里海岸航线的海盗,而这并不是一个光彩的故事。它涉及几十个南非雇佣军人,这些雇佣军由一家总部设在迪拜的隐蔽的安保公司雇佣并培训。该公司名叫"英镑企业服务"(Sterling Corporate Service),受雇于阿拉伯酋长国(该国向其秘密支付数百万美元)、美国中央情报局前秘密军官,以及黑水国际(Blackwater Worldwide)亿万富翁前总裁埃里克·普林斯(Erik Prince)。由于赞助商抛弃了反海盗军队,"邦特兰海上警察部队几百名受训不周却装备精良的成员不得不被扔在沙里挖出来的一个沙漠营地自力更生,也许加入海盗或与基地组织关联的武装分子队伍,也许将自己卖身给索马里党派战争——索马里混乱中另一个危险的因素——中出价最高的一方"[20]。

　　在一个多种行为体行使各种权力的"混杂世界",对国家来说做事的关键将在于:首先,认识到传统权力基础的限制;其次,识别并与拥有特定资源、专业知识和对当前任务具有影响力的私人行为体合作。这在大局方面所意味的是,21世纪将会出现一个更加水平的世界。社会与政治活动的几乎所有方面都将通过密集的全球网络联系起来。因此，连接将会成为权力的一项重要基础；只有连接起来才能生存和繁荣。

在这点上，安-玛丽·斯劳特（Ann-Marie Slaughter）认为，网络权力并不是一种强加结果的权力。强大的行为体对网络更多的是一种管理和编排，而不是指挥与控制。她提出，"驾驭"这些网络的能力将成为权力领域的不二法门。[21] 这一观点的问题在于，它把权力和影响力的含义延伸到了临界点。在该观点中，管理与编排的意思是什么？如何在没有控制网络的情况下去"驾驭"它？事实上，编排的比喻本身似乎就与她的核心主张——网络并不受强大行为体的指挥与控制——相矛盾。毕竟，一个管弦乐队是受指挥家领导的，这个指挥家就像一个强大的独裁者，把结果强加于其他人身上——他的每一个指令都必须得到乐队中演奏者的忠实（通常是毫无疑问地）遵守。这是一个行为体在传统或常规意义上行使权力的切实体现。

无论如何，在这个纵横交错的网络世界里，生活远比过去复杂、随机，而且抵触秩序和集中权威。随着网络变得越来越密集和复杂，世界也将变得越来越不可知和相互依存。而我们越是依赖彼此，就越不能理解世界运转的方式，也会变得更加脆弱和缺乏自主性。总之，在没有等级制度的情况下，混乱和不安全感会大量滋生。

治 理 差 距

2030 年的世界将会彻底脱胎于我们如今的世界：全球人口

将会从 71 亿增加到大约 83 亿；世界中产阶级人口比例将从目前的 10 亿扩大到超过 20 亿；城市化将从世界人口的 50% 增长到约 60%；对资源（食品、水和能源等）的需求将急剧增加；而权力将向多面网络转移。这些变化将提高有效治理的重要性。

由于国际体系内权力的扩散，越来越多不同的行为体，如国家、次国家和非国家等，都将声称它们希望发挥重要的治理作用。而许多行为体无法胜任这项任务。另有一些则只寻求一席之地的声望，而逃避全球利益相关者这一角色所带来的责任与义务。世界面临着潜在的严重治理赤字。随着解决重大跨国挑战所需的参与者数量的增加，决策将会变得更加复杂，解决方案也更难达成。老牌大国和新兴大国之间（或它们内部之间）缺乏共识，这意味着多边治理充其量只是有限的。长期缺乏国际治理将加剧全球碎片化的趋势。

在快速的政治与社会变革的推动下，治理差距将会和国家层面的差距一样明显。卫生、教育和收入方面的进步将会继续，甚至可能加快，这就需要并在某些情况下创建新的国内机构和治理结构。当青年人口的膨胀下降而收入增长，向民主的过渡就会更为稳定和持久。无论是社会科学理论还是近代历史——颜色革命和阿拉伯之春——都支持这样的观点：随着年龄结构的成熟和收入的增加，政治自由和民主会蓬勃发展。然而，国家从独裁到民主也确有不稳定的历史记录。

问题不仅在于新的治理结构，还在于旧的治理结构及其所滋生的无能、浪费、和腐败。在这一点上，黑格尔关于战争及其与国家和社会发展关系这一题目的思想尤为重要："战争不应被视为一种绝对的邪恶……就像风的吹拂一样，它让大海免于长期平静可能导致的污秽，国家的腐败也是如此，它可能是长久的和平——更不用说'永久的'和平——所造成的。"[22]注意，"平静的海洋"这一比喻与最大熵的概念和熵增的过程完全一致，也就是说，我们的基本直觉根植于熵定律，事物本身（没有掺杂某种目的）就会走向毁灭（变腐朽）。

黑格尔的"国内和平导致腐败政府"的假设后来得到经济学家曼瑟·奥尔森（Mancur Olson）的实证检验和支持。奥尔森在对国家兴衰的研究中发现，拥有不变边界的稳定社会会促进寡头市场结构的形成——这一市场结构由少数几个特殊利益组织构成，这些组织之间互相勾结，有力地降低了它们之间的竞争程度。[23]这些寻租集团通过狭隘的维护自身利益的集体行动的方式来协调其努力，从而降低了国家的经济效率和总收入，阻碍了国家根据不断变化的情况而采用新技术和重新分配资源的能力。解决办法是外国的入侵和军事占领，这些可以打散特殊利益集团（寻租分配联盟和卡特尔），瓦解社会僵化。因此，在自己国土上经历战争（通过入侵或内战）的国家会在战后经历经济的大幅高速增长，而且其增长速度远远超过那些一直保持和平的国家。最近，塔尼莎·法扎尔（Tanisha Fazal）也有同样的观点，认为反对征服、吞并和占领的国际准则不仅容许国家失败，而且鼓励其失败。[24]这两项研究都支持黑格尔的逻辑，即国内静态平衡（停滞）形式的最大熵会导致内部的腐败、浪费、欠发达、停滞、国家失败，以及一种普遍的社会堕落。相反，当国内的惯性被打断并被连根拔起时，好事就会发生。

当今这种熵现象的例子比比皆是。印度的外包产业——其后台信息技术为遥远的西方公司干活——已是一个资本主义的奇迹，每年带来大约1 000亿美元的出口收入。但正如《经济学人》所指出的那样："（印度）国内电子商务尚处于起步阶段，其销售额只有中国的 6%。由于糟糕的基础设施、无效的监管,以及以腐败著称的电信部门,只有 10% 的印度人能够使用网络,他们当中许多人还是在咖啡馆里眯着眼看屏幕。"[25] 同样,在印度北部的蓝湾(Ranwan)村庄,公路边常年放着一堆堆的稻子,腐烂燃烧,蝇虫挤满了变质的小麦周围。最终,工人被召集将一袋袋大米运往酒厂酿酒。在农业创新和慷慨的农业补贴的刺激下,印度的粮食储备比除中国之外的任何国家都多。然而,粮食虽然堆积成山,印度的穷人却依然在挨饿。印度 20% 的人口营养不良——这一可悲的比例是中国和越南的两倍;而且,2.5 亿的印度人填不饱肚子。造成这一情况的罪魁祸首是印度失败的粮食政策。由于普遍存在的腐败、管理不善和浪费,印度的粮食政策相比起给穷人分配食物,倒是为政府官员私饱中囊提供了更多便利——这些官员常常会从分配链条的各个环节窃取食物。与此同时,印度粮食产量巨大,已成为沙特阿拉伯、澳大利亚等国的粮食出口国。这就是印度粮食系统中存在的矛盾。[26]

在国际政治层面,变革与历史进步通常通过血腥的全球战争而达成。国内政治层面就如国际政治层面一样,其治理差距突出了一个问题:如何以促进进步和社会正义的方式来管理和平的进化变革——这些价值观迄今为止都是由革命性变革的残酷战争发展来的。毕竟,和平和正义不是一回事:这两种价值观并非总是互补的;它们也并不一定焦不离孟。正如理查德·贝茨(Richard Betts)所指出的:"和平与正义并不是天然的盟友,除非正义恰好与强权同时出现。"[27]

令人不快的历史事实是,暴力冲突不仅消除了政治惰性和经济停滞的不良影响,而且往往是开启所有激烈与进步历史变革之门的钥匙。它是一条根植于熵增原理及其在人类事务中纠正疗法的真理。只要战争能挑起事端，它就能发挥有益的社会和政治作用。

国际合法性与制度有效性间的权衡

全球权力扩散的趋势意味着，传统的穷国正在经历它们从未梦想过的向上流动。很自然地，它们在国际谈判桌上寻求与自身实力上升相称的优越代表权和发言权；它们谈论着要让国际体系更为民主，谈论着主导全球事务的某个国家的邪恶，谈论着多极格局的好处。它们也应当谈论这些事情。

然而，不利的一面是，全球权力和财富的转移引发了全球合法性危机。一些新兴的二线国家——其中许多国家都持有与老牌国家（尤其是美国）明显不同的威胁观念、政治价值观和经济愿景——在美国于 20 世纪 40 年代创建的国际架构中并不占据主要位置。对于全球治理改革问题，并没有一个好的解决办法。改革的重点一直是提高国际机构的效率和代表性——这两个目标完全是相互冲突的。[28] 因而，全球改革败也是败，成也是败。让我来解释一下。

权力是一场零和博弈。新兴国家（诸如中国、印度、巴西和南非等）增强制度权力的任何尝试，都意味着既有制度参与者手中权力的相应减弱。假设——这是个很大的假设——在国家之上有一个强大的主权仲裁者，这个仲裁者不断地评估国家的相对实力，然后根据它们的整体实力排名调整其制度权力，这就不会有什么问题。然而，这个世上并没有这样的巨无霸。因此，要改写现有制度的规则，那些目前享受权力所带来好处的行为体就必须自愿让渡他们的福利，而这是它们极不喜欢做的事情。但是，如果允许全球治理结构中的制度权力和实际的国际实力分布之间存在悬殊，那么对现状不满意的新兴大国将利用它们的话语选择（voice option）宣告现有机制的不正当性，并用它们的退出选择（exit option）寻找或创建替代的制度——一些符合它们偏好，又最能有效促进它们实现目标的制度。

然而，就代表性而言，改革的成功将证明有效治理的失败。问题的关键在于老牌但日渐衰落国家的动机。它们深知，如果强大的新兴国家认为全球制度不合法，那么这些制度就不会服务于任何一国的利益。但它们对这一问题的首选解决方案并不是腾出自己的席位，将制度交到新兴国家手中，而是扩大席位。换言之，当碰到全球治理改革时，它们会选择通货膨胀，而不是重新分配。最近从七国集团到二十国集团的转变就是这种改革的一个例子，同样的例子还有世界贸易组织（WTO）主要谈判会议的扩大，包括了印度、巴西和中国。

扩大所谓"绿色房间"（green room）的问题在于，随着否决者（它们能够通过投票否定提案而阻止其通过）数量的增加，就一些谈判议题达成共识的可能性必然就会降低。此外，与思想更为相似和同质的发达国家的前辈相比，新兴大国的新阵容包括了更为不同类型的国家（在其政权类型、人均收入、文化、意识形态、种族等各方面）；这一多元化可能会在大国俱乐部内促成比以往任何时候的偏好都更加多样化的偏好。考虑到所有这些因素，我们可以假定，全球治理要么继续不改革，变得越来越不合法和无关紧要，要么将通过扩张进行改革，最终变得比正常情况更功能失调。[29] 因此，享有特权的国家放弃它们在沉船（也就是七国集团）上的头等舱位置，以换取无人掌舵的更大一条船（二十国集团）上的安全位置。七国集团已成为历史，而二十国集团还难以运转。[30]

举个例子，考虑一下联合国安全理事会（UNSC）的命运。支持扩大安理会的人士认为，扩大安理会将会为这一机构带来更大的合法性，激励新兴大国为全球公共产品做出贡献。从长远来看，如果不能更新现有制度（就像联合国安理会），则将导致强大但代表性不足的国家转向其他论坛。然而，合法性也是一个绩效问题。安理会由一群各不相同的新利益相关者组成，扩大后的联合国安理会在全球热点问题上（例如达尔富尔问题、伊朗问题或朝鲜问题）更有可能造成僵局，而不是共识。它还将无可救药地破坏已经运转不良的国际刑事法院（International Criminal Court，ICC）的运作。

2002 年，国际刑事法院在《罗马规约》（Rome Statute）的基础上建立，由 120 个成员国签署。它体现着一种脆弱的国际共识，即各国领导人应当为危害本国人民的罪行负责。到目前为止，只有三名国家元首被国际拘留，一名元首（苏丹总统奥马尔·哈桑·巴希尔，Omar Hassan al-Bashir）被起诉但未被逮捕，只有一名国家元首查尔斯·泰勒（Charles Taylor）被判犯有战争罪。2009 年斯里兰卡内战血腥结束时，数万名平民被困死在政府军和泰米尔猛虎组织交战的海滩上，而国际刑事法院并未对此进行调查；也门前总统阿里·阿卜杜拉·萨利赫（Ali Abdullah Saleh）曾令其安全部队将枪口对准手无寸铁的示威者，造成数百人死亡，还有多人致残，但没有人对这一独裁领导人的决定提出控诉；也没有人对加沙和巴林的刑事指控进行调查，对所有这些的解释落脚于强权政治。

国际正义已成为国际政治的俘虏。为什么有人要有不同的期待呢？毕竟，法律的目的是限制权力，而所有国家，特别是大国，都在小心翼翼地保护权力，并总是希望得到更多，它们最沉迷于此。这就是现实主义者为何一般会对国际刑事法院和国际法抱有如此低的期望的原因。大国可能会支持一套以法律为基础的国际秩序，但前提是该秩序约束其他国家的权力，而不限制它们自己的权力。然而，要使正义合法，它就必须平等地适用于一切。显然这点在国际层面上是不会发生的。安理会中拥有否决权的五个成员国——美国、俄罗斯、英国、法国及中国——都拒绝接受国际刑事法院的管辖；如果其国民被控反人类罪，没有国家愿意将其送往国际刑事法院。

更重要的是，国际刑事法院没有普遍管辖权。它只能调查那些签署了《罗马规约》的国家的犯罪或者安理会提交的案件。然而，五大常任理事国的任一国家都可以否决联合国安理会向国际刑事法院提出的任何案件。因此，在中东，几乎没有国家签署《罗马规约》，许多国家在安理会都拥有强大的支持者，这些国家的威权领导人可以犯下卑劣的罪行而不受惩罚。在上文所引证的案例中，巴林和也门就得到了拥有否决权的西方成员国（美国、英国和法国）的支持。当中东地区人民不断要求国际刑事法院起诉在"阿拉伯之春"中被推翻的独裁者时，国际刑事法院未能满足这一要求，这一点继续侵蚀着他们对国际正义的信心。事实上，人们（尤其是非洲人）普遍认为，国际刑事法院专门针对非洲，那里许多国家批准了《罗马规约》。在他们看来，正义似乎是留给来自弱小国家、没有强大后台的被排斥的非洲领导人的。[31]

倘若这是安理会仅有五个拥有否决权的成员国时，国际刑事法院的档案和对国际正义的认知，那么想象一下，如果安理会从五大常任理事国增加到二十个甚或更多的常任理事国，国际刑事法院将会受到多大的束缚！如果当下的政治阻碍了正义，那么未来如果或者当国际制度更为准确地代表国际体系中的实际权力时，它将会在多大程度上更加阻碍正义？所以世界面临着一个两难的困境：向新兴国家提供更大的话语权和代表权将有助于解决合法性危机，但也会进一步削弱国际制度的效率及反应能力——低效将会随着严重的跨国挑战而来，包括气候变化、全球性传染病的威胁、核扩散、恐怖主义，以及国际金融改革的需求。

制度与非国家行为体作为权力掮客的激增、权力自影响力中的分离，以及美国世纪的进一步衰落这些因素结合在一起，将使达成共识——尤其是围绕美国偏好的共识——变得更加困难。全球治理已经处于一个所有人都烂熟于心的混乱和乏力的状况之中，随着时间的推移，它将变得越来越虚弱和功能失调。而且，如果不能解决正在出现的制度危机，国际政治将会变得更具对抗性。世界需要城市更新，而其所得到的却将是计划外的郊区扩张。

经济治国方略

随着熵时代的到来，权力本身的性质正在发生改变。军事力量依然很重要，但其威势已不如前。我们不再生活在一个由亲密盟友和死敌冲突所定义的世界。相反,(国家间的)关系模棱两可,内部问题比外部问题更能引发一个国家的焦虑,而领导人评估其他国家的根据则是它们是让国内问题变得更好还是更坏。就如戴维·布鲁克斯(David Brooks)所说的:"今天的世界就像一场鸡尾酒会,每个人都患有消化不良或其他内在病症。人们相互交流,但他们主要关注的是内患。欧洲有欧元危机。中东有'阿拉伯之春'。美国有经济停滞和债务问题。中国有他们永远不能放松的增长和稳定问题。"[32] 在这种向内聚焦的"人人为己"的环境中,国家几乎不能依靠军事硬件去解决它们最为紧迫的问题。相反,它们必须转向不那么传统而更微妙的治国之道,才能生存与发展。

从"金砖国家"的焦虑以及对它们特殊需求最有用的力量上,我们可以看到这一点。就像正在成长的孩子一样,新兴经济大国对资源的渴求永无止境。为了确保日常所需的热量,新兴经济体利用贸易、金融、外国直接投资和外国援助作为它们首选的权力基础——之所以说是首选,是因为它们最划算。这些经济治国工具促进了与更贫穷资源出口型经济体之间的不对称依赖关系——在这一关系中,较强一国在较弱的、更为依赖的国家内不仅获得了影响力,也获得了获取该国资源的可靠通道。

中国通过在非洲大陆投入数十亿美元建设公路和开发能源,已成为非洲的主要贸易伙伴和基础设施建设投资的首要来源。根据中国的统计数据,2011 年中非贸易额达到 1 663 亿美元,而在过去的十年,非洲对华出口额从 56 亿美元增长到 932 亿美元。好时光仍在继续。[33]最近,中国外交部非洲司司长卢沙野宣布,中国将进一步向非洲商品开放边境,将非洲产品享受零关税的范围从目前的 60% 扩大到 95%。在对外直接投资方面，中国已在非洲投资了数十亿美元。商务部部长陈德铭在《中国日报》上撰文称，截至 2011 年底，中国在非洲的直接投资达到 147 亿美元，比两年前增长了 60%。仅中国工商银行在非洲大陆各种项目的投资就已超过 70 亿美元。[34]

中国获得了源源不断的大宗商品与能源资源，反过来，非洲大陆则成为其石油（从苏丹和安哥拉）和铜（从赞比亚和刚果民主共和国）的一个主要来源。但这并不是中国的全部所得。批评人士抱怨劳动力滥用、腐败，以及和亚洲资源紧缺型经济强国紧紧相拥带来的其他负面影响。

在 2012 年 7 月于北京召开的中非合作论坛上，南非总统雅各布·祖玛（Jacob Zuma）发表演讲称："非洲对中国发展的承诺体现在提供原材料、其他产品及技术转让等方面。这种贸易模式长期来看是不可持续的。过去非洲与欧洲的经济经验表明在与其他经济体建立伙伴关系时需要谨慎。"[35] 与祖马的观点一致，大多数非洲国家希望中国进口的不仅仅是资源。

作为回应，中国国家主席胡锦涛在论坛上介绍了几项对非友好的措施。除了推动非洲在联合国发挥更大的作用外，胡锦涛还承诺向非洲提供 200 亿美元的贷款，这是 2009 年中非合作论坛上中国向非洲提供贷款的两倍；公开宣布将会重点开展农业、基础设施、文化交流等领域的合作，并为非洲学生来华学习提供更多的奖学金（具体来说，胡锦涛表示中国将培训 30 000 名非洲人，提供 18 000 个奖学金名额，向非洲派遣 1 500 名医务人员）；并将鼓励中国基础设施及资源企业在非洲扩大私人投资，目的是将低端制造业转到非洲大陆。[36] 然而，这并不容易。

计划迁往非洲的中国企业面临着与其他低成本生产商之间的激烈竞争，如印度、孟加拉、越南、墨西哥和土耳其等国的企业。此外，就如标准银行（Standard Bank）一位驻北京的中国经济学家杰里米·史蒂文斯（Jeremy Stevens）所观察到的："在非洲制造某种东西的成本更高，因为非洲在基础设施、人力资本和融资渠道方面存在瓶颈，而治理和管理不善加剧了这些瓶颈。"[37]

对非洲人而言，中国对非洲基层项目承诺的具体细节——援助如何分配及流向何处——将难以确定，因为北京没有明确地以文件形式说明其对非洲的援助项目。因此，美国国会研究服务处（U.S. Congressional Research Service）在对中国援助项目的评估中得出结论说："中国似乎以一种特别的方式施行对外援助，没有一个集中的系统、对外援助机构和使命，也没有一个融资安排。"[38]中国对对外援助的定义也与西方不同。最重要的是，没有人能准确地说出中国到底给了多少，即便是中国人自己也不能。

一般来说，相对于军事力量而言，经济实力重要性的增强——相对于外部安全和领土问题而言，内部增长和发展的重要性的增强——在熵时代是一把双刃剑。从积极的一面来看，它在敌对国家的领导人当中，甚至是在那些过去可能因某种争端引发全面战争的国家领导人中间，灌输了相当程度的防范意识。这样的例子比比皆是。例如，2012年9月，"购买钓鱼岛"事件在中国八十多个城市引发了抗议活动，这些抗议活动在九一八事变纪念日那天达到了顶峰。北京方面对争端的处理则凸显了中国和日本经济的相互依赖。根据日本对外贸易组织的统计，当对华所有外国总投资萎缩之际，2011年日本对华投资上升了 16%，达到 126 亿美元，与在美投资 147 亿美元可一较高下。尽管民族主义情绪高涨，中国领导人并未在经济上惩罚日本，他们认识到，这种惩罚性的行为对中国而言，不仅愚不可取，而且会事与愿违。事实上，如果日本对华投资受到威胁，那么整个亚洲都将会面临一场严重的经济衰退。[39]

中国最近在这一事件上的克制与其 2010 年的行为形成了鲜明对比，当时中国对日本实施了一项非官方的稀土禁运，作为对钓鱼岛争端的回应。中国储存着世界上 95%的稀土元素，该元素具有广泛的商业和军事用途，而且对于像手机、大型风力涡轮机和导弹等多种产品的生产具有至关重要的作用。中国面临的危险是，通过利用矿物禁运来"惩罚"与之有争端的国家，这可能会让日本和其他竞争对手（包括美国）意识到中国对稀土生产的实际垄断所蕴含的风险，引发它们努力开发其他替代能源。[40]

因此，经济治国方略及贸易与投资的好处为各国领导人提供了强大的激励，使他们不仅避免因与竞争对手的争端而爆发全面战争，而且甚至看不得由于失控升级而导致这类战争的最小的可能。这是有利之处。然而，也有不利之处。敌对国家无法在战场上解决它们的争端（尤其是有核能力的竞争对手），又不愿在谈判桌上了结此事，于是就会发现彼此因为冲突陷入紧张的关系中，微火慢炖却从来不会达到沸点。政治学家将这种状态称为一种"持久的竞争"（enduring rivalry）。熵的时代将由这些持久的竞争定义：成双成对的国家被困于冷和平与冷战争所组成的冷淡关系中——顺便说一句，这种关系让人联想到与宇宙即将到来的热死亡相一致的图像。

网络空间的冲突

网络空间是一个典型的例子,说明熵时代正在破坏地理,改变权力的性质,并可能带来巨大的地缘政治影响。的确,未来几十年网络能力革命无疑会重组地缘政治格局,就像19世纪和20世纪工业革命重塑权力一样——当时机械化不仅创造了新的产业和武器,也改变了国家间的许多基本关系和权力的许多要素。如今的关键问题是以下几点。

● 这些能力的新运用在未来数十年间将会如何改变权力关系? 谁最有可能受益:国家、反对派运动、公司、有组织的犯罪,抑或个人?

● 未来技术的发展轨迹是什么? 那些能力的广泛应用将会如何改变国家、非国家群体、社会运动与个人之间的权力关系?

● 在这种新的环境中,美国必须做些什么才能确保自己的繁荣,并保持自己的国家影响力和权力? 美国该如何适应?

关于网络空间的冲突,我们可以肯定的是,它与物理空间的冲突——即所谓"传统动态冲突"(traditional kinetic conflict,TKC)——有很大的不同。[41]具体来说,传统动态冲突在五个重要方面与网络冲突不同。第一,在传统动态冲突中,军事活动发

生的空间很多独立于密集平民人口出现的空间。相比之下，在
网络冲突发生的空间，平民无处不在。第二，传统动态冲突中，
进攻与防御一般大体上互相平衡；没有一方在本质上优于另一
方。而在网络冲突中，进攻比防御占有巨大的优势，因为前者只
需要成功一次，而后者需要每次都成功。"网络战就像机动战，
速度与灵活性是最重要的"；要领先于进攻者，防御者就"必须不
断地调整并改进自己的防御"。[42]第三，传统动态冲突是由假定
国家政府控制的军队来进行的；而在网络空间中，对于行为者则
不存在这样的假设。计算机病毒通常不会携返回地址而来，这
让确定攻击者的身份一事即使有可能，也是极为困难的。第四，
在传统动态冲突的情形中，非国家行为体相比民族国家能够造
成的影响相对较小（几乎没有损害）。而在网络冲突中，非国家
行为体能够产生与强大行为体（例如国家）相关联的大规模影
响；非国家行为体能够与国家相抗，因为竞技环境比传统动态冲
突的环境更加公平。最后一点，在传统动态冲突中，权力（投射）
随着距离的增大而降低，而跨越国家边界算得上是显著的壮举。
在网络冲突中，距离无关紧要，出于攻击和间谍目的而跨越国界
的行为司空见惯，而且不会引起注意。

网络冲突是一种卓越的隐形福利，它的发动者是一群幽灵
士兵，他们的敌人实际上看不见他们。没有人真正知道网络敌
人会在什么时候在同一个计算机系统或网络中共享着他自己的
空间，获取留存于其中或经由其传递的信息。最后，网络攻击的
目标（他们能够实际达到的）绝对是负面的，也就是赫伯特·林
（Herbert Lin）所说的"改变、扰断、欺骗、降低或破坏计算机系
统或网络"[43]。这里，我们又一次看见了熵时代权力本质的变
化。权力越来越成为扰断、封锁、禁用及毁坏之力，而非接纳、启

用、修复及营建之力。

新的全球共和

　　还有一种方式让地理变得越来越没有意义：将区分国内政治（处于政府及其治理之内）与国际政治（发生于国界之外的国与国之间的政治）的传统边界变得模糊。用政治学家詹姆斯·戴维斯（James Davis）的话来说："国内领域与全球公共领域之间的经典区分正受到各种侵蚀，包括新技术、运输与通信经济、组织及政治动员的新行为体及形式的出现——技术创新使后者成为可能。"[44]一个新的全球公域正在出现，在这一公域中，有一个异质的行为体集合——国家、非政府组织、民间社会组织（CSOs）、跨国公司（TNCs）——正负责在全球及地区层面提供公共物品。"这一新的全球公域的作用不是要取代国家，而是要将治理体系嵌入以前不曾有的、更广泛的社会能力与机构的全球框架之中。"[45] 这一所谓全球治理——超越民族国家的治理——是一个广泛、分散、局部并非全球性的政策制定过程，这一过程根植于跨国网络，并通过跨国网络来进行。

　　一些人吹捧全球治理项目的"政治美德"，声称它承诺增强政治参与、个体自治，以及必要产品及服务的高效且有效供给。而其他一些人——确切来说是在我看来——认为其既不合法，又不连贯。对于前者，公共物品由国家提供变为一系列国际及跨国公共、半公共及私人行为体供应，这一转变削弱了宪法统治的基本方面，因此也削弱了民主责任制。正如杰里米·拉布金

（Jeremy Rabkin）所指出的：

> 在民主国家中，立法机关在字面上"体现了"国家的多样性，这样就能代表许多不同的地方、不同的利益，以及不同的意见，最终可以声称以一己之权威，发声为所有人做决定。立法机关是选民之间分歧的制度纪念碑，也是他们愿意最终接受共同规则约束的象征。全球治理不仅会阻碍或扭曲立法机关的政策初衷，还会诋毁立法权威所依据的原则——即不同的选民将接受最终立法决定的结果，以便"我们"能够共同治理。[46]

为了缓解"民主赤字"问题，世界主义政府的拥护者们呼吁建立新的全球机构，让地球上每一个合格的选民都能参与这样一个机构，而不论他们的具体国情如何。但是，就如詹姆斯·戴维斯所言，这种全球性的政治商议"不切实际、效率低下，而且假设有一定程度的共享价值观或共同的'生活世界'，而这正是今天所缺乏的"[47]。显然，它不符合"自由主义的"民主的基本目标，即保护个人和少数派免受国家、多数派，抑或其他一些可能会侵犯他们基本权利的团体的不当胁迫。在现实中，全球治理项目不会赋予个人权力，而是赋予不负责任的技术官僚——来自公私合作关系的技术专家们——权力。该项目的支持者认为，这些人可以避开政治与特殊利益的有害影响。唉，寻求一个去政治化的全球政府本身就是一种妄想，而且还不是一种令人愉快的妄想。

就连贯性而言，全球治理算得上是一个再混乱不过的、在自动驾驶仪上水平排列的世界。正如个人比以往任何时候都更加自由地选择符合他们个人信仰的"事实",各国如今也能够参与所谓"论坛购物"(forum shopping),从无数的国际机构中选择一些最有可能引出利于自己特定利益决策的具体场所。就像让人能够选择的"信息圈"(choiceenabling infosphere)里有着无限的事实一样,国际组织的数量和密度在过去数十年中呈指数级增长,形成了一个嵌套而又部分重叠的平行机构和协议的海洋。

一些人所谓全球治理不过是一碗意大利面,其中盛满了各种互相抵触的协议,这些协议是三万个左右轻重不一的国际组织(从泛美热带金枪鱼委员会到联合国)或这些组织之间的协调安排。人们不禁会好奇,当前一个国家是如何做出决策并制定长期战略的,因为它几乎不可能弄清楚国际权威将会决定哪一事项,也不会清楚规则和法律的哪些协议、解读和实施是重要的并应该成为主导。

不利之处在于无人能赢,无事能成。有利之处则在于也没有人会输。一旦一个国家或国家集团在某个场所被以策略制胜,"输者"不过是将谈判转向其他持有对立性规则及替代性优先考虑的类似的制度而已。因此,在世界贸易组织和世界知识产权组织(World Intellectual Property Organization)就与贸易相关的知识产权协定(Trade-related Aspects of Intellectual Property Rights,TRIPS)问题上,发展中国家失利时,它们把"政权转移"给了较为友好的世界卫生组织(World Health Organization,WHO)、粮食和农业组织(Food and Agricultural Organization),以及《生物多样性公约》(Convention on Biological Diversity),这样一来它们赢了。随后,它们重回世界贸易组织,援引这些胜利,重新谈判与贸易有关的知识产权协定，让其修订本——在平行制度下起草的——写入全球规则。

这种混乱的事态与国际关系领域中罕见的一个共识相矛盾，即把权力集中在一个主导国手中对于国际秩序的建立与维护至关重要。按照这一理论，只有霸权国家的领导力才能够克服集体行动产生的问题，因此对国际制度的需求高而供给低——主要是巨额的启动成本——这与创建秩序制定型的全球机制有关。然而，当今世界已经完全颠覆了这种逻辑。对制度的实际需求——尤其是能够强迫大国改变其行为并解决全球问题的有效制度的需求——并不高，制度的供给却已猛增。

问题在于进入门槛的实质性缺失。对于大多数新的条约制定和全球治理机制，正在牵头的不是一个大国精英俱乐部（就如以往它们那样），而是那些与中等国家共事的民间社会行为体和非政府组织。这种论坛与参与者的激增不仅远没有创造更多的秩序和可预测性，反而增加了国际政治的混乱、随机性、分裂、模糊度，以及令人费解的复杂性。没有权威，没有责任制，没有成功的衡量标准。以世界卫生组织总干事陈冯富珍（Margaret Chan）最近的讲话为证："在这个拥挤、竞争、混乱、时有危险而又不卫生的公共卫生生态中，谁是老板？谁为成败买单？谁指引着前进的方向？以及同样重要的是，谁决定着速度？是国家，捐助者，全球卫生行动，提供最多资金的基金会，还是世界卫生组织成员国？"[48]事实上，全球治理错综复杂的结构本身比人们认为其应该解决的大多数问题都更复杂。

此外，现有的一点国际秩序流露出更加糟糕的迹象，因为美国几乎没有动力继续独自提供秩序。恰恰相反。现状国家在面对危险的生存威胁时，会追求外向的外交政策（extroverted foreign policies）；而在其他情况下，它们会变得内向（introverted）。

未来的大国（极国家）没有哪个是特别的修正主义国家，也没有
理由预想任何一个国家在未来会成为拥有无限目标的修正主义
国家。因此，全球安全现在及将来都可能保持相对充足。这是
美国在秩序管理的全球义务方面呈现出紧缩及普遍逃避行为的
一个处方。随着公众情绪以"回家吧，美国"的民粹主义形式回
到其外交政策孤立主义的传统，相对安全但在衰落的美国自由
国际主义，将遭受国内对保持"美国治下的和平"成本的强烈反
对。随着权力扩散进程的继续和世界的扁平化，由于缺乏一个
有能力提供全球秩序的单一主导力量，一个更为平衡的多极格
局将会出现。那时体系将切换成自动驾驶。

断断续续的变化和紧锣密鼓的商战

全球通信网络与迅速而不可预测的技术革新结合在一起，
引发了激烈的商业竞争，迫使企业放弃传统首尾相连的垂直商
业模式，转而采用动态的专业化、外包及流程网络所形成的连
接，以及跨越制度边界的杠杆能力建设。它们还使公共政策在
放松管制、贸易自由化和市场自由化方面趋于一致。市场从未
像今天这样不稳定。行业结构、技术创新、宏观经济趋势与危
机、监管和法律要求，以及市场和竞争力量的频繁而不连贯的变
化，都意味着成功的企业必须马上具有"变革能力"；它们必须认
识到变化是形势的一种恒久特征，而稳定则是这一规则的例外。
在一个无序而不可预测的熵增环境中，"力量不在于秩序和结
构，而在于响应性和灵活性"[49]。

所有这些趋势结合在一起，在全球范围内造成了残酷而激烈的竞争。因此，虽然我们可能看起来确实更为相像了，但我们到底有哪些共同的特点呢？在熵的"水平"世界中，主要的挑战不是收益而仅仅是生存，相似性产生出残酷的竞争对手，它们不会比霍布斯所描述的自然状态中不幸的居民更能和谐相处。相比起真枪实战的战争和军备建设，我们看到的是激烈的商战——企业从事间谍活动、信息战（如雇请举足轻重的"黑客"），以及游击队式的营销策略。

这些全球趋势在宏观层面呈现出的图景是一种与熵增一致的史无前例的变化：前所未有的霸权衰落；财富、知识和经济权力自西向东前所未有的转移；前所未有的信息流动；以及重要行为体在数量与种类上前所未有的增长。非军事手段的战争，例如以网络、经济、资源、心理以及信息为基础的冲突形式将在国家与非国家行为体间变得越来越普遍。信息技术和基于空间的信息系统的进步将通过结合先进的指挥与控制、增强型精密武器，以及大大改进的攻击目标与监视能力，继续孕育革新型作战协同效应。与这些发展相关的是，传统战场将继续扩大人工智能和机器人技术的使用。而且由于信息在 21 世纪至高无上，从民族国家到恐怖主义团体再到个人，各种实体都将通过开发和掌握新的工具与技术，寻求获得超越对手的优势，开展网络战争。

所有这一切并不标志着未来会像过去一样雷同。相反，就像机器人受到无法控制的力量而胡乱冲击一样，我们也正被熵增引导着走向一种惰性均匀与不可用能量的终极状态。在国际政治中，时间确实有向而行，并且没有退路——体系的初始条件已经永远地消失了。但是，熵不仅在国际体系层面上有所增加。

个人同样也正在经历着熵增，主要是因为人类的大脑当初并没有被设计用来处理数字革命的许多属性特征。关于这一题目，且看下章。

注　释

1. 地缘政治是对政治与领土关系的研究。作为外交政策分析的一种方法，它利用地理变量来解释和预测国际政治行为，并规定外交政策在国家的外部环境中利用机会和防范外部威胁。

2. 参见 Robert D. Kaplan，*The Revenge of Geography：What the Map Tells Us about Coming Conflicts and the Battle against Fate*（New York：Random House，2012）。

3. Pankaj Ghemawat with Steven A. Altman，*DHL Global Connectedness Index 2011：Analyzing Global Flows and Their Power to Increase Prosperity*（Bonn：Deutsche Post DHL，2011），pp.17—21，quoted material appears on p.21.

4. National Intelligence Council，*Mapping the Global Future：Report of the National Intelligence Council's 2020 Project*（Washington DC：US Government Printing Office，December 2004），p.9，online at www/dni.gov/nic/NIC_2020_project.html.

5. 对于奥巴马政府的无人机计划的犀利分析，参见 David Cole，"Drones and the CIA：13 Questions for John O. Brennan，" *New York Review of Books*，vol.60，no.3（February 21，2013），pp.8 and 10。

6. Peter Andreas and Richard Price，"From War Fighting to Crime Fighting：Transforming the American National Security State，" *International Studies Review*，vol.3，no.3（Fall 2001），pp.31—52 at p.35.

7. Scott Shane，"Rise of the Predators：Targeted Killing Comes to Define War on Terror，" *New York Times*（April 7，2013），p.A1.

8. Richard K. Betts，"The Soft Underbelly of American Primacy：Tactical Advantages of Terror，" *Political Science Quarterly*，vol.117，no.1（Spring 2002），pp.19—36.

9. William J. Lynn III，"Defending a New Domain：The Pentagon's Cyberstrategy，" *Foreign Affairs*，vol.89，no.5（September/October 2010），pp.97—108.

10. Nicole Perlroth，"Virus Infects Computers across Middle East，" *New York Times*（May 28，2012），http：//bits. blogs. nytimes. com/2012/05/28/new-computer-virus-looks-like-a-cyberweapon/.

11. 参见 Kenneth Ryan，"The New Face of Global Espionage，" World Politics Review（June 5，2012），www. worldpoliticsreview. com/articles/12020/the-new-face-of-global-espionage?page＝1。

12. 引自 Nicole Perlroth and David E. Sanger，"Cyberattacks Seem Meant to Destroy, Not Just Disrupt，" *New York Times*（March 29，2013），pp.B1—B2 at B2。

13. Moisés Naím，"Five Wars of Globalization，" *Foreign Policy*（January/February 2003），pp.29—36 at pp.29—30. 也可参见 Moisés Naím，Illicit：*How Smugglers，Traffickers，and Copycats Are Hijacking the Global Economy*（New York：Anchor Books，2005）。

14. John Arquilla and David Ronfeldt，"The Advent of Netwar（Revisited)，" in John Arquilla and David Ronfeldt，eds.，*Networks and Netwars：The Future of Terror，Crime，and Militancy*（Santa Monica，CA：RAND Corporation，2001），p.1.

15. Ibid.，pp.1—25；John Arquilla and David Ronfeldt，*Swarming and the Future of Conflict*（Santa Monica，CA：RAND Corporation，DB-311-OSD，2000）.

16. *U.S. National Security Strategy*（Washington，DC：U.S. Government Printing Office，May 2010），p.19.

17. Johan Bergenas，"Defense，Security and Development in a Hybrid World，" *World Politics Review*（September 11，2012），www.worldpoliticsreview. com/articles/12324/defense-security-and-development-in-a-hybrid-world?page＝3.

18. 参见"Preparation of Government Stabilization Program Worldwide，Danish International Development Agency（DANIDA)，" www.devex. com/en/projects/preparation-of-government-stabilisation-programme-worldwide。

19. 参见 Johan Bergenas and Richard Sabatini，"Japan Takes the Lead in Coordinating Security and Development Aid，" *World Politics Review*（August 1，2012），www.worldpoliticsreview.com/articles/12220/japan-takes-the-lead-in-coordinating-security-and-development-aid。

20. Mark Mazzetti and Eric Schmitt，"Murky Legacy of Army Hired to Fight Piracy：Stranded Soldiers Pose a Threat in Somalia，" *New York Times*（October 5，2012），p.A1.

21. Slaughter, "America's Edge."

22. George Hegel, *Philosophy of Right*, trans. T.M.Knox(1821; reprint, London: Oxford University Press, 1967), p.76.

23. Mancur Olson, *The Rise and Decline of Nations: Economic Growth, Stagflation, and Social Rigidities*(New Haven, CT: Yale University Press, 1982).

24. Tanisha M. Fazal, *State Death: The Politics and Geography of Conquest, Occupation, and Annexation* (Princeton, NJ: Princeton University Press, 2008).

25. "Looking for India's Zuckerberg," *Economist*, vol.406, no.8827 (March 16—22, 2013), p.16—17 at p.16.

26. Vikas Bajaj, "As Grain Piles Up, India's Poor Still Go Hungry," *New York Times*, June 8, 2012, pp.A1 and A3.

27. Richard K. Betts, "The Delusion of Impartial Intervention," *Foreign Affairs*, Vol.73, No.6(November/December 1994), pp.20—33 at p.31.

28. 参见 Patrick, "Irresponsible Stakeholders?" and Kara C. McDonald and Stewart M. Patrick, *UN Security Council Enlargement and U.S. Interests*, Council Special Report no.59 (New York: Council on Foreign Relations, 2010)。

29. 参见 Daniel W. Drezner, "The New New World Order," *Foreign Affairs*, vol.86, no.2 (March/April 2007), pp.34—46; Benjamin J. Cohen, "The International Monetary System: Diffusion and Ambiguity," *International Affairs*, vol.84, no.3(May 2008), pp.455—470; and Scott Barrett, *Why Cooperate? The Incentive to Supply Global Public Goods*(New York: Oxford University Press, 2007)。

30. Ian Bremmer, *Every Nation for Itself: Winners and Losers in a G-Zero World*(New York: Portfolio/Penguin, 2012).

31. 参见 Michael Ignatieff, "We're So Exceptional," *New York Review of Books*, vol.59, no.6(April 5, 2012), pp.6, 8; David Scheffer, *All the Missing Souls: A Personal History of the War Crimes Tribunals*(Princeton, NJ: Princeton University Press, 2012); and Lydia Polgreen, "Global Courts, Uneven Justice: Arab Spring Highlights Flaws in the System," *New York Times*(July 8, 2012), pp.1, 9。

32. David Brooks, "Where Obama Shines," *New York Times*(July 20, 2012), p.A19.

33. Gillian Wong, "China Touts Relations with Africa amid Grumbling," Associated Press(July 18, 2012), http://news.yahoo.com/china-touts-relations-africa-amid-grumbling-031631463—finance.html.

34. Ibid.

35. Jacob Zuma, address at the China-Africa Forum on Cooperation in Beijing(July 19, 2012), quoted in Jane Perlez, "With $20 Billion Loan Pledge, China Strengthens Ties to African Nations," *New York Times* (July 20, 2012), p.A6, and Leslie Hook, "Zuma Warns on Africa's Trade Ties to China," *Washington Post* (July 19, 2012), www.washingtonpost.com/world/asia_ pacific/zuma-warns-on-africas-trade-ties-to-china/2012/07/19/gJQAF-gd7vW_story.html.

36. Ibid.

37. 引自 Michael Martina, "China Aims to Rewrite Perceptions on Africa Investment Push-envoy," Reuters(July 18, 2012), http://news.yahoo.com/china-aims-rewrite-perceptions-africa-investment-push-envoy-105554153-business.html。

38. 引自 Perlez, "With $20 Billion Loan Pledge," p.A6。

39. Jane Perlez, "In Crisis with Japan, China Adjusts Strategy but Does Not Back Down," *New York Times*(September 30, 2012), p.8.

40. Patrick Chovanec, "China-Japan Rare Earth Fracas Continues," *Forbes*(October 17, 2010), www.forbes.com/sites/china/2010/10/17/china-japan-rare-earth-fracas-continues/.

41. 以下几点来自 Herbert Lin, "Cyber Conflict and National Security," in Robert J. Art and Robert Jervis, eds., *International Politics: Enduring Concepts and Contemporary Issues*, 11th ed. (Upper Saddle River, NJ: Pearson Education, 2013), pp.476—489 at p.480。

42. William J. Lynn, III, "Defending a New Domain: The Pentagon's Cyberstrategy," *Foreign Affairs*, vol.89, no.5 (September/October 2010), pp.97—108 at p.99.

43. Lin, "Cyber Conflict and National Security," p.478.

44. James W. Davis, "A Critical View of Global Governance," *Swiss Political Science Review*, vol.18, no.2(June 2012), pp.272—286 at p.273.

45. John Gerard Ruggie, "Reconstituting the Global Public Domain—Issues, Actors, and Practices," *European Journal of International Relations*, vol.10, no.4(December 2004), pp.499—531 at p.519.

46. Jeremy Rabkin, *Law without Nations? Why Constitutional Government Requires Sovereign States* (Princeton, NJ: Princeton University Press, 2005), p.42.

47. Davis, "A Critical View of Global Governance," p.276.

48. Margaret Chan, "Opening Remarks at the Fifth Global Meeting of Heads of WHO Country Offices," Geneva, Switzerland(November 2, 2009).

49. David A. Nadler, Robert B. Shaw, A. Elise Walton, and Associates, *Discontinuous Change: Leading Organizational Transformation* (San Francisco: Jossey-Bass, 1995), p.xiv.

第七章 微观层面的熵增

——信息超载与真相来临

在信息传播的数量和速度不断增加的过程中,现代人可能会感到一个"不可挽回的平面正在全世界蔓延"——就像心理学家、哲学家威廉·詹姆斯(William James)在1899年所感受到的一样。这并不是说,在托马斯·弗里德曼所说(Thomas Friedman)的更大连通性和更加水平化的全球竞争环境中,世界正变得平平的——虽然这在一定程度上是发生的。相反,这里的"平"是指生活中普遍存在的平庸和失去意义的感觉。信息如雨一般下得日益迅疾而密集。信息过载没有提升刺激感和意识,相反导致了厌倦和疏离。[1]这是为什么呢? 答案就在经济学领域——对稀缺资源如何分配的研究。

信息经济中稀缺的是什么? 当然不是信息;我们都快被信息淹没了。缺少的供给是人类的注意力。正如经济学家赫伯特·西蒙(Herbert A. Simon)所解释的那样:"信息的丰富造成了注意力的匮乏。"这是因为在"一个信息丰富的世界,信息的富裕意味着其他东西的匮乏:这种缺乏可以是任何东西,是信息消耗造成的。信息消耗了什么？答案显而易见·它消耗了接受者的注意力"[2]。因此，现代社会遭受着集体的注意力缺失症，而且这一问题已经转移到我们文化意识的前面。无论我们如何用原本治疗老年痴呆症和嗜睡症的药物，或通过像"Cogmed"或"Lumosity"*"大脑训练"游戏的方式将我们的大脑提升至超人水平，我们最后仍会被谷歌、推特、电子邮件、极速浏览器、苹果手机、黑莓电话、电子书阅读器、平板电脑、简易信息聚合（RSS）阅读器、视频网站、有线电视、火狐标签和雅虎旗下图片分享网站的照片流所分心。在当今世界，找到我们的出路需要有效的策略，从而在可消耗的过多的信息资源当中有效地分配我们有限的注意力。

就像人类必须学会如何从消防水管中喝水一样，组织也必须弄清楚如何有效且高效地处理那些涌向它们或者它们收集到的大量信息。仅是美国国家安全局一家每天就截获并储存接近20亿份不同的电子邮件、电话和其他信息。"这个系统的复杂性令人难以置信，"约翰·瓦因斯（John R. Vines），这位退役的陆军将军在回顾去年国防部的部分情报时如此哀叹。"最终我们无法有效地评估它是否使我们更加安全。"[3]更重要的一点是，智慧并未因指尖流出的大量信息而变得更多。

建立在真相基础上的个人世界

信息被重复和拷贝的次数越多，扩散的规模就越大，处理的

---

* 两家有名的认知培训服务提供商。——译者注

速度越快，过滤的信息就越多；信息流通经过的媒体种类越多，解码和编码等越多，变成噪音的信息就越多。这就是所谓信息熵：单调的重复和毫无意义的变化造成了信息退化。正如物质和能量分解为更多可能性而更少信息含量的状态一样，信息处理或扩散得越多，它就越有可能退化到无意义的多样性，类似于噪音、信息过载或单调的一致性。从这个意义上来说，信息熵是对信息因传输而退化的一种衡量。与信息熵相关的高噪音水平和信号失真，是庞大的编码数字时代的象征——在这个时代，信息丢失、曲解、被噪声淹没、无关紧要、模棱两可、复杂、混乱且过载。

考虑一下信息圈的影响：由电台、有线电视和互联网（视频网站和博客圈）组成的"百万频道的媒体世界"。有如此多互相矛盾的"事实""真相"和"知情意见"投掷于公众，就像游轮上的免费食品一样，世界各地的人们基本上都会根据自己个人的、特殊的、甚至常常是完全错误的对现实的说法来选择和解读事实。知识不再建立在客观信息的基础上，而是建立在诱人的"足够真实"的事实之上。一个充满漏洞的真理，但因"足够真实"，仍会左右那些因感觉正确而选择相信它的人们。

这就是喜剧演员斯蒂芬·科尔伯特（Stephen Colbert）所说的"真相"，这是一种感觉正确比事实正确更加重要的信念。美国对伊拉克的入侵是一种典型的真相逻辑。"如果你仔细想想，这场战争的合理性依据或许有一些缺失的片段，"科尔伯特评论道。"但是在直觉上，不觉得把萨达姆赶出去是件正确的事情吗？"真相驱动着各种各样牵强附会却又被人们普遍持有的政治信仰——声称美国政府实施了"9·11"恐怖袭击，共和党人操纵了 2004 年大选，艾滋病毒不会引发艾滋病——以及非政治性的信仰,例如51%的美国人(包括58%的女性)相信世界上有鬼;75%的美国人相信超自然现象;42%的美国人相信"地球上的人们有时会被魔鬼附身",等等。[4]

关键是,我们已经进入了一个由个人世界组成的全新的社会环境,在那里,个人能够构建并生活在他们自己独有的不用顾及事实的空间里。我们到达这个特定的目的地而不是其他地方,并非偶然:"个人世界王国"(personal world-dom)正是一个由当今尖端技术公司设计的、用于专门搭载我们的交通工具的世界王国。毕竟,亚马逊、"脸书"、微软、谷歌、"苹果"、领英、星佳、"照片墙"及推特的目的是通过消除守门人,即阻止我们追逐自己的梦想、出版我们自己的书籍、创立我们自己的公司、运行我们自己不合理的复杂算法的"蓝色坏心族"*,来赋予个人权力。现在,多亏"云"计算为大众提供了强大的计算和存储设施,"我在各个地方都看到了守门人的消失,"亚马逊的创始人杰夫·贝索斯(Jeff Bezos)宣称,他还进一步指出,"如今Kindle阅读器畅销书前100名中有16本是自己出版的"[5]。新的声音和初创公司的激增,总的来说,或许可能被证明是一件非常好的事情。但它肯定会导致国家和国际叙事越来越支离破碎的,并阻碍政府采取果断行动和国际合作,而这些行动和国际合作为我们的共同问题提供必要的公共产品和解决办法。

当然,在这一新的"百花齐放"的炒作的未来,我们大多数人都不会发出声音。相反,我们将提供观察和验证新一代亿万富翁一举一动的耳朵和眼睛。我们穿着暖和舒适的衣服,只需要在一种永久麻木的状态中过着舒适而安全的生活,在我们的旧

---

* the Blue Meanies,源自电影《黄色潜水艇》。——译者注

沙发上放任我们的意识漂流不定。是的，个人确实占据中心舞台，正如互联网和社交网络大咖们所预测的那样。但是，其作用比起英雄主义来说，更多的是（对网络和虚拟世界游戏的）上瘾、异化、认知超荷和疲倦不堪。

信息圈需要我们的关注，令我们分心而无法参与社会和政治活动。美国人平均每天看六个小时的电视——这个习惯会消耗他们的时间和精力去回应他们所看到的。与数字世界接轨后，他们已变成一群自我意识极强的观众。统计数据显示，他们大多是独自观看。正如"窥阴癖"会上瘾一样，信息圈切断和终止人们联系的力量也在增长。当一切事物及其对立面都声称自己才是真的时，人们便不再相信他们所听到的东西以及给他们提供消息的人们。因此，盖洛普（Gallup）在 2012 年 9 月的报告中说，美国人对传统媒体的不信任已经创下历史新高，60%的人表示他们很少相信或根本不信大众媒体会全面、准确和公正地报道新闻；调查还发现，与以往的选举年相比，如今密切关注政治新闻的美国人更少了。[6]他们要么完全忽略这些信息，要么严重怀疑这些信息的真实性。这产生了漠不关心的、愤世嫉俗的，以及唯我主义的公民——这些人几乎不适合做各种政治事业的潜在战士。由于不断增加的信息熵会导致矛盾的瘫痪，信息圈的主要政治效应将是一种根植于冷漠的沉闷的和平。

偶尔，令人麻木的沉默会被飘忽不定的社会媒体力量所打破，通常以一段完美的"油管"（YouTube）视频形式出现，将一场遥远的冲突转换为网络上的轰动事件。由"看不见的儿童"（Invisible Children）拍摄的一部引发巨大轰动的电影《科尼 2012》（*Kony 2012*）就是这样的例子。《科尼 2012》是一部关于乌干达约瑟夫·科尼（Joseph Kony）和"圣主抵抗军"（Lord's Resistance Army）残忍活动的三十分钟的电影，在拥有1 000万推特粉丝的奥普拉·温弗瑞（Oprah Winfrey）决定发布信息时，就开始在观众的"脸书"订阅中弹出来了。《科尼2012》呼吁懒汉行动主义（slacktivism）——这个贬义词指的是年轻一代人主要在线上出现的纸上谈兵式的激进主义——的部分原因是导演决定讽刺这些问题并扭曲事实。"看不见的儿童"的联合创始人贾森·拉塞尔（Jason Russell）解释说，"没人想看一部无聊的非洲纪录片，"所以"我们必须得让它弹出来，我们也必须让它酷起来"——这一过程通常需要编造核心的"事实"，使其成为符合皮克斯（Pixar）版的一个人权故事。因此，《科尼2012》暗示科尼先生的军队中有三万儿童兵，即使整个"圣主抵抗军"在经过多年逃亡之后，仍被认为还剩数百名战士。[7]

　　事实重要吗？不见得。因为大多数人都似乎凭直觉就认为，《科尼2012》不过是如今新闻文化中，持续不断的烟火表演中一场异常明亮而喧嚣的爆炸，只不过是又一束不知从哪里冒出来的光芒，明亮地燃烧了一会儿，很快就熄灭了。[8]这样的事情无时无刻不在发生。"我们的汉堡里有粉红色的黏液。"点一下。"伊朗密谋在美国领土暗杀一名沙特外交官。"点一下。"叙利亚政府军在一个叫作古拜尔（Qubeir）的小村庄活活烧死了78人，其中一半是妇女和儿童。"点一下。"苹果公司剥削中国工人！"点一下。不是虚构的故事，而是把中国和叙利亚结合起来的一个陌生人的故事如何？点一下。"星球大战儿童视频"（Star Wars Kids）、"奥巴马女孩"（Obama Girl）、"萌蠢喵星人"（Maru the cat）。点！点！点！

　　然而，更大的危险潜伏在倦怠的海洋之中。因为大量的信息流动不仅会产生厌倦、曲解及"昙花一现"的新闻报道,也会产生精神异常和政治极端主义。为了理解这一点,让我们回到贾森·拉塞尔(Jason Russell)的传奇故事。对他而言,不幸的是,他的故事并没有随着《科尼2012》的逝去而结束。事情远非如此。拉塞尔一时变得疯狂起来,成为一个他曾自己掌握和利用的社交媒体的受害者。托尼·多考皮尔(Tony Dokuopil)的《新闻周刊》特辑"微博(Tweets),短信,电子邮件,包裹,是这样的猛击让我们疯狂吗?"里记录了他陷入疯狂的过程:

> 帮助他(拉塞尔)完成使命的数字工具也似乎在撕裂他的心灵,让他不断受到赞誉和批评,结束了他与新媒体的亲密关系。
>
> 前四天他睡了两个小时,发布了一大堆奇怪的推特更新。他发了一个链接"我遇见了海象",链接是一段简短的对约翰·列侬(John Lennon)的动画访谈,敦促粉丝"开始训练你的思维"。他发了一张自己纹身的照片,上面纹有"TIMSHEL"字样,该字样是《圣经》中关于人善恶选择的一个词。有一次他上传他母亲发来的一条短信的截图,并发表评论。还有一次,他把自己的生活和令人摸不着头脑的电影《盗梦空间》(*Inception*)放在一起比较,"梦中之梦"。
>
> 在他变得奇怪的第八天,21世纪的漩涡,他发了最后一条推特——引自马丁·路德·金(Martin Luther King Jr.):"如果你不能飞,那么就跑;如果你跑不动,那么就走;如果你走不了,那么就爬;但无论做什么,你都必须继续前进"——然后他走回了现实世界。他脱下衣服,走到圣迭戈

他家附近一个热闹的十字路口拐角,在那儿他不断地用两只手掌敲击水泥地,大声叫嚷着关于魔鬼的事情。这成了一个被广泛点击的视频。[9]

拉塞尔后来被诊断为"反应性精神病"(reactive psychosis),这是一种网络诱导的暂时性精神错乱。另有一些人患有所谓"网络成瘾症"(Internet Addiction Disorder),这类病症将首次被纳入即将出版的《精神疾病诊断与统计手册》(Diagnostic and Statistical Manual of Mental Disorders)当中。根据加州大学洛杉矶分校塞梅尔神经科学和人类行为研究所(Semel Institute for Neuroscience and Human Behavior at UCLA)所长彼得·怀布罗(Peter Whybrow)所言,"电脑就像电子可卡因",刺激着周期性的伴有抑郁期的躁狂。[10]青少年每月平均发送或收到的短信约为3 700条! 这是2007年统计数字的两倍。心理学家兼研究网络影响的专家拉里·罗森(Larry Rosen)认为,互联网"助长了我们的沉迷、依赖和应激反应";它"刺激——甚至促进——精神错乱"。[11]难怪美国人不断使用阿普唑仑(Xanax)和其他抗抑郁药物。

个人精神不正常只是互联网贡献给美国大衰退的一个方面。[12]政治极端主义是另一种有害的社会影响,它与超链接本身一样早早出现,正毒害着我们的集体意识。越来越多的人转向保守派和自由派的博客来获取新闻和评论,而他们之间几乎没有交集。信息圈由无数为博眼球而运营的赚钱业务组成,这样的信息圈不出所料地将政治视为娱乐,并将其视为仅是逃避无聊的消遣。受众要求的是热度,而不是亮度;毕竟,深思熟虑的分析往往冗长乏味。观点越极端,意见表达越响亮,讽刺漫画越古怪，讨论越无所顾忌，就越好。无论是收听还是退出，公众已经允许，甚至鼓励，政治对话被极端分子劫持——这些极端分子的教条思想、煽动行为，以及往往是完全妄想的思想会进一步极化我们的政治，并且降低我们调和不同观点的能力。

国家社会内部这种极化的一个可能后果是，个人现在将会比过去更倾向于持有跨国家、超国家和次国家的忠诚、身份和情感归属。看看匿名组织等黑客组织的成长吧，这是一场无领导的全球运动，反对国家机构及其与它们合作的公司。再来想想全球城市新的世界网格战略地理，它连接着主要的国际商业和金融中心，包括纽约、伦敦、东京、巴黎、法兰克福、苏黎世、阿姆斯特丹、洛杉矶、悉尼、香港、圣保罗、上海、曼谷、台北和墨西哥城。这些城市之间密集的市场、金融和投资交易，使这一新的战略空间成为跨国身份和共同体的理想温床。虽然这类互动机会的扩散可以促进不同群体间的桥梁建设，但我们几乎没有理由期待在高度极化、抗拒事实的个人和团体中会出现抑制冲突的联系。

微观层面结构性的熵

到目前为止，讨论集中在信息熵的增加——即与数字信息革命相关的系统化过程及新属性——及其在系统微观层面对个人和团体的影响。结构性的熵增也对微观层面的现象具有一定影响。然而，这些影响主要是社会和心理上的，而不是政治上的。因此，就目前的篇幅来看，接下来对微观层面结构性熵的分析将比较简短,而且对表 2.1 中的另外三个单元格的讨论上将有意比之前的讨论更粗略。

新兴系统结构有两个大的方面对微观层面来说具有特殊的意义。首先是现实的虚拟性和虚拟空间的匿名性,它们已经开辟了新的政治、社会及规范空间——在虚拟世界中,个人和群体可以不受既定社会规范和道德准则的约束,为所欲为。另一种结构系统属性是在微观层面施加相当大的因果权重,这就是所谓"新兴国家固有的未知性"。随着全球性的熵增,世界的速度、复杂性和不可预测性呈指数级增长,使其更加令人难以理解。这种难以理解的复杂状况会导致一种行为后果,即人们可以料到,领导者将不合理的确定性强加给原本就不确定的情况,从而导致糟糕的结果。

网络空间的社会面

就像之前每一次通信突破(印刷、广播、电话、电视)一样,互联网一直被认为,不仅促进了亲社会行为,也促发了反社会行为。论及光明面,社交媒体等网络工具让人一点鼠标,就能和大量的人员分享信息并发展关系。毫无疑问,在线网络对政治团体接触并组织目标成员(例如,工会领导人与工人取得联系)来说,已经成为一个不可或缺的工具。事实上,许多自由观察人士认为,通信和连接技术的民主化将会带来世界的民主化。[13]在这一受欢迎的网络观点看来,大批民众只靠手机做武器就可以参加叛乱,挑战他们不民主的政治领导人和政权的权威。互联网促进了跨国虚拟社区的形成,使公民能够对抗他们的政府;它催生了一些人所谓新的"相互连接的庄园","一个地方——里边任何一个可以上网的人,不管其生活水平如何,也不管其属于哪个国家,都被允许发出自己的声音,拥有改变的力量"[14]。

论及黑暗面,近期一项心理学研究发现,在社交网站上(例如"脸书"、推特、"我的空间"和谷歌)花费过多时间会导致青少年产生自恋倾向、反社会行为、狂躁症及攻击性倾向。"然而没有人能否认,'脸书'已经改变了社会互动的格局,尤其在年轻人当中,我们现在才刚看到论证其正面影响与负面影响的可靠的心理学研究,"加州州立大学(该研究进行的地方)心理学教授拉里·罗森说道。[15]

不可争辩的是,社会认同、社会互动,以及关系的形成在互联网上与在现实生活中截然不同。研究已经表明,虚拟环境允许个人戏剧性地改变他们自己的自我表达,创建与他们在现实生活中截然不同的网上角色。[16]反社会的违规行为充斥着无数的虚拟世界,我们可以在其间选择匿名操作。这些行为包括从事一些非法活动,诸如赌博和兜售假冒伪劣产品;传播犯忌的淫秽材料;网络欺凌;散布一些关于某人的诽谤性的、毫无根据且具有误导性的言论;以及通过巧妙的骗局欺骗他人。这种反社会行为很多都与网络成瘾症(Internet addiction disorders,IAD)或有些人所说的"病态互联网使用"(pathological Internet use,PIU)脱不开关系,例如网络色情成瘾,在成人网络色情网站上花过多的时间;网络人际关系成瘾,严重卷入在线关系;网络强迫症,痴迷于赌博、网上购物、即时通信;信息过载,体现为强迫性的上网和数据库搜索;以及电脑游戏成瘾,痴迷于网络游戏。[17]

简而言之,网络空间中的虚拟现实为看似正常的人们出现各种反社会的行为提供了一种环境。虽然这些反社会的方面无疑值得指出,但它们的影响更多的是心理上的、社会上的、文化

上的,而不是政治上的,更不用说对"国际关系"意义上的政治的
影响。出于这一原因,且由于它尚无法形成任何明确的关于互
联网对人类本性和行为(尤其是对后代)影响的结论,对本书的
目的而言,沉湎于这个话题几乎毫无意义,所以我抛开这一面,
不再赘述。

日益不可知世界中错位的确定性

每个人都同意,国际政治发生在一个通常不确定的环境中。
在国际政治的无政府状态下,结构的不确定性常常被当作姑息
冲突发生的一个原因,而安全困境和冲突的螺旋上升则据称根
植于这一不确定性。然而,那些必须在当下做出决策的领导人
面临着更直接的不确定性,而决策的压力常常让他们贸然无理
地向自己所处的环境强加确定性。[18]

过度与毫无根据的确定性的产生有很多原因,包括政治上
的和心理上的。领导人——尤其是在权力分散的国内体制中工
作的领导人——过分吹嘘他们的政策,尤其在他们呼吁公民做
出广泛而深刻的牺牲时更是如此。[19]有时精英们出于潜意识的
心理原因,真的会相信他们夸大的言辞、虚构的故事和利己的宣
传。举个例子,动机认知偏差或许会让他们模糊真诚的信仰与
战术论证之间的界限、有效的战略观点和机会主义的战略言辞
之间的界限,以及事实与虚构之间的界限。[20]此外,心理实验表
明,人们倾向于把极有可能出现的结果视为确定会出现的结果
(所谓确定性效应)。[21]

过度的确定性也来自情报分析员取悦决策者的愿望,他们
要么告诉决策者们想听到的内容,要么在通常情况下,"通过能
够得出可靠结论,而不是以典型的不受欢迎的'一方面,另一方

面'的写作风格取悦决策者"[22]。然而，在许多情况下，诚实的情报人员会提醒其消费者要对缺乏可靠证据——为确定某种情况而需要的证据——保持敏感；也就是说，良好的情报人员往往要求决策者不要对自己的结论太确定。然而，政策制定者很少会喜欢不确定性，这就是为什么他们常常要求更好的情报但又通常不想要它的原因。[23]

因此，在 2003 年美国入侵伊拉克之前，小布什政府的主要成员声称完全确定萨达姆·侯赛因藏匿了大规模杀伤性武器（WMD），并与"基地"组织有着联系。尽管在可用的情报信息中存在着大量的缺口和矛盾，小布什政府仍以"比事实更为清晰"的方式处理了这一情况，就如迪安·艾奇逊（Dean Acheson）会说的那样。[24]因此，在 2002 年 8 月 26 日举行的美国海外战争退伍军人全国代表大会上，副总统迪克·切尼（Dick Cheney）以明确措辞说明了这件事："简单地说，毫无疑问，萨达姆·侯赛因目前拥有大规模杀伤性武器……。毫无疑问，他正收集这些武器，用来对付我们的朋友、我们的盟友，以及我们自己。"[25]即使我们承认切尼是为了获得公众和立法对战争的支持而使其观点"比事实更为清晰"，也很少有人会对他和其他高级官员深信伊拉克拥有大规模杀伤性武器持有异议。我们如今知道这是错的，而小布什政府替预防性战争辩护的"确定的认识"也是错位的。[26]

如果一个人对所有相关信息都有完整及正确的认识，那么确定性就是有保证的。然而，在绝大多数情况下，确定性是没有依据的。让我们把这种类型的认知错位称为"错位的确定性"，并将其定义为一种过早剔除不确定性的情形。这样理解，错位的确定性是由两个同样重要的维度所组成的。第一，决策者的主观与客观概率不符。在某种意义上，这样的错误是不可避免的：决策者很少（如果曾有过）知道所有的相关信息，所以总是在某种程度上下注。从这一点来看，国际政治就像股票市场：多头下注股票会上升，空头下注股票会下跌；双方都不可能正确。[27]他们都对自己的评估有一定程度的信心，但交易商当中有一方肯定是错估了未来股票价格的。大多数日常决策是在不确定下的低风险、低成本下注，错误司空见惯。

然而，错位的确定性并不仅仅是一个错误或糟糕的赌注。它是一个赌注，但是没有人承认其仅仅是一个赌注。相反，下注者顽固而执着地对境遇强加一种奇特的解读，相信这次打赌肯定会得到证实，即使证据尚不明确。就像阿里·克鲁格兰斯基（Arie Kruglanski）和唐娜·韦伯斯特（Donna Webster）所说的一样，思想"卡住并冻结了"[28]。正是这种毫无根据的认知终结——其遵循最初强加的确定性——让我们把单纯的错误和错位的确定性区分开来。在错误的情况中，一个人选择了——有时带点夸大自负的信心的——一种做法，但接着意识到最初的判断是错误的，并改变了做法。现实获胜，这一开始时的傲慢最终被谦卑的态度所取代。与此形成鲜明对比的是，由于错位的确定性，客观上侵蚀一个人信念和假定的新信息并不会导致对初始判断的更加不确定。相反，对情势的确定性随着时间的推移越来越明显，甚至在面对传入的信息显然与决策核心的评估互相矛盾的情况下，亦是如此。矛盾的信息要么用来支持最初的判断，要么忽略不用。

错位的确定性是一种信息处理失误，是偏差的结果。它或许有认知的根源——人类在复杂环境中，认知能力的局限导致决策者依赖诸如启发式或类比思维等捷径，而不是根据新的证据，努力更新现有的"先验"信念。[29]或者它也可能具有情感的根源——一种潜意识的心理需要，通过某一种导致信息处理盲点的方式看到我们所重视的对象（人、政策或状态），所谓"动机偏差"。[30]不论原因为何，其结果是使决策者无力正确处理或更新信息，这可能导致糟糕的决策，引起不必要的冲突。

举个例子，想想切尼对伊拉克的大规模杀伤性武器并与"基地"组织有联系的明确表态。在几个点上，他承认物证还没有支持他的确定性。但他自信地断言，美国需要的是再多一个线人，再多（发现）一个藏身之处，等等。导致这一错位确定性的案例并不是说它产生了一个坏的结果，而是切尼的判断反映了一种脱节，即世界告诉他的东西和他的认知-情感反应之间的脱节。这不仅是说他的假设错误，也是他在基于相反证据的情况下，（仍然）对这些假设抱有确定的信念，而使其成为错位确定性的一个案例。即使切尼最终被证明是正确的，他的确定性也是错位的。[31]

当然，世界政治中错位的确定性并不是一种全新的现象。例如，想想20世纪30年代，英国人确信德国人拥有空中"毁灭性打击"力量，如果受到西方挑衅，希特勒会毫不犹豫地发动袭击；1973年10月，以色列确信埃及和叙利亚不会发动攻击；1904年，俄国确信日本所摆出的姿态没有实际军事威胁；抑或1915年英国人确信加利波利战役（Gallipoli）能够轻易取胜。[32]在所有这些案例中，即使是在证据不一致的情况下，对对手能力或意图（或两者兼而有之）的毫无根据的自信也得以形成并被坚持了下来。

显然，错位的确定性并不完全是新的，但是随着未来几十年里全球性的熵增，它将变得越来越普遍，并带来破坏性的后果。在熵时代，后现实世界为这种信息处理错误提供了丰饶的沃土：

它比以往更容易对不确定情况施加确定性,然后——尽管证据相反——也会坚定不移地坚持自己的错误判断。有如此之多的事实可供选择,人们可以避免面对自己对复杂因果关系理解的欠缺。心理学家称之为"解释性深度错觉"(illusion of explanatory depth),在这种错觉中,即使我们真正的理解是肤浅的,我们通常也会觉得自己能理解复杂系统的工作原理。直到我们被要求解释这样一个系统是如何工作时,我们才会意识到自己实际上知道的有多么微乎其微。[33]这样的错觉往往会带来危险的后果。正如 19 世纪美国幽默作家阿蒂默斯·沃德(Artemus Ward)的一句名言:"让我们陷入麻烦的,并不是我们不知道的事情。而是那些我们以为我们知道但事实并非如此的事情。"[34]

此外,随着世界变得越来越不可知,事件越来越随机,通过将确定性强加于日益混乱的现实,从而达到认知终结的难度也在增加。这样做的动机和诱惑也越来越强烈。这是完全可以理解的,毕竟,决策者们发现他们自己身处需要大胆及时决策的危机局势之中,在采取果断行动的压力下,他们应该寻求并屈服于确定性的舒适——无论这一确定性是真实存在的还是想象出来的。但就像塞壬 * 甜美诱人的歌声一样,这是一种难以抗拒的吸引力,一旦人们留意去听,可能会导致可怕的后果。

我以一个简短但具有说明性的轶事来作结尾,它概括了本章所讨论的大部分内容。奥巴马总统与共和党挑战者米特·罗姆尼(Mitt Romney)之间的第一场辩论招致了不同阵营媒体对主持人吉姆·莱勒(Jim Lehrer)的批评,其中最激烈的来自左

---

* Sirens,古希腊神话中半人半鸟或半人半鱼的女海妖,以美妙歌声诱使水手驶向礁石或危险海域。——译者注

派。左派指责莱勒先生在辩论中失去了对米特·罗姆尼的控制，他们声称罗姆尼"像卡车碾虫子一样碾过了他"[35]。《国家报》的理查德·金(Richard Kim)认为，莱勒的温和风格"根本无法应付后真相时代和不对称的极化政治——而这一风格也该退出历史舞台了"[36]。只有在熵的时代，这样的声明才会未加解释地被《纽约时报》援引。编辑肯定以为，该报的读者能够轻易地解读"后真相、不对称的极化政治"这一短语的含义。这样一个短语在二十五年前对大多数人来说几乎没什么意义。而它在今天拥有很多含义，这也是我们所生活的世界与之前世界的一个巨大的不同之处。信息熵在上升，政治在极化，而真理——我们知道的事情却并非如此——比以往任何时候都更加独特、更具可塑性，也更加危险。

注　释

1. 就这一主题，非常有见地且充满预见性的一本书，可参见 Orrin E Klapp, *Overload and Boredom：Essays on the Quality of Life in the Information Society*(New York：Greenwood Press，1986)。

2. Herbert A. Simon，"Designing Organizations for an Information-Rich World," in Martin Greenberger，ed.，*Computers，Communication，and the Public Interest*(Baltimore：Johns Hopkins University Press，1971)，pp.40—41.

3. 引自 Hendrik Hertzberg，"Open Secrets," *New Yorker*(August 2，2010)，p.18。

4. 参见 Farhad Manjoo, *True Enough：Learning to Live in a Post-fact World*(Hoboken，NJ：John Wiley，2008)；David W. Moore，"Three in Four Americans Believe in Paranormal：Little Change from Similar Results in 2001," *Gallup News Service*(June 16，2005)，p.12，www.gallup.com/poll/16915/Three-Four-Americans-Believe-Paranormal. aspx；and "Most Americans Believe in Ghosts：Survey Shows 1/3 Accept Astrology，1/4 Reincarnation," *World Net Daily*(February 27，2003)，www.wnd.com/2003/02/17494/。

5. 引自 Thomas L. Friedman，"Do You Want the Good News First?"

New York Times（May 20，2012），Sunday Review，p.1。

6. Lymari Morales，"U. S. Distrust in Media Hits New High：Fewer Americans Closely Following Political News Now Than in Previous Election Years，" *Gallup Politics*（September 21，2012），at www. gallup. com/poll/157589/distrust-media-hits-new-high.aspx.

7. Josh Kron and J. David Goodman，"Online，a Distant Conflict Soars to Topic No.1，" *New York Times*（March 9，2012），pp.A1 and A3.

8. Brian Stelter，"From Flash to Fizzle，" *New York Times*（April 15，2012），Sunday Review，p.5.《科尼 2012》于 3 月初出现在公众视野，随后以一种闻所未闻的速度飙升，到 3 月中旬横扫推特和"脸书"，直到 4 月初才淡出人们的视线。

9. Tony Dokoupil，"Tweets. Texts. Email. Posts. Is the Onslaught Making Us Crazy?" *Newsweek*（July 16，2012），pp.24—30 at p.26.

10. Ibid.，p.27.

11. Ibid.

12. 将其称为美国大衰退有点不公平，因为这些失序也早已在英国、韩国、中国，以及以色列等国受到了广泛研究与报道。它确实是个全球现象。

13. 事实上，网络空间与民主和自由之间的关系要复杂得多。参见 Ian Bremmer，"Democracy in Cyberspace，" *Foreign Affairs*，vol.89，no.6（November/December 2010），pp.86—92。

14. Eric Schmidt and Jared Cohen，"The Digital Disruption：Connectivity and the Diffusion of Power，" *Foreign Affairs*，vol.89，no.6（November/December 2010），pp.75—85 at p.75.

15. Larry Rosen as quoted in IB Times Staff Reporter，"Facebook May Cause Psychological Disorders，Study Says，" *International Business Times*（August 9，2011），www. ibtimes. com/facebook-may-cause-psychological-disorders-study-says-827739.

16. 例如可参见 Nick Yee，Jeremy N. Bailenson，and Nicolas Ducheneaut，"The Proteus Effect：Implications of Transformed Digital Self-Representation on Online and Ofine Behavior，" *Communication Research*，vol.36，no.2（April 2009），pp.285—312。

17. Hing Keung Ma，"Internet Addiction and Antisocial Internet Behavior of Adolescents，" *Scientific World Journal*，vol.11（2011），Article ID 308631，10 pp，www. hindawi. com/journals/tswj/2011/308631/；R. A. Davis，"Cognitive-behavioral Model of Pathological Internet Use，"

Computers in Human Behavior, vol.17, no.2,（March 2001），pp.187—195. 为了诊断一个人是否患有网瘾，人们提出了五个诊断标准：一个人（1）对互联网着迷（回想先前的上网行为或期待下一次在线会话）；（2）需要用大量时间使用互联网，以此达到满足；（3）已经做了一些努力来控制、减少或停止使用互联网，但并没有成功；（4）当试图减少或停止上网时会忐忑不安、喜怒无常、沮丧或易怒；以及（5）比最初预期的在线时间更长。除了这五个症状，以下几条还至少有一条要满足：一个人（1）因为互联网而危及或冒着损失一段重要关系、工作、教育或事业机会的风险；（2）欺骗过家人、治疗师或其他人来隐瞒自己对互联网的涉入程度；（3）利用互联网，把其作为自己逃避问题或缓解焦虑心情（如感觉无助、内疚、焦虑、沮丧）的一种方式。Hilarie Cash，Cosette D. Rae，Ann H. Steel，and Alexander Winkler，"Internet Addiction: A Brief Summary of Research and Practice," *Current Psychiatry Reviews*, vol.8, no.4 （November 2012），pp.292—298 at p.293.

18. 这一部分很多借鉴了 Jennifer Mitzen and Randall L. Schweller，"Knowing the Unknown Unknowns: Misplaced Certainty and the Onset of War," *Security Studies*, vol.20, no.1（January-March 2011），pp.2—35。

19. 关于"过分吹嘘"政治的经久不衰的著作是 Theodore Lowi，*The End of Liberalism*（New York：Norton，1969），chap.6。

20. 斯蒂芬·范·埃弗拉（Stephen Van Evera）将这种现象称为"反吹"（blowback），因为这个精英与国家被他们自己虚构的神话所诱捕。参见 Jack L. Snyder，*Myths of Empire: Domestic Politics and International Ambition*（Ithaca，NY：Cornell University Press，1991），pp.41—42。

21. Jeffrey W. Taliaferro，*Balancing Risks: Great Power Intervention in the Periphery*（Ithaca，NY：Cornell University Press，2004），p.32；George Quattrone and Amos Tversky，"Contrasting Rational and Psychological Analysis of Political Choice," *American Political Science Review*，vol.82，no.3 （September 1988），pp.719—736 at p.722.

22. Robert Jervis，*Why Intelligence Fails: Lessons from the Iranian Revolution and the Iraq War*（Ithaca，NY：Cornell University Press，2010），p.127.

23. Ibid.，pp.157—158.

24. 引自 Walter Russell Mead，*Power，Terror，Peace，and War: America's Grand Strategy in a World at Risk*（New York：Alfred A. Knopf，2004），p.116。

25. 引自 Thomas E. Ricks，*Fiasco: The American Military Adventure in*

Iraq（New York：Penguin，2006），p.49。

26. 关于共同的过分自信和积极幻想是如何推动这场战争的讨论，可参见 Dominic D. P. Johnson，*Overconfidence and War：The Havoc and Glory of Positive Illusions*（Cambridge，MA：Harvard University Press，2004），chap.8。

27. 有人试图去说，在所有的股票交易中，买方或卖方总有一方对未来股票价格的预判是错的。然而，对所有的股票交易来说这并不正确。卖方与买方可以就股票的未来价格达成一致，他们可能都正确，仍然可以进行交易。这是因为卖方会像买方一样，有可能认为股票会上涨，但仍然选择卖出，因为（尤其是）他或她相信另一只股票会比他或她卖出的股票上涨得更高更快。追加保证金也可以解释交易者们对未来股票价格的协商一致。

28. Arie Kruglanski and Donna Webster，"Motivated Closing of the Mind：'Seizing' and 'Freezing,'" *Psychological Review*，vol.103，no.2（April 1996），pp.263—283.

29. 这里，"更新"是指"贝叶斯更新"——一种推理方法，用贝叶斯规则来更新假设的概率估计，作为额外的证据。贝叶斯更新的逻辑本质上是归纳学习，建立认识论的推论。参见 Donald A. Sylvan，Thomas M. Ostrom，and Katherine Gannon，"Case-Based，Model-Based，and Explanation-Based Styles of Reasoning in Foreign Policy," International Studies Quarterly，vol. 38，no.1（March 1994），pp.61—90。另一种理解它的方法是将其作为一种错误印象，参见 Richard K. Herrmann and Michael P. Fischerkeller，"Beyond the Enemy Image and Spiral Model：Cognitive-Strategic Research after the Cold War," *International Organization*，vol. 49，no. 3（Summer 1995），pp.415—450。

30. Robert Jervis，"Perceiving and Coping with Threat," in Robert Jervis，Richard Ned Lebow，and Janice Gross Stein，eds.，Psychology and Deterrence（Baltimore：Johns Hopkins University Press，1985），pp.24—27.

31. 尽管这并不一定会导致"坏"结果——毕竟，人们可能出于错误的原因而做对的事情——错位的确定性的一部分重要性在于它有力量为战争提供动力学燃料。沿着这些线，罗伯特·杰维斯怀疑和谐的关系"是程序化和高度受限的交互模式的产物，而不是准确的感知结果"。Jervis，"War and Misperception," in Robert I. Rotberg and Theodore K. Rabb，eds.，*The Origin and Prevention of Major Wars*，eds.（Cambridge：Cambridge University Press，1989），p.106.

32. 参见 Edward Warner，"Douhet，Mitchell，Seversky：Theories of Air

Warfare," in Edward Mead Earle, ed., Makers of Modern Strategy(Princeton: Princeton University Press, 1943), pp.484—503; Arie Kruglanski and Uri Bar Joseph, "Intelligence Failure and Need for Cognitive Closure: On the Psychology of the Yom Kippur Surprise," Political Psychology, vol.24, no.1 (March 2003), pp.75—99; Richard Ned Lebow, Between Peace and War (Baltimore: Johns Hopkins University Press, 1984); and Eliot Cohen and John Gooch, "Failure to Adapt: The British at Gallipoli, August 1915," in Military Misfortunes: The Anatomy of Failure in War (New York: Free Press, 1990), pp.133—164。

33. Steven Sloman and Philip M. Fernbach, "I'm Right! (for Some Reason)," New York Times(October 21, 2012), Sunday Review, p.12.

34. 引自 Thomas Gilovich, How We Know What Isn't So: The Fallibility of Human Reason in Everyday Life(New York: Free Press, 1991), p.1。同样,深受阿蒂默斯·沃德影响的马克·吐温(Mark Twain)也曾说过:"这个世界的问题不是人们知道的太少,而是他们知道很多似是而非的东西。"这句话广受人们引用,然而,目前还不清楚马克·吐温是否真的说过这样的话,也不知道他在哪儿说的。

35. 自由电台主持人比尔·普雷斯(Bill Press),引自 Brian Stelter, "After a New Look Debate, a Harsh Light Falls on the Moderator," New York Times, October 5, 2012, p.A13。

36. 理查德·金引自 ibid。

第八章　麦克斯韦妖和"愤怒的小鸟"

——大数据是救星吗？

如果当我们到一种最大熵的状态，那么我们所知的大部分国际政治就都将会结束。世界将会充满激烈的国际竞争和企业战争，但几乎没有传统的军事制衡；信息超载、无聊、冷漠、低水平的关注和信任，以及持续的极端主义；强大的非国家身份，它们破坏目的明确的国家行动，阻碍国际合作；以及新的非地理政治空间，它们绕过国家，支持低强度的战争策略，破坏稳定联盟的形成。我们能不能做些什么事情先发制人或者避开这一未来呢？还是我们命中注定，除了适应别无选择？或许，就像科学家一样，我们应该从寓言中寻找答案。

现代科学经常用寓言作思想实验，弥合可见现实与无形理论领域之间的鸿沟，在具体与抽象之间架起桥梁。寓言常常以一种妖魔的形式将人类与神的特性结合在一起：一种沟通的媒介，根据更大的寓意手法的要求，它通常扮演信使、守护人或圣人的角色。

在所有的科学妖魔中，最著名的可以说是 1867 年由英国物理学家詹姆斯·克拉克·麦克斯韦(James Clerk Maxwell)所发明的"非常敏锐又手指灵巧的生物"，它用来抵消不断增加的熵和向牛顿第二定律所规定的热平衡的无情漂移。妖魔如何击败熵？通过分子分类。麦克斯韦妖是一个杰出的分类工，它在没有做工消耗的情况下将运动速度不同的分子分进不同的容器，完成几乎不可能完成的工作。[1]

麦克斯韦在承认熵增的概率性，并寻求以智取胜的机会的同时，想象出"一种才能超群，能够跟踪每一个分子运动轨迹的生物。此妖守卫着一扇大门，看着两股不同温度的气体。它只允许快分子从冷侧通过，慢分子从热侧通过"[2]。因此，冷侧变得更冷，热侧变得更热，熵从而减少。

更具体地说，麦克斯韦思想实验设了两个容器，A 和 B，它们被一堵墙(CD)隔开，其中有一个无摩擦滑动门。两个容器都含有同等数量处于兴奋状态的分子，它们不仅互相撞击，也撞击容器边缘和分隔两个容器的墙壁。妖魔颇有战略地守在无摩擦滑动门处，拥有超人的能力：(1)观察单个分子，(2)了解这些分子的路径和速度，以及(3)通过开关滑动门，区分分子，允许某些分子从一个容器通过洞口到另一个容器。通过挑出容器 A 中超过均方速度的分子，并允许它们从容器 B 通往容器 A；以及通过挑出容器 B 中小于均方速度的分子，并允许它们从容器 A 通往容器 B，此妖逆转了热度自热区传递到冷区的自然趋势。每个容器的分子数目保持不变，但容器 A 中的能量增加（A 变得更热），而容器 B 中的能量减少了（B 变得更冷）。而且，没有做工，也没有能量的消耗。这样，牛顿第二定律通过灵活的分类得以规避。

现在让我们回到前面那个彻底洗牌的例子。我说的洗牌出现的混乱无法消解并不完全正确。这种说法只有在你的活动仅限于心不在焉的洗牌时才成立。如果没有受到这样的限制,那么你或许可以轻易地把卡片放回它们原来的顺序或任何你选择的顺序。关键是,人类与自然不一样,人类可以消除由随机因素的引入所造成的失序;我们不仅可以心不在焉地洗牌,也可以整理、排序及排列。用亨利·亚当斯(Henry Adams)的话来说:"混乱(是)自然的定律,秩序……(是)人类的梦想。"[3]

麦克斯韦妖乃是个大数据狗仔

当今世界正在出现一个麦克斯韦妖。它是一个前所未有、有着超常智慧的分拣机。然而,它几乎不能被称为救世主,至少对于国际政治而言,肯定不是。在熵时代,麦克斯韦妖是大数据。[4]美国国际商用机器公司(IBM)估计,每天有 2.5 百万兆字节,(2.5 quintillion,也就是 17 个 0!)新数据字节生成(其中90%是在过去的两年里创建的)——这些信息被大数据加工成个人资料,以便更准确地定位广告。[5]

然而,将这一场革命仅仅理解为收集大量信息并不正确。大数据不同的是,它追求把生活的方方面面转化为数据——这一过程被称为"万事数据化"(datafication)。[6]位置、文字、友谊及"赞",甚至人们的臀部都被"数据化"了,转化成数值量化的形式。推动大数据崛起的核心理念是,"我们能够从大量信息中学到我们仅用少量信息所理解不了的东西"[7]。在熵时代,麦克斯韦妖是一个独一无二的数据巨物,它拥有 23 000 台计算机服务器，每年处理 50 万亿"数据交易"，绘制、分类并共享我们的"消费者基因组"（consumer genome）。它的名为安客诚（Acxiom Corporation），是一家总部设在阿肯色州小石城的"数据经纪公司"。分析人士称，它已积累起了世界上最大的消费者商业数据库。很少有人听说过这个安静的、拥有数十亿美元价值的数据库营销行业的领导者。但安客诚肯定知道你是谁、你在做什么、你住在哪儿、你的种族、性别、体重、身高、婚姻状况、教育水平、政治倾向、购买习惯、家庭健康问题、度假梦想，以及更多信息等等。毕竟，了解一切关于你的信息是安客诚的业务，而且是一项有利可图的业务。它的客户包括丰田（Toyota）和福特（Ford）、梅西百货（Macy's）、亿创理财（E* Trade）、富国银行（Wells Fargo）和汇丰（HSBC）等各种公司，安客诚公布的 2011—2012 年利润为 7.726 亿美元，销售额为 11.3 亿美元。[8]

如今，在数字广告过度活跃的世界，根据我们通过谷歌搜索的内容、我们访问的网站、我们点开的广告，强大的算法使用大量数据点来评估我们。然后，向我们做广告的机会就会被拍卖给出价最高的竞标者（营销人员会寻找并识别出最佳机会，并在他们转到下一个网页之前向他们推销产品）。所有这一切发生在毫秒之间，而且整个过程都是无形的。这令一些监管者和消费权益维护者忧心忡忡，他们将"计算机生成的阶级制度"的出现，视为一个"以监控为动力的广告驱动网络"。[9]

如同麦克斯韦最初的思想实验中那些无助的分子一样，我们在不知不觉中也正在被观察、被了解、被超级分类。复杂的生物特征数据采集系统可以通过语音、面部表情、静脉样本识别软件识别我们。你的手掌扫描了吗？如果还没，很快就会轮到你了。[10]在熵时代，麦克斯韦妖是一个大数据网络狗仔。然而，从更广泛的意义上来说,我们所有人都正在变成各种各样的麦克斯韦妖。为解释这一点,我们有必要就游戏的社会意义进行一段简短的题外话。

研究游戏的学者(是的,有这样的人)已经表明,游戏反映了它们产生和普及所处的社会与时代。因此,"大富翁"(Monopoly)——一款允许任何人假装自己是大亨的游戏——在大萧条期间诞生了;"风险"(Risk)——冷战现实政治的字面表达——于20世纪50年代出现;而"扭扭乐"(Twister)——第一款风靡美国的用人体作旗子的游戏——代表了20世纪60年代的性革命,一位评论家给它贴上了"箱子里的性"的标签。[11]下一款大行其道的游戏是"打破砂锅问到底"(Trivial Pursuit),被《时代》杂志称为"游戏史上最大的奇迹"[12]。"打破砂锅问到底"是一款棋盘游戏,游戏进程取决于玩家回答各方面常识和流行文化问题的能力;也就是说,游戏奖励的是那些脑子里存储了最多无意义信息的玩家。无独有偶的是,"打破砂锅问到底"的普及在1984年以超过2 000万的销量达到了顶峰——1984年是一个信息时代的过渡期,是从20世纪70年代末个人计算机的出现到20世纪90年代初互联网的普及的过渡期。随后,熵开始在世界政治中稳步上升。

1989年柏林墙倒塌,标志着苏联卫星系统的崩溃和冷战残局的开始,"俄罗斯方块"(Tetris)风靡全球。这款游戏是1984年在苏联一个计算机实验室发明的,它在之前并不受欢迎,直到日本游戏厂商任天堂的掌上游戏机(Game Boy)自带了俄罗斯方块游戏之后,才受到人们欢迎。萨姆·安德森(Sam Anderson)写道:"俄罗斯方块中的敌人不是某个可以辨认出来的恶棍(比如大金刚[Donkey Kong]、拳王泰森[Mike Tyson]、神偷卡门〔Carmen Sandiego〕），而是一股不为人知的、永不停歇而又毫无理性的力量，它不断地威胁着要战胜你，制造大量的阻碍物，而你唯一的防御就是反复而毫无意义的排序。"[13]瞧！敌人是无序的、随机的、混乱的，而我们的任务是重复又毫无意义的排序。你可能会想，"再也没有人玩俄罗斯方块了"。并非如此。自2005年以来，俄罗斯方块单在手机上的销量就超过1亿份，并衍生出数十款"触屏拼图"副产品。[14]例如，"联盟"（Unify）游戏就是俄罗斯方块的一种双向形式，在这款游戏中，不同的彩色方块从屏幕两端漂移到屏幕中间，融为一体。安德森继续说道："在俄罗斯方块发明后的近30年里，尤其是在近5年来，随着智能手机的兴起，俄罗斯方块及其衍生产品（愤怒的小鸟、宝石迷阵、水果忍者，等等）已经占领了我们的口袋和大脑，并改变了整个电子游戏产业的经济模式。不论好坏，今天我们生活在一个充斥着愚蠢游戏的世界。"[15]

在熵时代，我们所有人都是麦克斯韦妖。当中有一些人一辈子至多只是个笨手笨脚幼稚的妖魔；而有些人，尤其是那些新一代和即将出生的一代，他们将成为智力超群身手敏捷的妖魔。因此，由于信息量的增长似乎超出了我们的估计——以至于我们会大喊，"信息太多了！够了！够了！"——我们成为越来越熟练的信息处理者。存储、操作及共享知识，使我们成为信息技术的专家级用户；我们流出信息、筛选信息、保存信息、创建文本、分类信息，以及用谷歌搜索信息。[16]虽然我们无法扭转信息过载进程，但我们可以找出最佳的适应方式，甚至也许可以学会如何将洪水般的大量信息转化成有用而可靠的知识。毕竟，从无序中创造有序是人类最基本、最普遍的任务。我们不断地对耗散、混乱和随机的自然力量发起反击，与威胁要吞没我们的熵增浪潮战斗。正如控制论之父诺伯特·维纳(Norbert Wiener)带有诗意地所指出的那样:"我们正逆流而上,对抗一股混乱的洪流,洪流会使得一切都归结为平衡和相同的热寂……。物理学中的这一热寂说在克尔凯郭尔(Kierkegaard)的伦理学中有一个类似的说法。克尔凯郭尔指出,我们生活在一个混乱的道德世界中。在这方面,我们的主要责任是建立秩序与制度的任意飞地(arbitrary enclaves)……。就像红桃皇后(Red Queen)一样,我们必须拼命奔跑,才能保持在原地(否则就会掉队,落后的个体会被淘汰、消亡、灭绝)。"[17]

维纳的洞见——我们的主要责任是建立秩序的任意飞地——是找到国际政治中熵增的补救方法的关键。与自然不同的是,在世界政治中,熵进程可以被阻止,也可以被破坏。但要实现这种逆转,有两个条件:(1)一个仁慈而强大的霸权国家,愿意提供并管理一种国际秩序——它的正当性即便没有得到全世界认可,也要得到广泛的认可;以及(2)给低效的国际制度一个拭净的国际景观,留下一片白板,供新近加冕的霸主(它有可能是旧霸主担任全球领导的第二届任期,比如英国联盟后于1815年打败拿破仑法兰西之后所获得的霸权)在上面创建一个有效可行的全球架构。当其处于权力的顶峰时,霸权领导者就等同于阿那克萨戈拉的灵智(Anaxagoras's Mind)(理性),它的分类行动自混乱之中提供了秩序(宇宙)。但是,在没有发生重大战争或其他灾难性事件来重启系统的情况下,这样一个全球性的强国和制度的变革怎么可能发生?有没有其他办法点击重置按钮?

唯一的解决办法是对系统进行一次巨大的冲击,发生一场极其严重的灾难,砸通封闭系统的外壳,给世界注入新的、有用的能量供其再次运转。也许，除了一场可怕的自然灾害、全球流行病或一系列针对主要城市（如纽约、东京、柏林、伦敦、巴黎等）的全球协同的恐怖袭击之外——治疗肯定比病症更糟糕——没有什么力量能比一场霸权战争更能解决问题，也没有什么毁灭的动力能为全球复兴奠定基础。技术修复或许可以及时出现，令情势转危为安。但技术是问题的很大一部分；很难想象它会如何变成解决方案。

灾难：变革与更新机制

> 重大的灾难不一定会产生真正的革命，但它们无疑是革命的先导，我们有必要思考，或者更确切地说重新审视世界。[18]
>
> ——费尔南·布罗代尔（Fernand Braudel），
> 1950 年 12 月 1 日在法兰西学院的就职演讲

创造性毁灭的原则存在于大多数变革进程的核心。有人观察到一种循环模式：初始的停滞与平衡期后，接着是混乱动荡（骚乱）期，紧跟着又建立起第二个平衡，但这一平衡可能完全不同于最初毁灭性破坏之前的那场平衡。这一模式被称为"间断的平衡"，不仅描述了自然界中的变化，也描述了社会经济与政治变革。[19]当下关注最为重要的是，这种由来已久的动力，引发了世界政治中一些最重大的变革。

深刻的变化往往出现在两种描述中：(1)所谓致命不连续的

低概率事件,能在瞬间"改变一切",以及(2)持续、逐渐发展的趋势(政治、人口、环境、社会、技术、能源及经济的转变),在长期内同样具有深远的影响。[20] 全球性的熵增是一个逐渐显现的趋势,它可以通过一场关键性中断扭转局面,清理干净记录,将世界历史的进程引向另一条轨道。21 世纪提供了许多潜在的危险,可能会导致关键性中断。正如剑桥大学教师、皇家天文学家马丁·里斯(Martin Rees)所推测的:

> 人口可能会被"策划出的"致命空气传播病毒消灭干净;人的天性或许会遭到远比如今人们所熟悉的秘方与药物更具针对性、也更有效的改变;我们甚至可能有一天会受到流氓纳米机器灾难性复制的威胁,或受到超级智能计算机的威胁……。碰撞的原子以巨力聚在一起的实验可能会开启连锁反应,侵蚀地球上的万物;这些实验甚至可能撕裂空间本身的结构,这是一场最终的"世界末日"(Doomsday)大灾难,它的后果以光速传播,吞噬整个宇宙。[21]

虽然这些场景很吸引人也富有想象力,但它们——尤其是后者——看起来几乎不可能出现。尽管如此,还是有许多其他潜在的"全球灾难"候补者可能会变成事实,并导致 1 000 万人以上死亡的灾祸,或价值 10 万亿美元的经济损失——其中任何一种在某些方面或许会代替霸权争夺战,成为治疗国际熵增灾变的药方。[22] 这些包括一个非常多样化的事件集合,其范围从剧烈的火山大爆发到病毒大流行,从核战争到大规模恐怖袭击,从失控的科学实验到气候变化,从遭遇外太空物体到经济崩溃。[23] 其中,印度与巴基斯坦之间的核交易,或涉及伊朗与以色列的中东核战争比其他大多数灾难都更有可能发生。但由动物传给人类的疾病所引起的致命病毒大流行的出现，看起来是所有灾难候补者当中最有可能成为下一场全球性灾难的来源，这场灾难一旦发生，规模就和过去的霸权争夺战差不多一般大。

现代科技和全球化早已通过各种危险的方式将病毒与人类连接起来。非典型肺炎、艾滋病、埃博拉病毒，以及禽流感都是众所周知的，仅仅提及它们就能让我们焦虑不安。迄今为止，人类已是非常幸运，特别是过去的几代人。就像斯坦福大学生物学家兼全球病毒预测主管内森·沃尔夫（Nathan Wolfe）所指出的："我们不能不（把艾滋病毒）称作我们一生中最大的侥幸脱险。如果艾滋病毒通过一声咳嗽就能传播的话，你能想象会有多少人已经死掉吗？"[24] 我们的幸运还能持续多久？

假设我们逃过了病毒大流行。总会有痛苦的孤独者、狂热分子、无法适应社会的人，以及持不同政见的群体。技术进步将招致比如今我们所拥有的更为致命而又更容易获得的恐怖与破坏手段；即时的全球通信也会扩大它们的社会影响。在世界末日机器按钮上有着成百上千根独立的手指，我们能希望自己在未来的世界中存活多久？

当然，世界末日场景并不是 21 世纪的新情景。在 20 世纪初，1902 年赫伯特·乔治·威尔斯（Herbert George Wells）在伦敦皇家学会（Royal Institution）发表了极具煽动性的演说《发现未来》（"The Discovery of the Future"）。在演说中，他给出了一连串潜在的灾难，这些灾难因熵的作用力带来的某种宇宙热寂而终结：

必须承认，我们不可能会说明为什么有些事情不应完

全毁灭并终结人类种族与历史,以及为什么黑夜不应马上
降临使我们所有的梦想与努力都付诸东流。例如,可想而
知的是,一些巨大而预料不到的物体会从太空中冲向我们,
旁边旋转的太阳与行星就像风前的枯叶,碰撞并彻底摧毁
地球上每一个生命的火花……随即或许会出现一些瘟疫,
一些新的疾病,它们不像以往那些夺走地球上 10%、15%
或 20% 生命的疫病,而是会 100% 毁灭整个地球上的生
命……并因此而终结我们这个种族……空气中的一些重大
疾病、某些如彗星般紧跟不舍的毒物、从地球内部散发出来
的某些大量气体……(或)在陆地和海洋上捕食我们的新的
动物,而且可能会有某些药物或肆虐的精神错乱进入人们
的头脑。而最终,理该确定,我们的太阳辐射会越来越弱,
太阳本身一定会走向灭亡;至少,这肯定会发生;它将会越
来越冷,而其行星的运转将更加缓慢,直到有一天,我们没
有潮汐而又行动迟缓的地球将会死去并冻结,而生活在地
球上的所有生灵也将被冻结,永无下文。人类肯定也就终
结了。一切这样的噩梦都毋庸置疑地充满了说服力。[25]

威尔斯或许背叛了自己,成为了一个天真的乐观主义者。
他在演说的最后总结说:"我不相信这些事,因为我已经开始相
信某些其他的事情——相信世界的内聚力与决心,相信人类命
运的伟大。世界或许会冻结,太阳或许会毁灭,但现在,激起我
们内心的一些东西永远不会再死。"[26]值得庆幸的是,迄今为止,
原来所有的预测都是失败的,除了结尾那个乐观的预测。这并
不令人惊讶,因为正如弗朗西斯·培根(Francis Bacon)在四百
年前指出的,最重要的进步通常最难预测。[27]

唉,世界末日事件并不是
霸权争夺战的替罪羊

　　灾难性事件与霸权争夺战有两个重要的共同特征:它们动摇一切,并会导致生命与财富的重大损失。的确,战争是最具破坏性的人类行为形式,它的后果能有多深就有多深:其对经济发展、环境破坏、疾病传播、国家扩张、社会的军事化、家庭的破裂,以及人们的创伤等各方面造成巨大的损失。在对社会、经济与政治的这些深刻的破坏性影响上,战争就像流行病,它也"拥有产生深远动荡的能力,但通常起着变革的催化剂作用,在幸存者的信仰结构中,在受到影响政体的微观与宏观层面的社会与经济结构中,在国家与社会之间的关系,以及最终国家与国家之间的关系中产生转变"[28]。更为普遍的是,战争决定了世界政治的改变形态,决定了国家内部的体制结构与文化,也决定了历史本身的轨迹。[29]

　　但是,战争并不仅仅是一场灾难性事件,一场天灾;它是一种政治行为。军队的任务是杀人和破坏东西;它的技能是对暴力的管理与应用。正是暴力的政治目的,从根本上区分了战争与大屠杀行为。在政治领导人的指导和协调下,士兵们为一个更大的集体政治单位进行战斗,以推进集体或至少是其领导阶层的目标。[30]正如卡尔·冯·克劳塞维茨(Carl von Clausewitz)在其《战争论》(*On War*)——一部经典的关于战争与军事战略的未尽之作——中所强调的那样,战争是一种"政治工具,是政治行为通过另一种手段的继续……。政治意图是目的,战争是达成这一目的的手段,而手段不可能被认为是孤立于目标的"[31]。克劳塞维茨型的战争是对暴力的理性控制,从而为政治目的服务。而且,正是霸权战争的政治目的将它们及其所具有的重要国际政治作用——最重要的是,为一个新的霸权国加冕,并将全球制度历史中的污点抹去——与单纯的灾难性全球事件区分开来。确实,如果没有一场霸权战争,设想一下人们曾为了逃脱那些替代霸权争夺战的各种灾难性事件所做的种种努力,世界更无前途可言。为什么? 答案与另外一个更大的问题联系在一起:国际秩序的来源是什么? 关键在于霸权争夺战与全球公共产品供给之间的关系。

什么是全球公共产品?

预防全球流行病、避免小行星撞击地球、减轻气候变化带来的影响、严密防守"核武器",它们都是全球公共产品的例子;它们让世界各处的人们生活得更好,因此也是人们普遍的需求。[32]公共产品由两个特征来定义:它们具有非排他性和非竞争性。一旦一种公共产品得以供应,所有人都能够分享它(非排他性的概念);而且一个人对产品的享有不会影响其他人的使用机会;也就是说,一个人对物品的利用不会减少他人使用物品机会,且一个人得到的好处一定不能因其他人享有这一产品而受到严重损害,也不能以牺牲其他人的享受为代价(非竞争性的概念)。[33]公共产品的例子有很多,包括一个美丽的景点、国防、桥梁、干净的空气及路灯，等等。看起来是一个双赢的局面；每个人享受并受益于公共产品的供应，所以应该有很多公共产品，对吧？错了。因为公共产品一旦得到供应，就没有人（甚至那些没做贡献的人）能被排除在使用范围之外，（这样）公共产品常常会供应不足或完全无法供应。奇怪的是，这并不是一个集体非理性问题，而是集体理性问题：人们倾向于对公共产品的激励结构采取理性行动。让我解释一下。

一项公共产品的供应通常需要大量的人做少量的贡献，这样每个人的贡献对于产品供应所要求的总量来说几乎没有差别（相对而言微不足道）。这意味着人们的贡献对自己来说负担不轻，但在产品有没得到供应这一结果上没有明显的影响。因此，没有合理的原因去出力，尤其是考虑到产品具有非排他性这一特性。相反，理性的动机是搭别人努力的便车。当然，有些人会出力，因为它是一件需要去做的正确的事情，不管别人有没有出力。但是，如果大多数人都理性行事，并试图免费搭乘别人贡献的便车，那么，该产品将会得不到供应；在这种情形下，人们依然过得比较好，因为不用为得不到的好处付出成本。所以无论如何——不管公共产品有没有得到提供——人们"搭便车"都比为公共产品做贡献过得好。

这里该讲一下国家强力机构。这些机构旨在改变与塑造动机；这就是它们应该做的。公共产品供应不足的根源在于"搭便车"或"集体行动"问题。集体行动和公共产品截然不同的动机结构导致一种反常的系统效应：个人理性产生了集体次优结果。解决这一动机问题——在理性逃避的情形下克服志愿活动的缺点——的方案是通过恐惧来强制执行。就像黑手党（the Mob）的恶棍用恶劣的手段让人们排成一行一样，国家有强力机构（如国税局),迫使公民向国家公共产品的供应贡献自己的部分,以确保这些公共产品的供应充足。税收和监管(例如,限制污染物的排放是为了提供清洁空气这一公共产品)是两种最常见的制度性机制,政府利用它们解决"搭便车"问题。国家通过税收从人们手里汲取资源,来填补国库与战争基金,然后将这些收入用于政府认为的属于国家公共产品的一些项目——建设基础设施(如道路与桥梁)或国家强力机构(军队和警察),以此来提供内部与外部安全,或出于国家增长和扩张目的而向海外投射影响力——这样不仅其公民,而且所有生活在其国界内的人们都可以收到且享用这些公共产品。国家通过使用其强制力惩罚避税行为,从而改变公民动机,迫使个人和企业向国家公共产品贡献他们的特定份额,并在多个方面与国家公共产品保持一致。[34]

在国际政治领域中,没有强制性国家的对等物。国家是至高无上的。这意味着在它们之上没有更高的权威,没有世界政府,没有拥有收税和监管国家权力的超国家机构,没有在国家间制定与执行协议的主权仲裁者。取而代之的是将近二百个国家,每个国家都被国际法承认对其领土范围拥有主权。简单地说,国际政府的排序原则是无政府状态。这意味着,在缺乏一个强大的不仅有能力,而且有意愿完全通过自身努力的方式提供全球公共产品的霸权国家的情况下,全球公共产品的供应取决于各个国家的自愿努力——取决于无政府状态下的国际合作。考虑到集体行动的逻辑与"搭便车"问题,全球公共产品供应不足或根本没有得到供应,就一点都不为怪了。

尽管如此,全球公共产品在过去一直存在,并且也将继续存在。它们在强大霸权国统治的顶峰时期最为普遍,尤其是像 19 世纪的英国和 20 世纪、21 世纪的美国这样的自由主义霸权国统治时期。新霸主的创立与加冕是霸权争夺战的核心功能之一；这就是为什么这样的战争会开创无与伦比的持久而又充满生产力的和平时期的原因。

记住，霸权战争执行三项重建国际秩序的基本政治任务。其一，它们把权力集中起来交到一个主导国家的手中：一个新加冕的霸主，只有这个霸主才有能力、意愿与合法性来创建一个新的国际秩序，在一片废墟上改造与重建世界。其二，霸权战争摧毁了旧秩序，留下一片白板，可以在上面建立一个新的全球架构。其三，霸权战争让每个人都明白谁有权力，而谁没有权力；它们理清了大国之间讨价还价的局面——最开始导致战争爆发的混乱。

这些核心的国际-政治功能没有一项能由一场全球流行病或任何其他之前提到的灾难产生。这样的灾难性事件或许会促使不断增多的国际合作产生收益，但这只是暂时的，而且也只是在某些情况下才产生（例如，当单独一个国家采取单边行动时，它即使付出最好的努力也无法提供全球公共产品；对问题原因及其补救方案要有一个可行的共识，等等）。灾难带来毁灭与革命性的变化，但在灾难发生后，很少出现政治秩序与稳定；它们很少加冕全球领导者，也很少澄清行为体之间的讨价还价局面。此外，大多数灾难都无法通过金发姑娘检验（Goldilocks test）。它们的影响要么太弱、太短暂，无法将国际制度的历史一笔勾销；要么太过强大，以至于彻底摧毁了全球架构及其相关的一切。它们很少能"恰到好处"。也就是说，灾难性事件与霸权战争对世界政治的性质和进化的影响在方式与程度上是不同的。

霸权国家有何可为

　　霸权国的主要服务是在贸易、货币、安全、技术和能源等各个领域,为提供全球公共产品和国际制度(全球治理结构)发挥国际领导作用。从本质上讲,霸权国家的行为与国内环境中的国家差不多,但有一个很大的不同:它向世界其他国家与地区免费(或以低得多的成本)提供公共产品。霸权国家之所以至关重要,是因为"国际公共产品不太可能存在,除非这个集团享有'特权',这样,一个国家才对公共产品有足够的兴趣,愿意承担供应这项产品的所有费用。当某个单独国家(即霸权国家)相对于其他国家来说足够强大,这样它能从公共产品中获得比提供公共产品的全部成本更大的好处时,这一结果才最有可能出现"[35]。

　　就像一个国家向本国公民提供产品与服务一样,霸权国家向世界提供只有它才能提供的国际和平、安全和秩序。然而,与国家不同的是,它允许其他国家利用自己。诚然,霸权国家从中受益(通过提供产品获得净利润),但一些小国获益甚至更多。[36]在国际政治中,我们有一个罕见的例子,"弱者剥削强者"颠覆了现实主义的核心原则。因此,霸权国家通过扩大其安全保护伞来稳定整个地区;它在急需救助的国家拨打911时接起电话;它给国际经济提供稳定的流通,庞大而开放的国内市场,自由贸易的各种制度与规范,以及逆周期的最后贷款人;它在国际法的执行上具有强大的威力。

　　与国内具有约束力的决策和命令式的程序不同,国际政治是一个"行为体在一段时期内不断做出选择的领域，对这些行为体而言，'退出'——拒绝购买（大国）所提供的产品或服务——是一项始终存在的选择。这与国家所面临的局势更为贴近——国家在盘算到底是要创建、加入、维持成员身份，还是离开国际机制"[37]。在这种情形下，本轻利厚的全球领导权（所偿超过成本的那种）需要合法性和自愿的追随者。因此，霸权国要长寿，关键之一就是要有远见，要超越狭隘的自我利益，支持集体的长期利益。"利他是为利己"是新进霸权国最恰当的座右铭。[38]

衰落的霸权：从仁慈领导到强制领导

然而，随着霸权的衰落，它不再迷恋于从世界秩序中获得的长期利益，而是更关心管理国际体系的直接成本。因此，它会变得越来越自私和吝啬，越来越狭隘地关注自身利益，越来越具有强制性。造成这种管理风格变化的原因主要有三个：(1)霸权国再也不能单靠自己的努力就能提供产品，即使它想这样做，或者它只有自己支付高昂的成本才能提供公共产品；(2)随着可以匹敌的竞争对手的出现，霸权国不想再给世界提供免费产品，即便它仍然有这样做的能力；(3)部分或所有的新兴大国都不再将霸权国提供的东西视为公共产品。这三个原因或许可以被简短说明如下。

第一，一个日益老化的霸权国，尽管仍然拥有主导力量，但仅以一己之力提供全球产品（国际和平、稳定和秩序）的能力已经减弱。第二，一个或几个匹敌的竞争对手的出现，会迫使衰落的霸权国——如果它试图保持其"支配"地位的话——会与比其居于相对权力顶峰时所参与的更为激烈的竞争(没有一丝利他主义或错置的慷慨)。最后,新兴大国总是会挑战霸权国的权威和其既有国际秩序的合法性;也就是说,它们不再把霸权国提供的服务视为"公共产品",而是将其视为比其他任何国家都更有利于衰落的霸权国的东西。这就是为什么国家间权力的巨大转移——尤其是迅速转移——几乎总是会导致动荡的原因。

与过去相比,这个霸权国在提供全球公共产品的能力和意愿上都有所降低,它现在认为,"仁慈的领导"不再有价值。相反,只有在能够从跟从国贡献的物品中汲取好处时,它才将继续提供国际秩序。实际上,衰落的霸权国现在构建了一个准政府(a quasi-government),提供公共产品,并向其他国家征税以支付这些产品的费用。已经习惯"搭便车"的跟从国将不愿交税;然而,如果它们能被霸权国家仍然占优势的权力所强迫,它们也会屈服。事实上,如果它们能获得净收益(即公共产品的收益大于从它们那儿所汲取的贡献物的盈余),它们或许会承认霸权领导的合法性,并因此而加强其性能,巩固其地位。尽管如此,体系变得越来越脆弱,因为它是霸权生命周期内一段辉煌的稳定期向下一阶段的过渡,而这一阶段的特征就是持续不断的危机与动荡。[39]世界政治不是刚刚进入这一阶段,就是正在迅速地接近这一阶段。

为何没有一个共管的秩序?

一个愿意并有能力提供世界领导力的霸权国——著名经济

学家查尔斯·金德尔伯格（Charles Kindleberger）赞许地称其为"仁慈的独裁者"（benevolent despot）——的存在，是全球公共产品供应的一个充分条件。[40]但对于它们的供应而言，它并不是一个必要条件——至少在理论上不是。换句话说，"集体行动的不可能性"（由仁慈霸权领导理论所提出）的核心假设在逻辑上是错误的。中等大国可能会愿意参与供应公共产品的集体行动，条件是它们能从提供全球公共产品中获益，并有足够的力量影响它们的供应。至关重要的是，尽管其他国家不合作，但能从合作中获益的国家最少有多少。如果少数大行为体从公共物品的供应中受益，那么它们就会有合作的动机来维护霸权之后的产品。[41]对合作国来说，当合作的好处开始大于其成本时，这个最少国家的数目（我们称之为 K）才会存在。一旦 K 个或更多的国家合作，那么合作者就会做得比它们以往的合作只好不坏，即使"搭便车"者的表现更好，加入"搭便车"者（从合作中叛变）的动机依然存在。[42]

因此，理论上来说，霸权的衰落并不意味着国际秩序的终结和全球公共产品的供应不足；理论上，不存在"集体行动的不可能性"。在公共产品供给上拥有共同利益的少数大国能够合作提供公共产品（可以认为这是一种良性的共谋）。从理论上来讲，集体行动是对霸权领导的一种可行的替代选择。然而，在实践中，世界比理论上说的要麻烦和棘手得多。

随着权力在整个国际体系中的扩散，"哪种秩序应占上风"的问题变得比"任何秩序而非混乱"的偏好更加重要，因此，国际秩序是一项公共产品的假设变得站不住脚。问题在于非竞争性。当对所需的国际秩序的性质——其特定的社会目的、规则、约定，以及决策程序——存在广泛分歧时，仅仅是国际制度和机构的存在本身并不能成为不存在竞争的证据。在缺乏所必需的非竞争性的情况下,国际秩序更像是一个有争议的分配问题,即谁得到了什么,得到了多少,而不是一个普遍享有的全球公共产品。

公共"产品"这一特定概念,就是假设志同道合的国家在合法、公平及可接受秩序的构成要素是什么的问题上,有着基本一致的观点。这种广泛的全球共识今天不存在,未来也不可能存在。发达国家与新兴国家在确定国内、地区及全球秩序的一些核心特征与问题上,仍存在着深刻的分歧,包括威斯特伐利亚主权、核扩散、气候变化,以及全球市场的合理运行等。

例如,我们没有理由期望西方的现代化模式会被新兴的非西方世界所接受和复制。对于大多数新兴经济体的领导人来说,这种线性的历史版本不仅显得古怪过时,而且表现出一种彻头彻尾的家长式作风和高高在上的优越感。他们会指出,在我们当前这个相互依存的这个世界里,速度在不断加快,流动性不断增强,边界漏洞不断扩大,技术变革断断续续,中央集权和专制政府的表现往往好于自由放任和民主政府。[43]

在这个问题上,新兴国家是否站在"历史的正确一边",目前并不重要。尽管国际体系在一定程度上受到达尔文适者生存逻辑的支配,但它并没有精确到自动有效地选择赢家和输家;它并不等同于一个运转良好的市场。在很长一段时间内,它可以容忍同时存在各种相互竞争的做法、想法、信仰、文化和优先事项。在信息革命的外生冲击下,苏联式的社会主义制度经过了近五十年的选择。简单地讲,世界可能会陷入不同的状态,这就是我们前进的方向。[44]

全球合法性危机

美国统治与维持秩序的合法性下降，是这种分歧（熵值正在上升）的一个迹象。然而，奇怪的是，这一场全球合法性危机并没有伴随着新兴大国间联合起来抗衡美国军事与政治权力的意愿。为什么没有？答案存在于一个完全被忽视的特征中——与任何其他国际结构（如多极、三极抑或两极结构）相比，这是单极所特有的特征。在且仅在单极格局下，制衡是修正的政策，而不是维持现状。任何试图恢复平衡的国家或联盟，从定义上讲，本质上都是修正主义者：它们试图推翻以单极为特征的既有的不平衡权力秩序，并以权力平衡体系取而代之。它们的目标是体系的改变，而非体系内的改变，因此它将改变国际政治的特定结构，从单极变成两极或多极。由于单极格局下的制衡是修正主义的，任何意图恢复体系平衡的国家都将被贴上挑衅者的标签。这一极大的观念障碍，以及美国军事实力与任何其他国家军事实力之间巨大的权力差距，一直是在全球层面施展制衡行为的主要障碍。

要想在单极格局下实现艰难的军事制衡，必须先经过一个去合法化阶段。[45] 去合法化有点像其他人所说的"软制衡"（soft balancing），但它包含的范围更广。它不仅包括反抗的实践行为——除制衡外，还对霸权国强加各种成本，也包括反抗的话语叙述，也就是对现有秩序的抨击和对新秩序的令人瞩目的蓝图设计。各国必须首先看到美国的霸权如此无能又危险，它的统治必须被推翻。否则，试图恢复全球平衡的风险和巨额成本将令人望而却步。因此,单极需要去合法化和去集中化同时作为一个阶段发生。去合法化为内部与外部的制衡实践提供了必要的理由(具体体现在反抗的话语和实践中);而去集中化(通过将权力更为均匀地分散到整个体系)则同时降低了反抗霸权统治的话语及实际行为两方面的障碍。换句话说,去合法化影响了追求高成本制衡战略的意愿,而去集中化则影响了这样做的能力。

正在受到破坏和挑战的是霸权国统治的权利及其所建秩序的合法性——体系的机构、治理结构,以及指导使用武力的原则。这就引出了一个问题:为什么各国会想让现有秩序失去合法性?标准的说法是,各国之间不平等增长的规律会造成实际权力与威望(权力的声誉)之间的脱节,从而破坏体系平衡。各国可能想要修改或推翻现有霸权秩序的另一个原因是,这套秩序不再为它们的利益服务。"美国治下的和平"的天才之处在于,美国理解"利人是为利己"这句格言。[46]只要美国还为整个世界提供必要的公共产品,对其特权地位的怨恨就只能噤声不语。

2008年的金融危机让人们对美国霸权,尤其是对其宏观经济政策的不满浮出水面。在许多人眼中,全球危机根植于美国的无能(美国放松管制和缺乏透明度导致其"有毒资产"扩散向全世界),以及本来就不公平的竞技场——这一竞技场允许莽撞的美国货币膨胀(美元兑其他主要货币贬值,人民币除外)。就这一点而论,经济危机不仅预示着美国单极格局开始走向终结,也预示着一场潜在的全球政治大变革。就像大萧条带来了法西斯主义、斯大林主义,当然还有第二次世界大战一样,最近一次大衰退的重现可能具有足够的分量,我们可以预期它将产生一些深远的政治影响。

这些政治影响之一,是将强化一种业已存在的趋势——威权资本主义的崛起(authoritarian capitalism)。[47]西方在冷战时期的老对手俄罗斯，现在是威权资本主义大国。俄罗斯在人口、领土和资源各方面都比曾经的帝国主义和法西斯主义的德国和日本大得多，也比它曾经希望的规模大得多。威权资本主义大国的回归可能预示着冷战全球结盟的再现：第一世界与第二世界争夺第三世界不结盟国家的拥戴。但这次有一个根本的不同。旧的第二世界在全球资本体系之外运作，而新的第二世界现在完全融入了全球经济当中，它们根据自己的条件参与，就如1945年以前的非民主资本主义前辈那样。

新的第二世界的潜在发展提出了两个重要问题。莫斯科及其未来的追随者是否会公开反对西方资本主义国家，从而引发新一轮冷战的幽灵出现？如果世界再经历一轮刚刚过去的金融危机，下一场全球经济衰退的影响会不会使新近被示威的威权国家承受越来越大的社会和经济压力，从而削弱自由主义制度，削弱自由民主的控制，并增加威权资本主义的吸引力？这两种可能性，无论哪一种都会削弱当前全球秩序的合法性。在许多方面，这两种趋势本身已经在发挥作用：重申一个总的观点，世界正快速接近一种熵时代所特有的纷争和混乱的状态。

然而，去合法化和去集中化（权力扩散）的进程仅是各国对正在走下坡路的单极强国进行传统军事制衡的先决条件；它们同时出现并不能保证各国会采取传统的制衡行为（发展武器与构建军事联盟）。相反，由于前几章所讨论的一些原因，我们不应期望看到1945年以前国际政治所特有的传统多极均势体系的回归。相反，我们将见证一个在核心部分没有传统制衡行为的全球平衡的出现。由于受到动荡与断断续续变革的冲击，世界将不仅表现出在其全体系的能力分配方面大致平衡的特征，在很多重要议题上也将表现出越来越多的有组织与无组织的复杂性及越来越剧烈的冲突,诸如国际宏观经济协调、金融监管改革、贸易政策和气候变化。

适应与成功策略

由于在这个纷乱而难以应付的外部环境中运作,那些最有可能茁壮成长的行为体,无论是个人、团体、公司、官僚组织,还是民族国家,都会成为最能应付复杂性和不确定性的行为体。行为体必须学会去管理外部力量——技术创新、竞争创新与管理创新,或者整个行业与区域经济的兴衰——所塑造的、与过去截然不同的断断续续的变化。有很多策略可以降低复杂性并有效地适应快速变化的环境,但没有一种能够保证成功。

各组织都在试验分散而又相互协调的决策中心。这是因为在当今世界上,最有价值和最复杂的技术越来越多地由一些自组织网络进行创新,这些自组织网络连接的组织(如公司、大学、政府机构)创建、获取和整合复杂技术创新所需的各种知识和技能。这里的自组织指的是在没有集中详细经营指导的情况下,网络不断组合与重组学习能力的能力。[48]

要有效地参与这些自组织创新网络,需要用基于自我观察、小生产单元网络、实时生产、需求流程技术 * 、外包、企业集群等

---

* 一种以数学概念为基础的经营策略,特别针对制造业设计,为的是让制造者能对其客户和市场需求做出更快更有效的反应。它由科斯坦萨(Costanza)于1984年创立,并在全球多家世界级的制造公司贯彻运用。——译者注

灵活的学习过程,来取代长期形成的、僵化的运作原则。由于创新的特点是快速、极具破坏性和不可预测的变化,管理者必须避免想要控制每个决策的诱惑,而是学会引导创新过程,塑造选择产生的组织环境。

其目标是为有效、简易及自组织的解决方案创建边界。因此,随着环境不确定性的增加,明智的组织往往会变得更加有机,也就是说,它们分散权力和责任,将它们下放到更低的层次;它们鼓励员工通过团队合作解决问题,彼此直接合作;此外,它们采取一种非正式的方式来分配任务和责任。[49]交流变得更加横向,而知识的存储单元和任务的控制则分散在整个组织中。[50]因此,组织更加灵活,也更有能力不断去适应外部环境发生的各种变化。[51]

对在动荡市场中运营的公司来说,适应是至关重要的,不仅关乎它们的成功,更关乎它们自己的生存;那些没有通过创新来适应,或通过效仿其竞争对手最成功的实践来适应的公司,会在前进的道路上落伍。自称为现实主义者的一些人声称,世界政治遵循着类似的逻辑。对于速度缓慢的学习者来说,残酷的国际政治竞技场几乎没有给他们留下什么回旋余地,现实主义者断言,这些学习者在无情的达尔文方式下被淘汰出局。在这里,现实主义者已经采取了自由市场经济与自然选择的类比。

国家不是公司,而当前的国际政治是一个比运行良好的市场大为宽容的环境。人们只需要考虑非洲"失败"国家的持续生存,尽管如此,这些国家人为划定的边界已被证明具有非常神圣的不可侵犯性。这并非偶然。后殖民时期的非洲领导人有意强化了他们所得殖民边界的突出性与生存能力。就像杰弗里·赫布斯特(Jeffrey Herbst)所认为的:"非洲边界的根本问题不是他们太弱,而是他们太强了。"[52] 国家主权的国际规范已经变得非常突出,以致领土边界——无论它们映射出实际的国家权力和整合有多糟糕——阻止了任何领土竞争的想法。事实上,大多数非洲国家只对首都城市有控制力,尽管如此,它们还是被公认为对国家领土境内的一切拥有主权的统治者。随着领土征服被扔进历史的垃圾箱,统治政权不再需要通过对其国家全境散播权力而巩固它们的统治。与欧洲当时"战争创造国家,国家制造战争"[53] 的国家建设经验相比,许多发展中国家的统治者没有受到外部环境的胁迫,从而通过军事力量的方式来保护与维护他们的边界。只有边界的存在,才能维护他们的领土完整与外部认可的主权。然而,就如塞缪尔·亨廷顿所说,战争仍然是"国家建设的主要刺激品"[54]。永久和平的后果之一是病态而又不完全的国家整合,以及最终的国家失败——我们现在就转到这一主题。

熵增、失败国家以及全球性冷漠

考虑到目前国家主权规范霸权式的统治,对领土征服的渴望不再是又一场全球冲突的凶兆。发达国家之间的战争已经成为解决国际争端的一种过时的方式——一种衰落的制度,今天的人们或多或少认为其与决斗和奴隶制一样不文明。[55] 为此我们应该感到高兴。世界不会很快坠落到原始混乱的边缘,就像其在上一个世纪因为大国对彼此呈现出天生的威胁而经历过的那两次(世界大战)那样。但一切并非安然无虞。世界某些地区已经落入、也将继续落入一种原始混乱的状态——其根源不在于一种我们已经习惯了的清晰而可理解的善恶力量间的斗争，而在于政治与经济薄弱造成的难以预料又无法解决的混乱所形成的密不透风的黑暗，在于与熵增相关的一些症候所造成的战争。

例如，自 1996 年以来，在刚果战争（又被称为非洲大战）中已有 500 万人死亡，数十万妇女被强暴。大多数杀戮与强暴都是在短距离内用斧头、菜刀与砍刀进行的。然而，这并不是一个善恶分明的故事，相反，这是一个关于国家软弱与失败的相当深奥的故事。具体地说，国家对其腹地很少或没有控制力而又声称拥有全部主权的这样一种矛盾不能永远藏于水下。腹地已经开始反击。叛军（回顾一下第三章中关于非国家暴力行为体或暴力非国家行为体的讨论）已经对非洲包括卢旺达、扎伊尔、埃塞俄比亚、利比里亚、塞拉利昂、索马里、刚果共和国及乍得在内的多个政府形成了挑战，而且其中许多叛军都占据上风。

此外，非洲最近发生了一连串引人注目的国家失败——一些国家因内部腐败而崩溃，主要是因为其领导人肆无忌惮地从他们国家窃取资源，以至于他们设法消灭了经济的大部分生产性资源。因此，刚果民主共和国这样一个规模和整个西欧一样大小、有着 6 000 万人口的国家的崩溃，促进了叛乱组织的不断扩散，在 2010 年底仍有大约 29 个这样的组织。刚果民主共和国内的这些民兵来自不同的国家与地区，他们与残酷的叛乱和反叛乱进行战斗，与其说是控制领土，不如说是控制平民以获取资源和报复敌对组织之前的袭击。[56] 刚果战争表明，在熵的时代，非领土导向的冲突可能会像之前大国争夺领土——被认为是最重要的权力通货——时代的冲突一样残酷与悲惨。然而，今天的冲突，即便是大规模冲突，很大的不同之处在于，世界上很多人都忽视了非洲大战，而了解这场战争的人又对战争的起源与驱动力几乎没有兴趣。就像贾森·斯特恩斯(Jason K. Ste-arns)所写的：

> 刚果战争必须被列入我们这个时代一些重大人类灾难之中：世界大战、卢旺达与柬埔寨的种族灭绝。然而，尽管这场战争规模宏大，却很少受到世界其他地区的关注。死亡数字大到令人觉得荒谬，几乎毫无意义。从外界来看，这场战争似乎没有什么一语概之的故事或意识形态可以解释之，也没有什么简单的部落冲突或社会变革可以拿来做新闻报道的主题。在柬埔寨，有专制的红色高棉（Khmr Rouge）；在卢旺达，人们可以把进行种族屠杀的胡图族民兵视为刽子手。在刚果，这些角色更加难以填补。没有希特勒或墨索里尼。相反，它是一场普通人的战争，许多战斗人员身份不明，姓名不详，他们参加战争的原因很复杂，很难用几句话概括清楚——这使国际媒体深感失望。如果一场战争涉及至少 20 个不同的叛乱团体和 9 个国家的军队，却看起来没有一个明确的目标缘由，你如何报道这场战争？[57]

2012 年 11 月下旬，刚果东部最大的城市之一戈马（Goma）落入一股强大的叛军"M23"手中，这标志着卢旺达所支持的叛乱者在这场长期斗争中的最新进展，他们控制了刚果民主共和国的部分领土。胜利后，"M23"叛乱者开始叫嚣着要继续向以东 1 000 英里开外的金沙萨（Kinshasa）进发，接手整个国家。大多数观察人士预计，他们会取得成功。"M23"在刚果的胜利前进，用安加·萨达拉姆（Anjan Sundaram）的话来说，"威胁着重新绘制非洲的地图"，"凸显了联合国维和行动——世界上规模最大、耗资最大的维和行动之一，其任务是维护刚果的和平——的无能"[58]。最令人惊讶的是，推翻某些撒哈拉以南的政权所需的士兵是如此之少，这些政权中许多不可思议地在军队和警察能力上不足以自保。"最终，大约 3 000 名刚果士兵在数百名联合国空中维和人员的支持下，无法控制人数只有几百名的'M23'叛军。"[59]非洲国家继承下来的边界已被证明非常稳定，但与之不同的是，遭到几百名叛乱分子反对的非洲政权，往往像被风吹散的糠秕一样被推翻。[60]

刚果战争为熵时代的世界政治提供了一个恰当的类比。就像一座被活跃的白蚁侵扰的房子乍一看似乎相当坚固一样，国家间不发生战争所暗示的国家边界表面上坚固的稳定性，掩盖了无处不在的内部腐烂与衰败问题。例如，彼得森国际经济研究所预测说，到 2030 年，美国经常账户赤字将从之前占国内生产总值 6%的记录上升到 15%（每年超过 5 万亿美元），而净债务飙升至 50 万亿美元——相当于国内生产总值的 140%！[61]

与此同时，俄罗斯越来越依赖石油出口，这使俄罗斯总理普京继续掌权，也让他领导的统一俄罗斯党（United Russia）的体系得以运转。石油利润带来的国家收入的惊人增长，在很大程度上解释了普京是如何在 2012 年 3 月轻松赢得第一轮总统选举的——就在几个月前，上年冬天的大规模示威浪潮打破了俄罗斯政治的表面平静。然而，在接下来的几年，俄罗斯的廉价石油将逐渐枯竭：地下石油将变得更难找到，生产成本也将提高。

与此同时,这个国家正逐渐遭受经济学家所谓"荷兰病"(Dutch disease)的侵袭,即过度依赖大宗商品出口,以牺牲其他经济领域为代价,导致经济停滞。由于中国与发达工业国家增长放缓,这些国家将减少购买石油,而石油价格也会相应地降低(俄罗斯的国内生产总值下降了7.8%,这比任何一个主要经济体都下降得厉害,而这是2008年全球金融危机及之后经济衰退带来的结果——记住这点很有用)。麻烦的迹象比比皆是,但是鉴于普京的集中化控制系统对权力的无良掌控,尚不确定是否会进行必要的改革。[62]这一点也能套在非洲、拉美及中东其他一些石油独裁政权的身上来说。

巴西也有内部腐烂与衰败问题,主要根源在于腐败和与国家整合失败有关的其他一些问题。例如,在南半球和美洲最大的城市圣保罗,宽松的枪支控制、不太严格的边界管理,以及利润丰厚的毒品贸易——巴西与其他拉美国家政府特有的问题——已经让警察与有组织犯罪集团"第一资本司令部"(the First Command of the Capital,以其葡萄牙语首字母PCC而闻名于世)之间出现了血仇。2012年看得见的就有94名官员被杀,这一数字是2011年的两倍。就他们来说,仅在2012年7月至9月间,值勤警察就在市区杀害了119人。[63]我们可以将这个烂摊子加到巴西其他一些国内问题上,包括其基础设施赤字、里约热内卢的帮派问题,以及为了报复政府在亚马逊地区修建六十座大坝的计划而引发的内乱。对于后一个问题,巴西军队未来几年的战略重点将是亚马逊。军队驻扎的边防哨所数量将会增加,而接受丛林作战技术训练的士兵数量也会增加。然而,该战略存在的理由与外部威胁几乎毫无关系。长期以来,巴西与其在亚马逊地区的七个邻国和平相处(最近一次冲突发生在大约110年前的玻利维亚）。相反，军方对亚马逊的兴趣在于，利用"军队在丛林中进行国家建设"，"作为一种打破巴西阶级分化的方式"，以及保护亚马逊边境不受毒品出口商的侵犯，这些毒品出口商试图通过巴西领土建立毒品通道。[64]这里和其他地方一样，对内部安全的关切胜过了对外部安全的忧患。

在中东，叙利亚正处于血腥的痛苦中，两年的内战已经造成至少四万人死亡，并有可能破坏该地区的稳定。埃及目前正在经历自六十年前纳赛尔政变（Gamal Abdel Nasser's Coup）以来最严重的政治派系暴力冲突。[65]这一次，穆斯林兄弟会（Muslim Brotherhood）前领导人穆罕默德·穆尔西总统（Mohamed Morsi）的伊斯兰支持者与他们的世俗反对者之间展开了斗争。事态变得非常糟糕，以至于穆尔西总统宣布即将实施戒严令，这标志着埃及新伊斯兰主义领导人与其世俗反对派之间的政治斗争出现了迄今最急剧的升级。这场政治斗争的目的是举行公投，以允许对拟议中的伊斯兰支持的宪法进行彻底改革。自由派团体声称，拟议中的宪法对个人权利和供应品的保护力度不够，其中一些条款有朝一日可能会赋予穆斯林宗教当局新的影响力，尤其是对法律体系的影响力。军方承认抗议和暴力的危险，可能会扰乱公投及随后进行的议会选举，开始站在穆尔西的背后，支持其实施戒严令的计划。在电视台宣读的一份声明中，军方发言人警告"分裂威胁到了埃及这个国家"，他重复穆尔西自己的话语，军队"有责任实现自己维护国家至高利益，确保与保护重要目标、公共机构及无辜公民利益的任务"[66]。甚至一些反对派成员也看不到其他出路。曾在穆巴拉克政府时期担任外交部长、如今为反对派领导人的阿姆鲁·穆萨（Amr Moussa）问道："在目前的情况下，混乱盛行而抗议无处不在，你怎么能举行一场全民公决或选举?"[67]混沌(熵)主导着一切。

　　国家能力的表象——即统治者能够有效管理和控制其境内局势的神话——不单单是撒哈拉以南非洲特有的问题。它是一个全球性问题,预示着熵时代的即将到来。事实上,穆尔西总统本人在接受《时代》杂志的德尔斐式采访(Delphic interview)时,对世界如何运行给出了与熵时代完全一致的解释:"现在的世界比革命时期的世界要困难得多。现在甚至更加困难。世界更加错综、复杂、艰难。它是一个意面式(杂乱)的结构。混淆不清。"[68]

　　毫无疑问,熵的时代将是一个失序的时代,一个躁动不安的失序的时代,因为没有明确的前进方向。我们生活在这样一个时代,"新形式的艺术和生活似乎都已枯竭,发展的各个阶段都已经过。制度运行气力不继。重复和挫折是无法忍受的结果"。正如文化历史学家雅克·巴尔赞(Jacques Barzun)在其权威著作《从黎明到衰落》(*From Dawn to Decadence*)中雄辩地写道的那样,"厌倦和疲劳是巨大的历史力量"[69]。这一切难以驾驭的结果将成为对事物现状漫无目的却又有力的敌对——这种敌对激发了对小前缀反-(anti-)和后-(post-)(就像反西方、后美国、后现代)的普遍使用,也引发了彻底改造目前大部分或全部全球秩序及其相关机构的希望。但是,摆脱"现状"的希望本身将会产生一些新的、可行的东西来取代它,希望仅仅是希望。

　　然而,这并不是说,我们将生活在一个充满无尽忧郁与厄运的悲惨世界中,也不是说我们和我们的后代注定要忍受永远痛苦的不幸生活。事情本来的样子也有很多是好的,未来的情形也有很多值得感恩和高兴的地方。失序并没有抑制世界上所有的美好。我们有幸生活在极其和平与繁荣的时代。失序不一定就是令人恐惧或厌恶的东西。相反,我们可以拥抱不可知,拥抱我们莫名其妙的世界,我们徒劳的挣扎不得不向其不可思议性妥协。在这个拥抱里,我们都像西西弗(Sisyphus)一样——根据希腊神话,西西弗被众神罚去永远重复一件同样的毫无意义的任务,即推巨石上山而只能眼睁睁地看着它一次次滚落下来。就像阿尔贝·加缪(Albert Camus)的名言所说:"斗争本身足以填满一个人的心。人一定要想象西西弗的快乐。"[70] 或者就像 R.E.M.* 摇滚乐队的主唱迈克尔·斯蒂普(Michael Stipe)所唱的:"这就是我们所知的世界末日,而我感觉还不错。"[71]

注　释

1. Crosbie Smith, *The Science of Energy*(London: University of Chicago Press, 1998), pp.249—251.

2. 詹姆斯·克拉克·麦克斯韦引自 Ingo Müller and Wolf Weiss, *Entropy and Energy*(Berlin: Springer-Verlag, 2005), p.236。

3. Henry Adams, *The Education of Henry Adams: An Autobiography*(Boston: Houghton & Mifin, 1918), p.451.

4. 一般的讨论,参见 Kenneth Cukier and Viktor Mayer-Schoenberger, "The Rise of Big Data: How It's Changing the Way We Think about the World," *Foreign Affairs*, vol.92, no.3(May/June 2013), pp.28—40。

5. Nate Silver, *The Signal and the Noise: Why So Many Predictions Fail—but Some Don't*(New York: Penguin, 2012), p.9; Andrew Hacker, "How He Got It Right," *New York Review of Books*, vol.60, no.1(January 10, 2013), pp.16—20 at p.16.

6. Cukier and Mayer-Schoenberger, "The Rise of Big Data," pp.29, 34—35.

7. Ibid., p.28.

8. Natasha Singer, "A Data Giant Is Mapping, and Sharing, the Con-

---

* Rapid Eye Movement,一个精神病学和医学名词,意为"浅睡中的眼球跳动"。——译者注

sumer Genome," *New York Times*(June 17, 2012), Sunday Business, pp.1 and 8.

9. Natasha Singer, "Your Attention, Bought in an Instant," *New York Times*(November 18, 2012), Sunday Business, pp.1 and 5 at p.5.

10. Natasha Singer, "When a Palm Reader Knows More Than Your Life Line," *New York Times*(November 11, 2012), Sunday Business, p.3.

11. Gil Asakawa and Leland Rucker, *The Toy Book*(New York: Alfred A. Knopf, 1992), pp.178—179; Sam Anderson, "Just One More Game... How Time-Wasting Video Games Escaped the Arcade, Jumped Into Our Pockets, and Took Over Our Lives," *New York Times Magazine*(April 8, 2012), pp.28—33, and 55 at p.28; Rick Polizzi and Fred Schaefer, *Spin Again: Board Games from the Fifties and Sixties*(San Francisco: Chronicle Books, 1991), pp.116—117.

12. "Living: Let's Get Trivial," *Time*, vol.122, no.18(October 24, 1983), p.230.

13. Polizzi and Schaefer, *Spin Again*, pp.116—117.

14. 参见维基百科中对俄罗斯方块的介绍,网址: http://en.wikipedia.org/wiki/Tetris。

15. Anderson, "Just One More Game," p.28.

16. 关于信息加工与技术的历史,参见 James Gleick, *The Information*(New York: Pantheon, 2011), prologue。

17. Norbert Wiener, *I Am a Mathemetician: The Later Life of a Prodigy*(Cambridge, MA: MIT Press, 1964), p.324.

18. Fernand Braudel, *On History*, trans. Sarah Matthews(Chicago: University of Chicago Press, 1980), p.6.

19. 参见 Andrew T. Price-Smith, *Contagion and Chaos: Disease, Ecology, and National Security in the Era of Globalization*(Cambridge, MA: MIT Press, 2009), introduction。

20. 参见 Vaclav Smil, *Global Catastrophes and Trends: The Next Fifty Years*(Cambridge, MA: MIT Press, 2008)。

21. Martin J. Rees, *Our Final Hour: A Scientist's Warning: How Terror, Error, and Environmental Disaster Threaten Humankind's Future in This Century—On Earth and Beyond*(New York: Basic Books, 2003), pp.1—2.

22. 对全球灾难的这一量化定义可见于 Nick Bostrom and Milan M. Ćirković, eds., *Global Catastrophic Risks*(New York: Oxford University Press, 2008)。

23. 除了 Smil, *Global Catastrophes and Trends*；Rees, *Our Final Hour*；以及 Bostrom and Ćirković, *Global Catastrophic Risks*。还可参见 Richard A. Posner, *Catastrophe: Risk and Response*（New York: Oxford University Press, 2004）；James Lovelock, *The Revenge of Gaia: Earth's Climate Crisis and the Fate of Humanity*（New York: Basic Books, 2006）；James H. Kunstler, *The Long Emergency: Surviving the End of Oil, Climate Change, and Other Converging Catastrophes of the Twenty-First Century*（New York: Grove/Atlantic Monthly Press, 2005）；以及 Jared Diamond, *Collapse: How Societies Choose to Fail or Succeed*（New York: Viking, 2004）。

24. 引自 Michael Specter, "Letter from Cameroon: The Doomsday Strain," *New Yorker*（December 20 & 27, 2010），pp.50—63 at p.56。

25. H.G. Wells, *The Discovery of the Future*（1913；reprint, London: Jonathan Cape, 1921），pp.53—55.

26. Ibid., p.55.

27. Rees, *Our Final Hour*, p.13.

28. Price-Smith, *Contagion and Chaos*, p.3. 他接着说："传染病对社会稳定所产生的深远影响由疾病的各种临床表现所造成，这些表现包括高死亡率和（或）发病率、人力资本破坏、经济混乱、负面的心理影响、随之而来的受到影响的社会派系间的争吵、人与人之间的关系恶化，以及一种经常性的严峻状态。"

29. Jack S. Levy and William R. Thompson, *Causes of War*（West Sussex, UK: Wiley-Blackwell, 2010），p.1

30. Ibid., pp.6—7

31. Carl von Clausewitz, *On War*［1832］, ed. and trans. Michael Howard and Peter Paret（Princeton, NJ: Princeton University Press, 1976），p.87.关于军政关系的精心之作，参见 Samuel P. Huntington, *The Soldier and the State: The Theory and Politics of Civil-Military Relations*（Cambridge, MA: The Belknap Press of Harvard University, 1957），以及 Eliot A. Cohen, *Supreme Command: Soldiers, Statesmen, and Leadership in Wartime*（New York: Free Press, 2002）。

32. 这些全球公共产品的例子借鉴于 Scott Barrett, *Why Cooperate?: The Incentive to Supply Global Public Goods*（Oxford: Oxford University Press, 2007）。

33. 非竞争性也叫联合性（jointness）。

34. Ibid., pp.13—18.

5. Duncan Snidal, "The Limits of Hegemonic Stability Theory," *International Organization*, vol.39, no.4(Autumn 1985), pp.579—614 at p.581. 这句话有点误导人。斯尼达尔(Snidal)只是重申了查尔斯·金德尔伯格所借用的曼瑟·奥尔森的逻辑,斯尼达尔本人并不同意这一逻辑。

36. 这就是所谓霸权困境(hegemon's dilemma)。参见 Arthur Stein, "The Hegemon's Dilemma: Great Britain, the United States, and the International Economic Order," *International Organization*, vol.38, no.2(Spring 1984), pp.355—386. 核心论点是,自由贸易体制并非仅出自霸权国;它们是霸权国和弱小国家之间不对称的讨价还价的结果,(因此)允许区别对待的存在,尤其是对霸权国本身的区别对待。霸权领导的代价是做出某些让步,以此获得追随者和达成某些协议。

37. Robert O. Keohane, "The Demand for International Regimes," *International Organization*, vol.36, no.2(Spring 1982), pp.325—355 at p.331.

38. See Josef Joffe, "'Bismarck' or 'Britain'? Toward an American Grand Strategy after Bipolarity," *International Security*, vol.19, no.4(Spring 1995), pp.94—117, and *Überpower*(New York: W. W. Norton, 2006), chap.5.

39. 关于霸权周期中的各个阶段,参见 Robert Gilpin, *War and Change in World Politics*(New York: Cambridge University Press, 1981)。罗伯特·吉尔平(Robert Gilpin)和斯蒂芬·克拉斯纳(Stephen Krasner)两人都认为,霸权统治比仁慈统治更具帝国性和强制性,尽管霸权国确实倾向为它从全球领导中所获利益付出过高代价。参见 Stephen Krasner, "State Power and the Structure of International Trade," *World Politics*, vol.28, no.3(April 1976), pp.317—347;以及 Robert Gilpin, *U.S. Power and the Multinational Corporation*(New York: Basic, 1975)。相比之下,罗伯特·基欧汉(Robert O. Keohane)和查尔斯·金德尔伯格的理论认为,霸权国是一个仁慈的领导者,它以高于其他所有国家的成本提供公共产品。参见 Robert O. Keohane, *After Hegemony: Cooperation and Discord in the World Political Economy*(Princeton, NJ: Princeton University Press, 1984);以及 Kindleberger, "Systems of International Economic Organization," in David Calleo, ed., *Money and the Coming World Order*(New York: NYU Press, 1976)。双方在一定程度上都是正确的。当比其他所有国家都强大的时候,霸权国提供仁慈的领导。然而,随着衰落,它就会变得更像吉尔平和克拉斯纳的"强制"版的霸权,要求(其他国家)为其服务提供贡品和税收。关于霸权统治的仁慈与强制版本的竞争性讨论,参见 Snidal, "The Limits of Hegemonic Stability Theory," pp.585—590。

40. Charles Kindleberger, *The World in Depression*, *1929—1939* (Berkeley: University of California Press, 1974) and "Systems of International Economic Organization."

41. 尽管基欧汉的论点集中在需求方面，而非供给方面，但本质上仍然符合这一逻辑。参见 Keohane, "The Demand for International Regimes" 和 *After Hegemony*。

42. Snidal, "The Limits of Hegemonic Stability Theory," pp.59[8ff].

43. 参见 Charles A. Kupchan, "The Democratic Malaise," *Foreign Affairs*, vol.91, no.1(January/February 2012), pp.86—89。

44. Charles A. Kupchan, *No One's World: The West, the Rising Rest, and the Coming Global Turn*(New York: Oxford University Press, 2012), pp.144—145.

45. 这一论点在兰德尔·施韦勒(Randall L. Schweller)和蒲晓宇讨论中国崛起这一问题时得到了充足的发展，参见 Randall L. Schweller and Xiaoyu Pu, "After Unipolarity," *International Security*, vol. 36, no. 1 (Summer 2011), pp.41—72。

46. Josef Joffe, "How America Does It," *Foreign Affairs*, vol.76, no.5 (September/October 1997), pp.13—27 at p.27.

47. Azar Gat, "The Return of Authoritarian Great Powers," *Foreign Affairs*, vol.86, no.4(July/August 2007), pp.59—69.

48. Robert Rycroft, "Self-Organizing Innovation Networks: Implications for Globalization," Occasional Paper Series(Washington, DC: George Washington University's Center for the Study of Globalization, 2003), www.gwu.edu/~cistp/assets/docs/research/articles/SelfOrganizing_RWR_2.24.03.pdf.

49. John A. Courtright, Gail T. Fairhurst, and L. Edna Rogers, "Interaction Patterns in Organic and Mechanistic Systems," *Academy of Management Journal*, vol.32, no.4(December 1989), pp.773—802; Richard L. Daft, *Essentials of Organization Theory and Design*, 2nd ed.(Mason, OH: Cengage Learning, 2007), chap.4.

50. Gerald Zaltman, Robert Duncan, and Johnny Holbek, *Innovations and Organizations*(New York: Wiley, 1973), p.131.

51. 在极端不确定和风险的环境中，快速的适应性是关键。最安全的赌注是渐进式改革策略。例如，当网络能够在性能、质量和成本上领先于其竞争对手而提供渐进式改进时，它就会成功。

52. Jeffrey Herbst, *States and Power in Africa*(Princeton, NJ: Princeton

University Press，2000），p.253．

53. Charles Tilly，"Reflections on the History of European State-Making," in Tilly，ed.，*The Formation of National States in Western Europe* (Princeton，NJ：Princeton University Press，1975），p.42.

54. Samuel P. Huntington，*Political Order in Changing Societies* (New Haven，CT：Yale University Press，1968），p.123.

55. John Mueller，*The Remnants of War* (Ithaca，NY：Cornell University Press，2004）.

56. Jason K. Stearns，*Dancing in the Glory of Monsters：The Collapse of the Congo and the Great War of Africa* (New York：Public Affairs，2011），p.329.

57. Ibid.，p.5.

58. Anjan Sundaram，"That Other War," *Foreign Policy* (November 20，2012），www.foreignpolicy.com/articles/2012/11/20/that_other_war.

59. Ibid.，着重强调。

60. 正如政治学家詹姆斯·费伦(James Fearon)所言,这场战争的最新插曲表明,"接管一些非洲国家或它们当中的大部分是多么容易。后独立国家的历史记录提供了大量的例子,其中数十或成百个武装分子干过这样的事"。James Fearon，"The Unbelievable Lightness of Some African States," *The Monkey Cage* (November 23，2012），http://themonkeycage.org/blog/2012/11/23/the-unbelievable-lightness-of-some-african-states/.

61. C. Fred Bergsten，"The Dollar and the Deficits：How Washington Can Prevent the Next Crisis," *Foreign Affairs*，vol.88，no.6(November/December 2009），pp.20—38 at p.21.

62. Thane Gustafson，"Putin's Petroleum Problem：How Oil Is Holding Russia Back—and How It Could Save It," *Foreign Affairs*，vol.91，no.6(November/December 2012），pp.83—96.

63. Graham Denyer Willis，"What's Killing Brazil's Police?" *New York Times* (December 2，2012），Sunday Review，p.5.

64. "What Is Brazil's Army For?" *Economist* (September 9，2010），www.economist.com/blogs/americasview/2010/09/brazils_military.

65. David D. Kirkpatrick，"Morsi Defends Wide Authority as Turmoil Rises," *New York Times* (December 7，2012），p.A1.

66. 引自David D. Kirkpatrick，"Morsi Extends a Compromise to Opposition," *New York Times* (December 9，2012），p.A1。

67. 阿姆鲁·穆萨引自 ibid., p.A12。

68. 穆尔西总统引自 Richard Stengel, Bobby Ghosh and Karl Vick, "Transcript: TIME's Interview with Egyptian President Mohamed Morsi," *Time* (November 28, 2012), http://world.time.com/2012/11/28/transcript-times-interview-with-egyptian-president-mohamed-morsi/#ixzz2QM4219Pn。

69. Jacques Barzun, *From Dawn to Decadence: 500 Years of Western Cultural Life, 1500 to the Present* (New York: HarperCollins, 2000), p.xvi.

70. Albert Camus, *The Myth of Sisyphus and Other Essays* (1942; reprint, New York: Vintage International, 1991), p.123.

71. R.E.M., "It's the End of the World as We Know It (And I Feel Fine)," music and lyrics by Bill Berry, Peter Buck, Mike Mills, and Michael Stipe, *Document* (IRS Records, 1987).

译　后　记

　　冷战结束后，国际结构性约束的缺失，守成大国与新兴大国之间的竞争，多个权力中心的兴起，以及全球化与数字化革命的日益推进，使得全球权力结构和治理框架越来越不确定，无论是国家行为体还是非国家行为体，权力运作模式与行为模式愈发不可预测。在这样的背景下，《麦克斯韦妖与金苹果——新千年的全球失序》一书的引进翻译恰逢其时。

　　本书作者兰德尔·施韦勒是美国俄亥俄州立大学教授、著名的国际关系理论家、新古典现实主义的开创者。在书中，他将热力学中的"熵"引入国际关系领域，用以比喻当代国际政治转型和世界秩序变迁过程中出现的诸多失序、混乱和不确定现象。他认为，当今国际体系的结构以全球权力扩散为特征，世界正在经历一场从发达国家到发展中国家、从西方到东方的权力转移；国际体系的进程中出现了信息过载和难以处理的复杂情况。施韦勒指出，随着系统中的熵逐渐增多，国际体系的未来既不会简单地回到过去，也不会走向线性的进化，而是表现出更多的失序和功能失调，国家间围绕着地位、威望和权力展开的竞争也会加剧。这一对 21 世纪国际政治的大胆评价充满了刺激性,足以发人深省。

对于读者而言,这本书无疑是一盘思想的佳肴,值得我们细细品味;而对于译者而言,这却是一盘摆在清淡口味者面前的"麻辣香锅",又辣又爽,极富挑战性。施韦勒教授学识渊博,经历丰富,不仅在书中借用了神话的隐喻和热力学第二定律的知识,而且对时下流行的音乐、影片与各种网络游戏也是手到擒来。要将这样的一本专业性"杂"书翻译成中文,不仅对译者的专业知识功底要求很高,而且对其语言功底和知识面要求更高。所幸,我有一位非常好的搭档。合译者邓好雨博士博览群书,有足够宽广的知识面;他还热爱音乐,富有生活情趣,常常抱着吉他自弹自唱。在此之前,我就已拜读过他写的小说与杂文,此番合译,更是对其文字功底和思维能力深感佩服。此书的顺利完稿,很大一部分有赖于他的付出。书中若有精彩的翻译,多数也是他的贡献。

在翻译过程中,我们得到了很多人的帮助与支持。这里特别感谢我的师兄蒲晓宇博士和兰州大学中亚研究所的王婷婷女士。在翻译之初,蒲晓宇师兄对本书的前言、致谢和引论进行了校对,对整部译稿的语言风格提出了真诚而有益的建议。在译稿完成后,他又在我时不时的"骚扰"下,审定部分专有名词。王婷婷女士不仅通读了译文全稿,而且对其进行了细致的初校。其中用心,有友谊的成分,更多的是专业素养和人品的担保。除此之外,兰州大学物理学院和外国语学院的一些老师和学生也为本书的词句翻译提供了帮助,在此表示感谢。

感谢施韦勒教授的信任相待。在与他的电邮往来中,简洁的语言、极高的工作效率,还有和蔼可亲的真诚,都令人如沐春风,也让人心折不已。我们唯有尽自己最大的努力,还原书中本意,不负他的厚爱。

感谢刘丰师兄的推荐和上海人民出版社的信任委托。潘丹榕、王冲和项仁波三位老师为本书的翻译与出版耗费了大量心力,在此表示感谢。

全球化使国家权力耗散,地区组织、全球组织、非政府组织,以及大型企业等行为体持有并施行不同种类的权力,与国家相竞逐。一些非传统安全问题越来越突出,也越来越考验我们的处理能力,比如中国与周边国家之间的跨界水资源问题。感谢国家社科基金青年项目"我国西北跨界河流争端:历史、现状与管控研究"(项目号:17CGJ019)和兰州大学中央高校基本科研业务费专项资金项目"中国与哈萨克斯坦之间跨境水资源争端研究"(项目号:18LZUJBWZY057)的资助。

感谢家人的陪伴与支持。

文中错漏,诚请读者批评指正。

高婉妮

2021 年 4 月 8 日

图书在版编目(CIP)数据

麦克斯韦妖与金苹果：新千年的全球失序/(美)
兰德尔·施韦勒(Randall L. Schweller)著；高婉妮，
邓好雨译.—上海：上海人民出版社，2021
书名原文：Maxwell's Demon and the Golden
Apple：Global Discord in the New Millennium
ISBN 978-7-208-16958-6

Ⅰ.①麦…　Ⅱ.①兰…　②高…　③邓…　Ⅲ.①国际政
治-研究　Ⅳ.①D5

中国版本图书馆 CIP 数据核字(2021)第 037157 号

责任编辑　钱　敏　项仁波
封面设计　COMPUS·道辙

麦克斯韦妖与金苹果：新千年的全球失序
[美]兰德尔·施韦勒　著
高婉妮　邓好雨　译

出　　版　上海人民出版社
　　　　　（200001　上海福建中路 193 号）
发　　行　上海人民出版社发行中心
印　　刷　常熟市新骅印刷有限公司
开　　本　635×965　1/16
印　　张　16.75
插　　页　4
字　　数　183,000
版　　次　2021 年 4 月第 1 版
印　　次　2021 年 4 月第 1 次印刷
ISBN 978-7-208-16958-6/D·3715
定　　价　68.00 元

Maxwell's Demon and the Golden Apple:

Global Discord in the New Millennium

by Randall L. Schweller

Copyright © 2014 Johns Hopkins University Press

Chinese (Simplified Characters only)Copyright © 2021

by Shanghai People's Publishing House

Published by arrangement with Johns Hopkins University Press

Through Chinese Connection Agency,

a division of Beijing XinGuangCanLan ShuKan Distribution Company Ltd.,

a.k.a. Sino-Star

ALL RIGHTS RESERVED